文化遗产里的
中国故事

万里走单骑

老单日记

To My Motherland

单霁翔 著

中国大百科全书出版社

图书在版编目（CIP）数据

万里走单骑：老单日记 / 单霁翔著．—北京：中国大百科全书出版社，2021.6
（文化遗产里的中国故事）
ISBN 978-7-5202-0979-3

Ⅰ．①万… Ⅱ．①单… Ⅲ．①文化遗产-世界-通俗读物 Ⅳ．①K103-49

中国版本图书馆CIP数据核字（2021）第092642号

万里走单骑：老单日记
著　　者：单霁翔
摄影统筹：周高亮

出 版 人：刘国辉
策 划 人：蒋丽君
责任编辑：刘　杨　杜晓冉
特约编审：陈　光
责任印制：邹景峰
出版发行：中国大百科全书出版社
地　　址：北京阜成门北大街17号
电　　话：010-88390718
印　　制：小森印刷（北京）有限公司
字　　数：254千字
开　　本：880毫米×1230毫米　1/32
版　　次：2021年6月第1版
书　　号：ISBN 978-7-5202-0979-3
定　　价：98.00元

特别鸣谢：王太一
装帧设计：吾然设计工作室
邮政编码：100037
印　　张：11.5
印　　次：2022年9月第3次印刷

序

寻找与守望

世界遗产是全世界最有价值、最值得全人类共同保护的存在。1978 年联合国教科文组织下属的世界遗产委员会根据《保护世界文化和自然遗产公约》，公布了第一批世界遗产，有 12 个遗产项目被列入《世界遗产名录》。中国在 1985 年加入了这个公约，1987 年有了第一批世界遗产。2021 年 7 月，第 44 届世界遗产大会在福州召开。在本届大会上，“泉州：宋元中国的世界海洋商贸中心”申遗成功。至此，中国拥有了 56 处世界遗产，其中文化遗产 38 项，自然遗产 14 项，文化与自然双重遗产 4 项。全世界没有哪个国家年年申报世界遗产，更没有哪个国家年年申报成功，中国在这个方面取得了成功。当然，“申遗”不是最终目的，“世界之最”也不是我们追求的目标。

2003 年 1 月 19 日，陕西宝鸡眉县杨家村的 5 位农民在村北生产劳动，取土的时候，一镐头下去，刨出了一个大洞，向里探看，洞内似乎是一些青铜器文物。几位农民就此停工，讨论怎么办。大家觉得，这是我们祖先留下的财富，不能把它们分掉，也不能卖给那些走街串巷“淘宝贝”的贩子，应该把它保护起来、交给国家。于是他们保护现场，联系考古部门，最终从这里出土了27件文物。这些文物件件都是国宝级的青铜器，每件都有铭文记载着当时在这个地区单氏家族的历史。这样的故事感动了我们，而且它并不是孤例。公众对文化遗产保护有着知情权、参与权、监督权和受益权，这一点十分重要。要把更多的文物保护、文化遗产保护的故事告诉公众，让更多的人参与到这项事业中来，这才是我们要追求的目标。因此，当《万里走单骑》节目组提出"让世界遗产'破圈出道'"的口号，并邀请我参加节目录制时，我很愿意为此出一份力。这档节目致力于世界遗产的大众传播，唤起了我在文化遗产工作中的很多回忆。

十多年前我在国家文物局工作，当时我们想做成三件事：一是设立一个文化遗产日；二是确定一个文化遗产的标志；三是创作一首宣传文化遗产工作的公益歌曲。2005年的全国政协十届三次会议上，我与樊锦诗、冯骥才等40余名政协委员联名提案，建议设立文化遗产日。经国务院批准，自2006年起每年6月的第二个星期六，大家来宣传文化遗产保护理念、参与文化遗产保护活动。这是我们自己的节日，后来调整为"文化和自然遗产日"。提到中国旅游标志，大家都知道是铜奔马，很多人习惯称之为"马踏飞燕"。我们文化遗产也应当有自己的标志。当新世纪第一缕曙光照到中华大地的时候，在四川成都的金沙遗址出土了一件"四鸟绕日"金器。中间1个太阳向四周喷射出12道光芒，围绕太阳有4只神鸟逆时针飞翔。"四鸟绕日"既端庄又具动感，且有美好而深刻的寓意，我们把它作为中国文化遗产的标志。2005年，我陪同文化部部长孙家正同志出差，与他说起想要组织创作一首文化遗产公益歌曲的想法，他很支持。我正想着要从请人作词开始，结果下飞机的时候，孙家正部长说，他已经写好了第一段歌词。他的歌词题目就是“寻找与守望”。

寻找与守望

（歌词节选）

拨开岁月的迷雾，远离现代的喧嚣；

攀缘峭立的山崖，踏遍荒草萋萋的古道。

寻找源头，寻找根脉，寻找回家的小路，

守望初衷，守望未来，守望精神的家园，

守望一个民族的骄傲。

在《万里走单骑》节目录制的过程中，我写作了这本书。书中记录了我们穿上布鞋，在12处遗产地“寻找与守望”的故事，也记录了一个个与文化遗产有关的“寻找与守望”的故事。每次的出发都是为了寻找。寻找文明的起点，寻找祖先的创造，寻找我们回家的路，也寻找我们不忘初心的意志。找到以后，我们要守望，要保护好我们寻找到的这些文化遗产，让它们能够世代传承下去。这就是“布鞋男团”《万里走单骑》的初衷，也是这本书出版的意义所在。

目　录

序　寻找与守望

第三站
福建土楼

24.72302°N
116.73199°E

2020年12月16日

2020年12月17日

第四站
普洱景迈山古茶林文化景观

22.55474°N
99.93591°E

2020年12月28日

2020年12月29日

第五站
杭州西湖文化景观

30.287459°N
120.153576°E

2021年01月18日

2021年01月19日

第十二站　29.00515°N 109.84807°E

土司遗址——老司城

2021年03月25日
2021年03月26日

1

2020年 11月 18日

2020年 11月 19日

万里走单骑

老单日记

第一站

良渚古城遗址

遗产地档案

遗产名称	良渚古城遗址
遗产位置	浙江省杭州市余杭区
列入世遗时间	2019 年
遗产种类	文化遗产
遗产地边界范围	遗产申报区范围：1433.66 公顷 缓冲区面积：9980.29 公顷

让中国的考古遗址像公园般美丽，这是我多年的梦想。在良渚古城遗址公园，我觉得梦想成真了。

为何选择良渚作为第一站？

时间：2020 年 11 月 18 日上午
地点：良渚古城遗址 · 瑶山遗址区

《万里走单骑》的第一站，我们来到了位于浙江省杭州市余杭区的良渚古城遗址。这里是太湖流域一个早期区域性国家的权力与信仰中心，在 2019 年刚刚被列入《世界遗产名录》，是中国“最年轻”的世界遗产。“良渚”，即为“美丽的小洲”。这个充满诗意的名字，是 1936 年发现古城遗址的施昕更先生提出的。它体现了良渚先民对人与自然和谐的美好生活的向往。带着同样美好的向往，我在良渚古城的瑶山遗址区等待同行伙伴的到来。

■ 等待同行伙伴的到来（背着卫星遥感图）

瑶山遗址区最初是良渚先民的祭祀场所，并有一些晚于祭坛建立的贵族墓地。“瑶山”的“瑶”字是“美玉”的意思，这里的贵族墓出土了大量玉器、陶器和石器，其中以玉器最多。5000 年前的祭祀，虽不似明清北京城那般，有天坛、地坛、社稷坛、观星台等分化复杂的规划，但也体现了早期祭祀的礼制讲究。至今依然可见祭坛层次分明的红土、灰土、黄褐土土层。

与“布鞋男团”的成员黄觉、马伯骞以及飞行嘉宾韩雪初次见面，我准备了“见面礼”——每人一双布鞋。换上布鞋，踏在世界遗产地上，“布鞋男团”的“寻找与守望”之旅正式开始了。

为何选择良渚作为第一站？因为这里实证了中华5000年文明史。很多人都觉得“中华5000年文明”是一个常识，但是这个结论在良渚申遗成功之前，却没有真正走向世界。

世界四大古文明中心的地理位置都在北纬30度线上。其中古埃及文明、苏美尔文明、古印度的哈拉帕文明都有5000年左右的历史，而中华文明过去被国际汉学界认为开始于3500年前的商代。3500年前的中华文明以河南安阳殷墟遗址为实证，那里是甲骨文和青铜器的故乡。有一次我参加国际会议，一个历史悠久国家的大使说他的国家有5000年文明，比中国早2000年，我听了心情很复杂。他们认为中国更早的文明都只是神话与传说，没有实证。良渚的考古发现填补了这一空白，把中国早期文明的起源推进到了5000年前。这是中国考古人多年以来的期盼。

听到这个故事，大家提了一个问题：考古学中如何区分“文化”与“文明”？通俗地解释，在考古工作中，会发现同一时间段的不同地区拥有一些特殊的共同点，比如使用同样的工具、具有相同的制造技术等，我们把它称为同一种文化。一种文化往往按考古工作中最初发现它的地点来定名，比如河姆渡文化、凌家滩文化、龙山文化。在文化的基础上，还需要一些元素证明人类开始进入文明时代了。恩格斯曾论述“国家是文明社会的概括”。国际学术界也

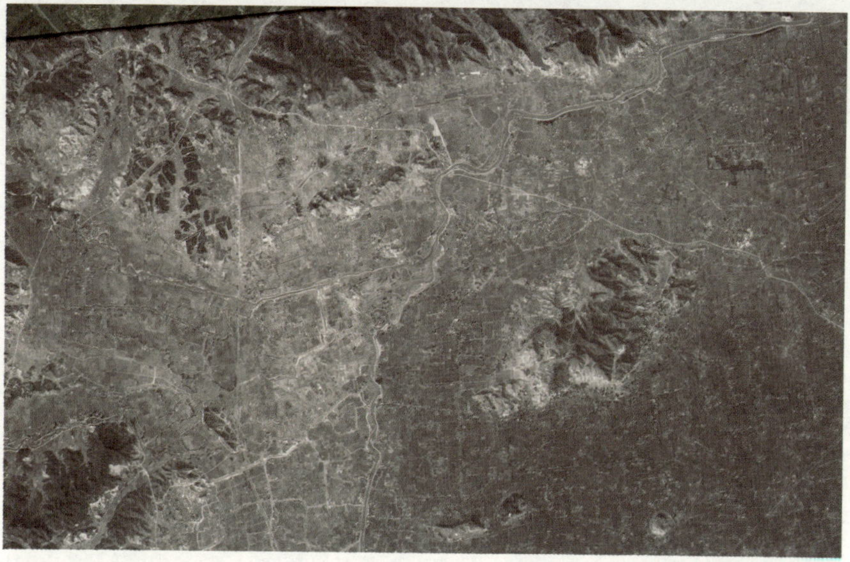

■ 节目中使用的卫星遥感图

往往以“国家”作为文明形成的标志。对于“国家”的形成标准，考古学界却有不同看法。比如过去国际上有学者认为文明需要有城市、金属（例如青铜器）、文字“三要素”，但实际上不同的文明形成，应该有自己的标准。比如良渚古城遗址的考古发掘和它揭示出的灿烂文化，远远比“三要素”更丰富。因此良渚古城不仅实证了中华 5000 年文明史，而且在一定程度上丰富了人类对于“文明”的定义。

良渚古城遗址对于“文明”的补充诠释之一就是水利工程。联合国教科文组织对良渚水利工程的评语中说，它改写了世界水利史。良渚水利工程修建于距今 5000 ～ 4700 年，是中国乃至世界迄今发现最早的大型水利工程遗址，比“大禹治水”的传说还早 1000 年。

于是大家首先出发去探寻水利工程。为了体验“寻找”的过程，我拿出了一幅卫星遥感图。2010 年，考古学家王宁远老师的团队就是结合遥感和地理信息系统分析手段确认了良渚外围水利系统整体结构。

■ 俯瞰瑶山遗址，红土、灰土、黄褐土层次分明

寻找水利工程

时间：2020 年 11 月 18 日下午

地点：良渚古城遗址 · 谷口高坝区、良渚博物院

通过一幅“看不懂”的遥感地图找到 5000 年前的水利工程，对“布鞋男团”来说是个挑战，毕竟大家没有对遥感图的敏感性，也缺少实地踏勘经验。良渚古城的外围水利系统主要包括 6 处高坝遗址、4 处低坝遗址和 1 处长堤遗址。高坝相对容易寻找，于是我在地图上画出了石坞高坝的所在，大家向 6 处高坝所在区域——谷口高坝区进发了。

■ 良渚古城外围水利系统分布图

良渚水利工程的功能

在石坞高坝，大家一边探寻，一边探讨良渚水利工程的功能。

首先当然是防洪。借助自然山体，通过高坝围成一个水库区域，下雨时起到积水的作用。如果雨量过大，积水漫过高坝，高坝外围的低坝就可以起到保护作用，阻止大水漫淹古城。低坝外还有长堤，能进一步防止水患。5000 年前的先民们既没有精密的勘测仪器，也没有大型的施工设备，却能通过科学的选择与设计，创造出如此巧妙的水利工程，古老的智慧可见一斑。

防洪以外，当然还要实现对自然资源的利用。良渚人的主食是稻米，考古学家在莫角山东坡发现了大量碳化稻谷，估算为 1.3 万千克，堪称国家粮仓。在稻作农业地区，引水灌溉自然是水利工程的重要功能。据考，良渚人开挖了一条东西走向的河道，把生活区和稻田区隔开。除了起到蓄水、防洪排水、灌溉作用之外，河水还可以作为日常饮用水。可以说，良渚水利工程不仅设计合理、功能多样，而且还考虑到了民生细节。良渚人的智慧与幸福可见一斑。

良渚古城跟欧洲的威尼斯一样，是个水城。古城 9 个城门中，8 个都是水城门，需要借助舟楫通行。因此水利工程有一个重要功能，就是通过高坝、低坝调节水量，起到运输作用。我写的一本书《大运河漂来紫禁城》，就是从大运河的物质运输和文化交流作用讲起的。其中也有专门的章节讲到运河沿岸的水利工程，与大运河水利工程关系密切的沈括就是杭州人（钱塘人）。沈括墓就在节目中三位嘉宾与我会合的瑶山遗址区，他们寻找会合地点时，我提供了一首小诗，其中一句就是“欲知遗址今安在，沈括墓前二百米”。

水利工程与世界遗产的故事

石坞高坝的对岸是一片茂密的竹林。前面提到，良渚是水城，水资源滋养了竹林，竹子做成的竹排用于运输。人与自然的关系在这片“美丽的小洲”中达到了和谐。有提示说，竹林的位置就是以前的长堤所在，现在从高空还可以清晰看出长堤的形态。

在韩雪的航拍器的帮助下，经过一番周折，我们找到了竹林的入口。行走在竹林间，令人不禁想起电影《卧虎藏龙》中章子怡和周润发竹林斗剑、衣袂飘飘若仙的场景。回望来时的方向，5000 年前的高坝轮廓隐约可见，也是另一种卧虎藏龙的景致和体验。

因为线路不熟悉，地形复杂，找寻长堤的过程有些曲折。我便给大家讲了一些与水利工程有关的遗产故事。

1960 年前后，埃及和苏丹两国要共同修一个阿斯旺大坝，解决灌溉、防洪、发电、运输等问题，但是水库的修建使得努比亚遗址的上百个寺庙面临被淹掉的风险。

这是一个迫在眉睫的矛盾。如何在保护遗址的前提下完成水利工程？两国共同向联合国教科文组织求助，大家共同讨论后的解决办法是抬高这些遗存。根据高处的地形，将遗存一块一块编号，分解以后抬到高处。这是一项复杂的工作。围绕这项工作，一场国际合作的抢救行动开始了，整个行动中有 51 个国家出资，22 个国家派出专家参与了这项行动。所以我们今天依然能看到努比亚遗址，当然它们已经是被抬高了的。

当时还没有世界遗产的概念。通过努比亚遗址保护的国际合作实践，大家意识到文化遗产不是一个国家、一个民族所独有的，它

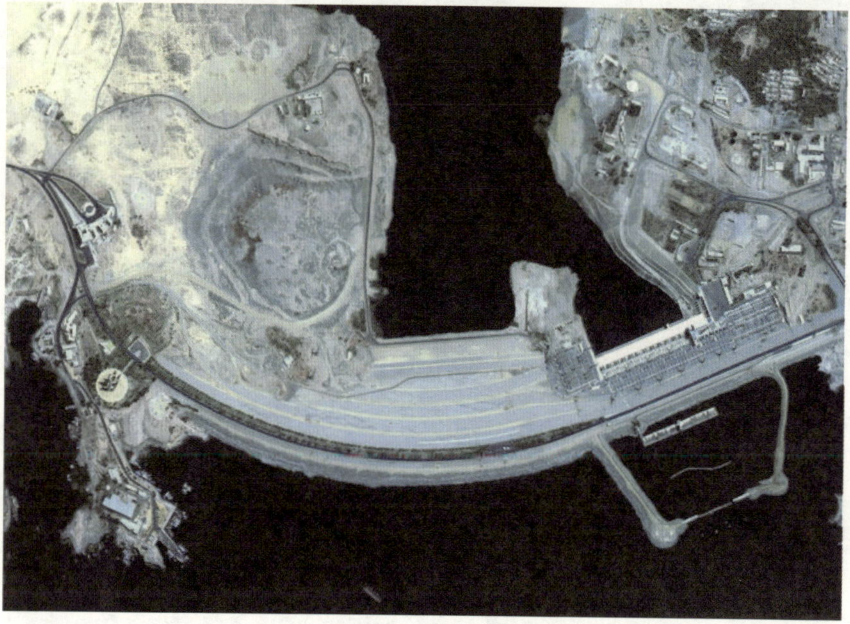

■ 俯瞰阿斯旺高坝（1961 年开工，1970 年竣工）

是人类共同的遗产。“人类共同的遗产”口号提出来以后，很快达成共识，很多国家都支持这个理念。20 世纪 70 年代，先后产生了《保护世界文化和自然遗产公约》和《世界遗产名录》，世界遗产也渐渐走进大众视野。

用“抬高”的方式保护遗存，在三峡水库工程中也有类似的情况。众所周知，三峡水电站大坝高 181 米，正常蓄水位 175 米。在三峡库区修建过程中，重庆市云阳县盘石镇龙宝村狮子岩下那座始建于蜀汉末期的张飞庙，就会在蓄水到一定高度时被淹没。于是张飞庙作为库区唯一一个远距离整体搬迁的文物单位，“搬旧如旧”，溯江而上 30 公里，在相应的较高位置，根据地形把它复建起来了。

三峡水库还有一个著名的文物保护工程，就是白鹤梁水下博物馆工程。白鹤梁在重庆市涪陵区，是长江中的一条石梁。长江水位低的时候，它就露出来，文人墨客会在石梁上题写、题刻，天长日久就形成了白鹤梁枯水题刻。白鹤梁题刻始刻于唐代广德元年（763年）前，题刻中包括很多历史名人的真迹，比如宋代黄庭坚的；还包括一些少数民族文字。到了水位高的时候，石梁就被淹没。这样石梁随着水位高低，时隐时现。同时，石梁上还刻有石鱼为“水标”，作为水文记录。这条历史悠久、兼具人文和科学意义的白鹤梁在修建三峡水库后，会被长久淹没于水面以下大约42米深处，成为遗憾。

怎么办？过去的办法是把它切割，挪到博物馆里来予以陈列，但这样就失去了其水文记录的功能。于是有人提出建议，能不能建一座深水博物馆？当时，全世界连一座10米深的水下博物馆都没有，更遑论40米深的水下博物馆了。因为这涉及水压调节的技术问题，需要跨专业跨领域解决。很多专家为此出谋划策。最终岩土力学专家葛修润院士做了一个“无压容器”的方案，解决了这个难题。他说，长江水还能在博物馆里面流，可以修建廊道，人们进入廊道，通过廊道中类似于飞机上的舷窗的参观窗，就能近距离观看白鹤梁题刻。国家为此投入近2亿人民币，修建了白鹤梁水下博物馆。游客们乘坐两条长91米、高差40余米的手扶电梯，顺着坡形廊道下去，迈过钢制舱门，进入环形参观走廊，就能够观赏到白鹤梁的景观。白鹤梁水下博物馆工程称得上是一个世界级的壮举。

水下遗产保护方面，“南海一号”沉船文物打捞的故事也为人称道。中国在世界上首创的古沉船整体打捞工程获得成功，打捞上了南宋沉船中的十几万件文物。“南海一号”是南宋初期一艘在海上丝绸之路向外运送瓷器时失事沉没的木质古沉船，沉没地点位于广东省阳江市南海海域，1987 年被发现，2007 年整体打捞上岸。经试探，其中有数万件文物，包括很多珍贵的瓷器。瓷器装船的时候，里面添了麦秸防止磕碰，一些瓷器中还装了茶叶。但在沉没 800 多年后，防止磕碰的麦秸和茶叶都腐烂了。所以如何避免瓷器在打捞过程中发生磕碰，这是摆在人们面前的一个难题。最终，技术人员特制了一个重达 530 吨的巨型钢质沉井。通过 7 个定位数据准确计算出沉井入水后将要放置的位置，上方加压。沉井下压过程中，腐烂的麦秸连同水底淤泥也和瓷器一起进入了沉井，起到了保护作用。接下来经过 20 多天的施工，在沉井下方穿好钢梁。为了防止沉井悬挂着提到水面以上发生旋转，碰坏瓷器，又特意制作了一条潜驳船，在出水之前承接沉井。上面吊起来，放到潜驳船上，潜驳船浮起来，沉井上面拎着，旁边扶着，这样才出了水面。

白鹤梁水下博物馆工程和“南海一号”沉船打捞工程，使中国成为水下遗产保护的大国。

良渚博物院的复盘

讲着故事，聊着天，竟也不觉得疲倦。小马和韩雪会常常观察地形，分析某处的沟渠是否为了行洪而挖掘，附近是否有堤坝的踪影；也为某处地势太低的美景担心：如果下了暴雨，这里会不会被洪水淹没？

通过遗产区界碑和草裹泥残留痕迹的探查，大家终于感受到了长堤的位置。草裹泥是由植物杆茎包裹泥土，再用植物条带帮扎固定的块状堆筑材料。秋冬季节水位下降，沼泽地的泥土、茅草、芦荻为良渚先民提供了制作草裹泥的原材料。制作好的草裹泥被运输到山谷，一层层堆叠在洪水的冲击面，最后在草裹泥上覆盖黄土。望着依稀可见的草裹泥断面，“布鞋男团”笑称这是5000年前的防洪包。

复盘整个找寻的过程，大家觉得收获很多，但结果的呈现还不够清晰。黄觉认为找寻过后，对遗址的认识还不够清晰。比如草裹泥的遗存，如果不是我在旁介绍，大家第一次来，也感受不到。韩雪认为因为年代久远，加上水利工程分布较广，水系也不再是从前的贯通状态，遗存散落，呈现出来没有那么直观，大家对空间的感受还是不够。小马希望能看到一个动态的水利工程复原模型，再回过头感受我们第一天探寻的位置。于是，我们求助于考古学家王宁远老师。他介绍说，整个工程的设计范围大概有100平方公里，无人机飞到500米的高度，也只能拍非常小的一个局部。没有现代科技帮助的良渚人在当时是如何规划这么大的一个立体的水利工程体系，也是令人叹

■ 世界遗产界碑——良渚古城遗址
（世界遗产标志中，圆形代表大自然，方形代表人类创造）

服、发人深思的一个问题。好在良渚博物院有一个比较好的展示体系，大家于是相约到良渚博物院去看看。

良渚博物院的沙盘推演，使“布鞋男团”的伙伴在刚才实地勘察的基础上，更直观地了解了水利工程的全貌。这座博物院的展览主题为“良渚文化实证中华五千年文明”，从良渚文化的考古研究、良渚古国的再现、良渚文明的揭示三个方面，完整展示了发现良渚古城遗址、认识良渚文化、确立良渚文明的考古历程，以及良渚文明在中国和世界同时期或同类文明中的重要地位。2007 年发现的良渚古城，是目前中国所发现的同时期营建规模最大、配置级别最高、出土文物最精美的古城遗址。

在良渚博物院的陈列展览中，良渚古城的地位和价值从前厅到第三展厅、尾厅，都有充分、连贯的反映和体现。例如在第一展厅，把有关古城发现的社会历史文化解读，作为良渚文化 80 多年来探寻道路的重要一步来加以展示，也相应地推出了“遗址—文化—文明”三个递进式的概念。良渚博物院这一平台不但把良渚文化的专业知识尽量准确地表述出来，并且让观众既看得懂、又爱看，获得“一座可观、可玩的博物院”的美誉。

良渚博物院一行后，大家很期待第二天的良渚古城遗址公园，期待看到良渚古城的风貌。

考古队的晚餐
——四代考古人的传承

时间：2020 年 11 月 18 日晚上
地点：良渚古城遗址 · 考古队

一天的辛苦下来，大家都饿了。王宁远老师招呼“布鞋男团”到考古队体验了一顿“考古饭”。这顿“考古饭”颇为丰盛，与真实的“考古饭”还是有所差距的。考古工作十分辛苦，往往在一个村子里“驻扎”很长时间，与当地村民同吃同住。

席间大家也不忘“考古”，聊起桌上哪些食材是 5000 年前良渚人也曾享用过的，哪些食材是后来才摆上中国人餐桌的。其实良渚人的生活品质已经很高了，例如陶器的使用上已有了盛肉、盛菜、盛水的分工，蒸锅、炖锅、煮锅也体现了不同的设计，十分精细。

我们第一天体验到的考古成果，都经历了漫长而艰辛的考古发现和专业的探究、考证，才得以呈现。从 1936 年到今天，良渚文明经历了四代考古人的寻找与守望。第三代考古人和第四代考古人就坐在我们这顿“考古饭”的饭桌上。大家共同追忆起了前辈的事迹和贡献。

良渚文明第一代考古人的代表是施昕更先生。1936 年，年仅 25 岁的施昕更先生发现良渚古城遗址，并进行了考古发掘，认为这里是“以黑陶为代表的”新石器时代遗址。1937 年春，施昕更先生将考古报告整理成《良渚》一书，希望通过该书的出版为抵抗侵略、文化救亡贡献力量。受抗日战争影响，此书的出版遇到很多困难，原稿曾被炸毁，幸而先生保存了清样。在先生坚持不懈的努力下，1938 年该书终于问世。此后，先生投身抗日，担任瑞安县抗日自卫队秘书。不幸的是，1939 年 5 月，施昕更先生感染猩红热，因无力医治，病逝于瑞安医院，年仅 28 岁。

中华人民共和国成立后，第二代考古学家开始涌现，代表人物是吴永康、王明达先生，也包括后来的张忠培、严文明先生等。这其中我与张忠培先生的渊源颇深。

张忠培先生是中国考古界泰斗级的专家，20 世纪 50 年代毕业于北京大学，并留校任教。60 年代创建了吉林大学考古专业，为考古界培养了很多人才。80 年代起，张忠培先生担任故宫博物院第四任院长，为故宫博物院的发展做出了很大贡献。从故宫博物院院长任上退休以后，张先生担任中国考古学会的理事长，把更多的精力投入考古学的发展和人才培养中。很多老专家到了 80 多岁高龄，已经不太研究新的问题了，但张忠培先生一直研究和跟踪最新进展，关心最新的考古成果，所以在这方面的视野非常开阔。

在故宫博物院工作期间，张先生一手创建了故宫博物院的管理制度，还十分注重培养人才。比如过去，我们的员工中很少有大学生，更没有研究生。很多员工是因为子承父业，或者以师傅带徒弟的形式进入故宫工作。为了故宫的进一步发展，张先生主持引进了故宫博物院的第一批大学生、研究生。这些人到现在都成了故宫博物院的骨干和领军人物。如今故宫博物院的副院长、部门主任有很多都来自这一批。张忠培先生提出“四个故宫”——平安的故宫、学术的故宫、完整的故宫、强大的故宫。我们一直在贯彻“四个故宫”的思路，以此作为准则来守护故宫博物院。我常常去向先生请

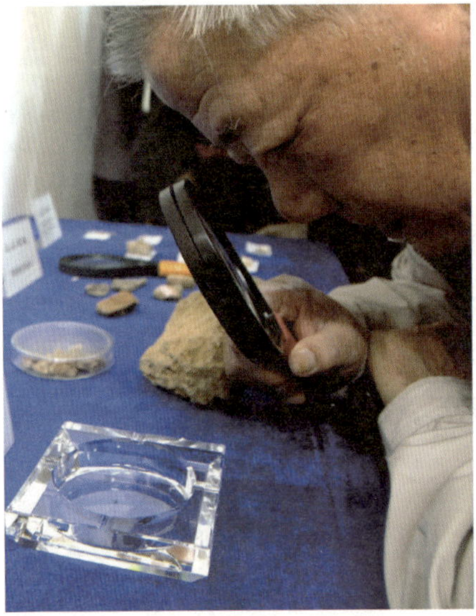
■ 张忠培先生观看“万年稻米”

教问题。每次见到先生，他都是很认真，事先把茶都沏好了，毫无架子地与我讨论问题，一谈就是几个小时。

张先生任中国考古学会理事长时，我在国家文物局工作。在大遗址保护方面，我提出考古遗址公园建设的理念，在全国范围引起了很大的争议。张先生支持我的思路，也为解决遗址公园建设和保护的问题提出了很多建议。后来我调到故宫博物院工作，张先生问我在国家文物局工作了十多年，对考古学方面的工作有什么看法。我当时一激动，就说了十条还需要改进的问题。我是学城市规划出身，不是考古专业人士，但这十条是我在工作实践中的思考总结，所以举了很多实际的例子。张先生不但认真听了，还很赞同我的观点，做了笔记，并让我到第二年中国考古学会年会上做主题发言，给考古学家们“讲一讲”我这十条。我的胆子也很大，就去讲了。今天到良渚，我发现这十条问题基本都解决了。可见在张忠培先生的倡导下，考古界这些年做了很多工作。

2016 年，张忠培先生、宿白先生、谢辰生先生和黄景略先生共同给习近平总书记写了一封信，呼吁良渚古城遗址申报世界遗产，以在全世界范围内证明中华 5000 年文明。习近平总书记非常重视，并对申报世界文化遗产工作做出重要指示。良渚古城遗址加快了申报世界遗产的步伐。

2019 年，在中华人民共和国成立七十周年之际，良渚申遗成功了，但是张忠培先生没有等到这一刻，他已在 2017 年去世了。在生命的最后日子里，张忠培先生还想约我一起来良渚看看，但是他的身体条件已经不允许了。张先生去世后，习近平总书记打来电话慰问；遗体告别仪式上，三位总理送了花圈；还有先生培养的弟子们送的花圈，摆了很长的长廊。大家用这个方式表达对一位考古学家的尊重，我也非常感动。后来，吉林大学与故宫博物院合作，建立了张忠培学术思想研究中心，举办学术研讨会等活动，出版张忠培先生的著作，纪念这位德高望重的前辈。这其中有一套著作的名字让我触动很大——《走出自己的路》《说出自己的话》《尽到自己的心》，这正是张忠培先生为考古事业奉献一生的总结与写照。

韩雪提出了良渚是否还有未解之谜的问题。其实，未解之谜还有很多，需要第四代甚至第五代、第六代考古人去寻找与守望。

大家相约第二天去良渚古城遗址公园，探寻 5000 年前的“紫禁城”——良渚古城的秘密。

玉器制作体验

时间：2020 年 11 月 19 日上午
地点：良渚古城遗址公园

节目录制的第二天，我们一早便来到良渚古城遗址公园。入园后的第一站，是瞻仰施昕更先生的雕像。先生的墓已经找不到了，公园在入口处专门立了一座雕像来纪念先生。未来还会塑一座张忠培先生的雕像，也立在良渚古城遗址公园中。相信先生们的英灵看到今天的良渚古城遗址和遗址公园，也一定会感到欣慰的。

第一天探寻水利工程的时候，大家已经聊起良渚古城是一座水城。良渚古城的发现也与这个特征密不可分。2006 年，考古工作者偶然发现了宽约 45 米、深约 1 米多的古河道，河床内有良渚晚期的生活废弃物堆积。考古工作者对河东岸高地进行解剖研究，发现了莫角山遗址四周的古城墙。通过城墙，终于确定了总面积约 300 万平方米的良渚古城范围。这个范围相当于 4 个故宫的面积，是目前所发现的同时代中国最大的城址。城墙的中心是 30 万平方米的宫殿区。城墙外围还有一圈外郭城，包围着 631 万平方米的面积。宫殿区、封闭式内城、半封闭式外城遗址构成了中国古代都城三重结构的起源。再加上水利系统所包围的 100 平方公里范围，整个良渚古城遗址的面貌终于完整浮现在大家眼前了。据测算，当时的良渚古城内住了 2.5 万人左右。

修筑古城的工程量、精美的玉器制品、发达的宗教信仰等都是 5000 年前文明程度的体现。施昕更先生发现良渚古城遗址时，关注

良渚古城的三重城结构

的主要还是陶器，当时他还不知道这里有大量精美玉器。因此大家相约去玉器作坊，感受一下玉器文化。

去往玉器作坊的路上，大家感叹良渚古城遗址公园的环境优美。遗址公园的路是在良渚人生活的原路基础上修建的，保留了这里的原真性和完整性。为了尽可能让观众感受到良渚人的生活细节。公园里还再现了良渚先民的生活场景。王宁远老师介绍，目前对良渚先民的服装质地和样式还不清楚，所以这些先民形象就以丝网的形式塑造，既体现了严谨性，又与环境十分和谐。动态的现代场景与静态的远古生活在这里相映成趣。至于在考古遗址上建公园，也有曲折的故事。我受邀在今晚拍摄结束后开启“世遗课堂”第一期，讲讲考古遗址公园的“前世今生”。

玉器作坊是一座依水而建的小木屋。据介绍，良渚的作坊区一般都设在河边，主要是为了方便做玉和生活取水。第一天在瑶山遗址，大家已经学会了从陪葬玉器的形制来判断墓主人的性别。良渚时期的玉器代表了同时代玉器的最高水平。大致分为三大类：第一类是玉礼器中的重器，包括琮、璧、钺、冠状器、三叉形器、成组锥形器、璜和带钩等。这其中玉琮蕴涵着“天圆地方”原始宇宙观；玉璧是良渚文化玉器中单位面积最大的器类，在后世演化为祭天的专用玉礼器；玉钺则被认为是王权或军事统帅权的象征。第二类是一般礼仪性玉器，如织具、纺轮等。第三类是一般装饰性玉器，如管、珠、镯等。

大家最感兴趣的是良渚人特有的标志——神人兽面像。这个标志出现在许多高等级玉器上。其中琮王上的神像最为复杂，大小只有 3 厘米 ×4 厘米，相当于一个火柴盒大小，人的双臂和兽的下肢还用阴线细刻处理，但最细的线条在 1 毫米里就有三到五根线，肉眼根本没法看出来。而且，琮王上有八个神像，大小都一样。良渚人设计的玉器纹样出现在宗教和生活用品里，既实用又美观。后世的“良渚文创”也是花样颇多，比较出名的是宋代以玉琮为外形的琮式瓶。据说乾隆也是玉琮和神像的“铁忠粉”。

■ 神人兽面像

玉器制作的体验很美好，我毫无争议地进入了三甲，成为第三名（因为马伯骞有其他工作安排，参与体验的只有我和韩雪、黄觉）。为此得到“奖赏”：午餐不能吃主食和肉食，只能吃沙拉。或许是为了给第三名营造一个“吃草”的美好场景，大家决定在遗址公园的“粮仓”进行户外野餐。

一周之前，良渚古城遗址公园内的水稻开镰收割。除了大规模机械化收割外，这里也保留了传统的人工收割方式，让游客们感受到良渚古城悠久的农耕文化。5000 年前，良渚古城的人口就已经达到两万多人的水平。这样的人口规模，仅靠采摘、狩猎、畜牧业是无法满足基本生活的。北纬 30 度与北方游牧地带相比，气候潮湿温暖，适宜种粮食，是理想的农业地带。因此稻作农业成为良渚农耕文化的根基。据考证，良渚时期的农业水平已率先进入犁耕稻作时代。所以良渚古城遗址公园保留了一大片水稻田，作为农业文明历史悠久的佐证。

考古工作者在良渚发现了数万千克的碳化稻谷。这么多粮食储藏在这个地方，说明它是一个国家的粮库，类似于现在的国家战略储备粮。这座“国家粮库”中的粮食来自古城四面八方的农业区。各地的粮食通过良渚古城的 8 个水城门，用竹排运进城内，5000 年前的文明气象可想而知。

在古城的粮仓边“吃草”，自有一番趣味。黄觉认为这样的安排没有达到他想让我“吃草”的目的，所以第三名的老单还要多承担守望行动中的陈述工作。

守望行动：5000年的实证

时间：2020年11月19日下午

地点：良渚古城遗址公园·莫角山宫殿区

根据节目的设定，每期节目的最后都有一个守望行动。良渚的守望行动设定是13分钟。因为申报世界遗产的过程一般都有陈述环节，陈述要简短、精彩、透彻。各国的代表根据这陈述和申报文本表态发言，决定是否同意列入《世界遗产名录》。结论分4档，最高档就是同意，第二档是需要修正，第三档是驳回再报，第四档是彻底否定，就不允许再申报了。

良渚古城遗址的申报过程，从陈述到表态发言、确认，只用了13分钟。最后，主席问有没有不同意见？当然是没有。于是他拿起象征申遗成功的小锤子轻轻一敲，这轻轻的一锤，是实证中华5000年文明的重锤。这13分钟，也是专属良渚古城遗址的13分钟，意义重大。

节目组给大家附加了一个任务，在遗址公园中寻找路人一起加入守望行动，要求这些人的年龄加起来需要满足5000岁。"布鞋男团"又踏上了"寻找"之旅，这次是寻人，与我们共同守望。

寻人的过程，大家真切感受到了良渚古城遗址公园的魅力。游客们来自全国各地，有来自深圳、新疆的朋友，全球新型冠状病毒肺炎疫情结束后还会有世界各地的观众。大家听说这个行动，都很热情支持，很多人都提到2020年是紫禁城的600岁生日，还有年轻人和我探讨博物馆教育的问题。良渚现在已经进入了中学教材，将来还会进一步在大学教育中体现。

最后，我们动员了200多人加入13分钟守望行动中来。中华文明5000年的历史，算下来大概也是200代人。我们的历史其实就是这200代人一代一代传承下来的。人群中有小朋友、有学生，也有老人；有朋友、有情侣，还有一家人。大家自豪地面对着镜头，骄傲地洋溢着笑脸，用微笑和行动宣誓，要更好地保护良渚古城遗址，向世界讲述更多的中国故事，传播我们优秀的中华传统文化。

大家好。欢迎大家来到良渚古城遗址莫角山宫殿区。大家知道在2019年的7月，良渚古城遗址作为中国唯一申报世界文化遗产的项目，提交联合国教科文组织的世界遗产大会。在大会上经过13分钟的陈述和各国代表的论证，然后大会主席举起锤，轻轻一击。这一锤实际上对于我们来说是历史性的时刻，是一个重锤，它实证了我们中华文明5000年的历史。我们每个中国人都知道我们有5000年的历史，但是在国际社会上很多人对此还有质疑，包括一些汉学家说你们实证的不就是3000年的历史吗？实际上我们的考古学家、历史学者几十年来在中华大地进行了卓有成效的中华文明的还原。特别是良渚古城遗址，中国4代考古人、考古学家坚持不懈奉献了80多年，把良渚文明的面纱一点一点地揭开。今天它作为毫无争议的5000年文明实证，成为世界遗产。更重要的是在这个过程中，我们抢救了这些文化遗产。

我也是良渚古城遗址保护抢救的一个见证人。10多年来，我多次来到良渚古城遗址，最初站在莫角山宫殿建筑群往下面一望，底下有水泥厂，有垃圾回收站，有印刷厂，还有很多民居。那些杂乱无章的房子太多了，覆盖着这些遗址。当时的遗址没有得到保护，也没有得到展示。

习近平总书记对良渚古城遗址申报世界遗产和保护工作做过重要指示。良渚古城遗址申遗成功后，无论是浙江省，还是杭州市、余杭区，特别是良渚管委会、良渚博物院，都做了卓有成效的保护工作。这里每年都在变化，变得更加美好。我记得2009年，我们在良渚古城遗址召开大遗址保护良渚论坛。我当时在会上做报告时喊出了一个口号——“我们要叫良渚古城遗址像公园般的美丽”。今天来到良渚，感觉特别欣慰。大家看良渚古城遗址是不是真的像公园般美丽了？

这里实证了中华5000年文明，实证了中国人今天为保护这些遗址所做出的积极贡献，我们为此而骄傲。5000年算来可能要经过200代，我们想汇集200名观众，请游客共同参与这次守望行动。刚才我们算了算，大家加在一起5000多岁，就象征实证了中华5000年的文明。我们以此行动来宣誓，我们要把良渚古城遗址保护得更好，更好地讲述中国故事，更好地向世界传播我们优秀的中华传统文化。祝愿良渚古城遗址，祝福大家，感谢大家参加这次守望行动，谢谢大家。

大家可以去浙江卫视看见自己的笑脸。

世遗课堂：国家考古遗址公园的探索与实践

第一天拍摄结束后，回到房间已近深夜，我还是坚持找了一些我在过去工作中走访的，世界各地已经列入《世界遗产名录》的大型考古遗址照片，用于第二天拍摄结束后与大家分享。

这些遗址包括希腊的雅典卫城、柬埔寨的吴哥窟、印度的桑吉佛教遗址、巴基斯坦的塔克西拉考古遗址、意大利的庞贝遗址、突尼斯的迦太基考古遗址等。其中很多遗址规模非常庞大，比如摩洛哥的沃吕比利斯考古遗址、伊朗的波斯波利斯古城遗址等；还有一些遗址像良渚古城遗址一样，是早期国家的象征，比如坦桑尼亚的桑给巴尔石头城遗址，以及大家熟悉的表现秘鲁文明的马丘比丘遗址；有一些遗址需要经过一番周折才能到达，比如智利复活节岛的石像群，从首都智利坐飞机大概需要三个多小时；还有一些因为受战争摧残而被广泛关注，比如叙利亚的巴尔米拉遗址。

这些世界遗产背后有很多故事。一些世界遗产受到了自然灾害和战争威胁，这些遗产是否应当修复，一直都有争论。比如阿富汗的巴米扬大佛被炸毁以后，如何处置它的遗址，是把它一块一块再重新恢复，还是保持它残留的灾害状态，都存在争论；我们所熟悉的圆明园，也存在类似的争论。还有更多的遗址，随着时代的变化慢慢被埋没了。比如前面提到的柬埔寨吴哥窟遗址，就是在沉寂上千年以后，在 20 世纪的原始森林中被人们重新发现。

■ 庞贝遗址废墟

这些世界遗产与良渚古城遗址有很多共同点。比如它们都是经历了长期考古发掘才被揭开层层神秘的面纱。更重要的是，尽管它们年代久远，非常珍贵，但作为世界遗产的代表，它们都不是封闭式保护的，而是向世界各地的游人和观众开放。其中一些作为考古遗址公园面向公众开放。

我曾在北京市规划部门和文物部门工作。北京是五朝古都，从辽燕京城、金中都城、元大都城一直到明、清北京城，叠加了很丰富的地下遗存。在城市规划和文化遗产保护方面，我和大家一起在实践中探索，有一些经验和收获。

在北京市城市规划工作中，我们在紫禁城两侧规划出了建设控制区，也叫缓冲区或建设控制地带。这样可以防止新建的高大的建筑物或大体量的建筑群不和谐侵入对文化景观造成威胁。在紫禁城和天坛外围，我们规划了胡同四合院的保护区、历史保护区，在规划图中用绿色表示。这样就形成一个可以保护传统景观的隔离地区。在以上工作的基础上，北京市提出了中轴线古建筑群申报世界遗产。中轴线是北京城市景观的脊梁，申遗对其保护和传承的意义重大。

1997 年的时候我在北京市文物局工作，我们看到 52 米宽的筒子河的内侧与紫禁城城墙中间居然有 400 多户居民、20 多个单位在这一片狭长的地带生产生活，很不方便。当时有 465 条污水管在向筒子河里排污，筒子河当时是劣 V 类水质，不像现在都是 III 类水质。两侧居民、单位向筒子河倾倒的垃圾已经堆积铺满了水面，完全遮蔽了筒子河应有的景观。我们当时就喊出了一个口号，要把一个壮美的紫禁城完整地交给 21 世纪。当时距 21 世纪还有 3 年。那 3 年中，全社会共同努力，污水截流，房屋单位搬迁。进入 21 世纪，筒子河变得碧波荡漾了。在今天，无论是春夏秋冬、早中晚，天气好的时候，总有“长枪短炮”对着筒子河这个角度，按动快门，把角楼、城墙、城门美丽的照片传到世界各地，紫禁城及筒子河恢复了尊严。

在紫禁城外面，还有很多需要保护的遗址，比如北京的城墙。明清时期的城墙几乎全被拆掉了，只剩下了几个孤零零的城门。20 世纪末在北京火车站的南面，当时要准备修北京火车站的南出口，结果就发现还有一段不到 1.5 公里的城墙没有被拆掉。当时修北京火车站的一些工人剩下的工棚，还有杂乱无章的棚户，两千多户居民居住在这里。我们安置了这些居民，把这里建成了遗址公园，就是今天的明城墙遗址公园。老百姓听说还有一段城墙没有拆掉，就格外兴奋，纷纷发表感言说城墙保留下来的是城市的记忆，所以我们当时顺势就发起了一场叫“爱北京城，捐城墙砖”的活动。媒体曾报道过，北京出了一道亮丽的风景线，长安街上居民在自行车后面驮着两块城墙砖，往城墙修缮工地运砖的情景。把家里面过去用来盖小厨房、房子的城砖取出来，运到工地。现在去明城墙遗址公园，我们可以看到，城墙下面颜色比较重的就是当年城墙的遗址，上面比较新一点的就是居民们搬来的城墙砖。这就表明，民众对于我们的传统文化，对于这些文化遗产，怀有强烈的感情。

在这些工作的基础上，一个想法在我心中逐渐形成，就是一些遗址应该成为人们生活中的一部分，应该是人们能够走进去享受的地方，应该成为公园。除了明城墙遗址公园，我们还有元大都遗址公园、圆明园遗址公园等实践。

北京市的遗址公园实践，能否推广到全国各地实践？国际上的世界遗产开放理念，能否在中国实践？这其中要面临的问题很多。

我到国家文物局工作后，首先面对的是高句丽遗址公园项目。高句丽王城、王陵、贵族墓葬覆盖了两个省、两个城市的一些地区，一个是辽宁的桓仁，一个是吉林的集安。过去的集安高句丽遗址，周围是杂乱无章的房子，包括一些铁道部门的房子。经过两年的努力，我们建成了大型的高句丽国家考古遗址公园，2004 年它一举成为世界遗产。

同时进行的还有殷墟国家考古遗址公园。殷墟是甲骨文的故乡，青铜器的故乡。特别是洹北商城发现以后，实证了我们 3000 多年的文明，这个是最早得到国际公认的，但是过去这里的大部分区域一直被单位和住房占压，所以进行了居民的安置、搬迁以后建了国家考古遗址公园，并且在它的地下建了一个遗址博物馆，把多年考古遗址的成果，包括青铜器、甲骨文的研究成果在这里进行展示。2006 年，这里成为世界遗产。

两个大型遗址公园的实践，两个世界遗产的诞生，使我们坚定了信心，要把考古遗址公园这件事做好。但是我们面对的阻力是非常大的。很多人不理解为什么要把考古遗址变成公园，认为公园是为人们休闲享受所用；考古遗址是考古学者、历史学家的工作地，二者是不能兼容的。

多年以来，我们承受着质疑和压力，也一直没有放弃，持续摸索如何使遗址得到更好的保护，同时又让人们能够感受到传统文化的气息。这个实践过程是艰苦的。

以大明宫遗址公园为例。西安有四大遗址——汉阳陵遗址、长安城遗址、阿房宫遗址、大明宫遗址。大明宫遗址算是其中最小的一个遗址，但是规模也很大，比北京故宫的 4 倍还要大。大明宫是唐朝 200 多年间中国的政治中心，大家从影视作品中可以看到很多相关的历史故事，比如武则天时期的一些轶事。大明宫在唐朝末年就已被毁，上千年来慢慢沦为一片荒凉的土地。

20 世纪 40 年代，河南黄河泛滥区的老百姓逃荒到了西部，来到了西安城下。他们没有本钱进城，就选取了道北地区一片荒凉的土地，在上面打井、造田、搭棚、修建筑，安顿和生活下来。其实这片荒地就是大明宫的遗址。越聚越多，人烟繁盛，进入 21 世纪，这里已经居住了 10 万人。这里 1961 年就被公布为全国重点文物保护单位。一方面，这里盗掘、破坏时常发生，文物保护工作很难开展。另一方面，作为文物保护单位，不能随意进行建设，几十户在胡同口用一个洗手间，几户共用一个水龙头就是这里居民生活的真实写照。居住在这里的 10 万老百姓生活环境很艰苦。

2005 年，我们把大明宫遗址最大的宫殿含元殿进行了修复展示。我们和西安市的领导去验收的时候，西安市领导充满历史自豪感。他说真应该让每个到西安来旅游的人都能够站在含元殿遗址上感受盛唐建筑的气魄。经过研究，我们决定安置附近居民，并建设遗址公园。当时对遗址公园的建设，依然存在不同的声音。经过多方请教、慎重论证，包括国际古迹遗址理事会的主席佩萨特先生最后也表示支持，我们才终于顶着压力开始了实践。

我们用了 10 个月的时间，把 10 万老百姓动员搬离了大明宫遗址，进行了安置。当时一共拆了多少面积的房子呢？约 350 万平方米，这其中的工作难度可想而知。最令我欣慰的是，我去看了 5 个拆迁办公室，全都挂满锦旗，还有很多感谢信。内容基本都是感谢政府在保护遗产的同时，改善了他们的居住环境，解决了生存问题。

大明宫遗址公园还在建设中，而且在建设的过程中，这里就成了世界遗产。2014 年它作为“丝绸之路：长安—天山廊道的路网”的一处遗产点，进入了《世界遗产名录》。我们在半地下建成了考古与艺术博物馆，通过复原的建筑模型、数字技术展示出土的文物等，讲好了世界遗产的中国故事。这里的考古探索中心，可以让学生朋友、社会公众等参与到探索性活动中，体验考古文化和优秀的中华传统文化。大明宫遗址在城市建设和人们生活中发挥了越来越重要的作用。这样的一个行动坚定了我们考古遗址公园实践的信心。

我们在西安举办了大遗址保护高峰论坛，请相关城市的领导来参观大明宫遗址公园，这些领导所在的城市都拥有大遗址。大家参观、讨论后纷纷表示，回去以后也要把各自城市的考古遗址建成公众能够享受、遗址能够得到更好保护的遗址公园。

从那以后，全国 150 多个遗址陆续开展了考古遗址公园建设，目前很多都已建成。

2009年，我们在良渚召开了大遗址保护良渚论坛。很多著名的专家学者都出席了那次会议，比如我们张忠培老院长，黄景略先生、严文明先生、郭大顺先生等。这次会议达成了《关于建设考古遗址公园的良渚共识》，肯定了国家考古遗址公园之路。

2010年国家文物局发文公布了国家第一批国家考古遗址公园名单，其中就有良渚古城遗址公园。大家对遗址公园的认识达成了统一。这种工作方法得到了肯定。同样拥有5000年文明的东北的牛河梁国家考古遗址公园的启动，张忠培老院长也出席了；新疆的北庭故城考古遗址公园也建成了，这里是历史上中央政权管理新疆的代表，并且成了世界遗产；包括宁夏的西夏王陵国家考古遗址公园、湖北的楚故都纪南城国家考古遗址、安徽的凌家滩考古遗址公园等，这些都是重要的遗产。我们此行所在的良渚古城遗址公园，当然也是其中的杰出代表。

我们国家有很多的考古遗址都在等待保护，它们或许正在被蚕食、被破坏，或者深藏在地下不为人知。我们需要动员更广泛的力量对它们进行传承和保护。

2009年达成《关于建设考古遗址公园的良渚共识》以后，在浙江省和杭州市的支持下，经过良渚管委会和考古单位共同努力，良渚古城遗址的保护和环境的整治取得了重要成果，今天看到的都是绿水青山。

当初我提出良渚古城遗址要像公园般美丽，那时还觉得是个美好的畅想。在大家的共同努力下，每次来这里看，都会发现又有了很大的变化。现在这是我心目中最美丽的公园。登上莫角山，我感慨万千。过去莫角山上有一个水塔，一望而去是杂乱无章的自发建筑，当时我就想什么时候才能把它们搬走，没想到今天已经实现。在守望行动中，我借机会“采访”很多割草的老百姓。与他们聊天，能感受到他们对生活充满着希望。在工作和学习之余，人们来参观遗址公园，在生活中能够看到这样一片生态环境，人与自然和谐的景观，这是非常幸福的。走进良渚古城遗址公园，我们遇到的大部分都是年轻人，还有很多学校组织学生来这里做体验性、参与性的活动。年轻人通过良渚古城遗址，喜欢上中华传统文化，热爱传统文化，开始改变自己对于中华传统文化的认识。包括我们这些体验馆，设有用数字技术来呈现5000年文明、良渚古城特色的互动式活动，这次我也参加了这样的互动活动。对于我来说，过去在工作中没有这样的体验，这些经历让我体会到是什么样的精神，鼓励着过去的古人能够创造如此令人难以想象的一些精美艺术品。

站在这样的遗址、这样的遗址公园上面，我觉得良渚古城遗址走的这条路是对的。拍摄过程中，我们看到了水稻田、荷花池、水城门，这些得到非常智慧的展示和呈现。良渚博物院设置在缓冲区的范围内，并没有进入保护区，它用平实的语言来揭示、展示我们80多年来的考古成果。在复旦大学高蒙河教授的指导下，良渚博物院的策展也在这些年新的考古发现成果基础上进行了调整。特别是对水利工程的遗址、古城墙的遗址进行了记录。在这些基础上，考古遗址公园的风貌才真正呈现出来。这两天看到一些场景、一些照片让我非常激动、非常兴奋。

让中国的考古遗址像公园般美丽，这是我多年的梦想。在良渚古城遗址公园，我觉得梦想成真了。

2

2020年 12月 13日

2020年 12月 14日

万里走单骑

老单日记

第二站

鼓浪屿：历史国际社区

遗产地档案

遗产名称	鼓浪屿：历史国际社区
遗产位置	福建省厦门市思明区
列入世遗时间	2017 年
遗产种类	文化遗产
遗产地边界范围	遗产申报区范围：316.2 公顷 缓冲区面积：896 公顷

感谢鼓浪屿给予我们全家终生难忘的最美好的时光。

鼓浪屿之波

时间：2020 年 12 月 13 日上午
地点：轮渡、鼓浪屿历史文化陈列馆

《万里走单骑》第二站是厦门的鼓浪屿。作为著名的风景区，鼓浪屿有“海上花园”“万国建筑博览会”“钢琴之岛”之美称。“鼓浪屿”这个名字也充满了诗情画意，其实这 3 个字各代表一个词：鼓，即鼓声；浪，指海浪；屿，是岛屿。相传海浪冲击这座海岛西南海滨的一块有孔礁石时，会发出擂鼓般的声响，这块礁石从而得名“鼓浪石”，这座小岛也就被称为“鼓浪屿”。

作为风景区的鼓浪屿为民众所熟知，但很多人却不太熟悉这里作为世界遗产的价值。2017 年 7 月，在波兰历史文化名城克拉科夫举行的联合国教科文组织世界遗产委员会第 41 届会议上，“鼓浪屿：历史国际社区”被正式列入《世界遗产名录》，成为中国第 52 项世界遗产项目。

鼓浪屿与上一站的良渚不同，良渚是一个文化遗址，而鼓浪屿是一个活态的社区，至今岛上还有约 2 万人居住。鼓浪屿接待游客数量很多，但与来访人数众多的故宫博物院也有不同，故宫博物院虽然白天的游客很多，工作人员也很多，但其实故宫里没有一个人属于常住人口。

鼓浪屿是全球化早期阶段多元文化交流、碰撞与互鉴的典范，是具有突出文化多样性和现代生活品质的国际社区。这一站，“布鞋男团”再次集结，踏上了美丽的鼓浪屿之旅。

■ 俯瞰鼓浪屿

鼓浪屿在宋代（10 世纪）以前是一个水草丰茂、渺无人烟的小岛，被称为“圆沙洲”或“圆洲仔”。传说宋末元初（13 世纪初），有李姓渔民在岛西北部建房定居，时称李厝澳。此后，在漫长的发展过程中，以闽南文化为主的本土传统文化在岛上形成文化积淀。据考，鼓浪屿在明代已经与 47 个国家和地区有直接贸易往来，其中不仅包括东亚、东南亚地区国家，还以吕宋（今菲律宾）为中转，与欧美各国建立了商贸联系。到 17 世纪初，厦门岛、鼓浪屿已被明确地标示在西方人的航海图上。据说，17 世纪中叶郑成功在收复台湾之前曾驻兵鼓浪屿，在岛上留下了龙头山寨寨门、国姓井等历史遗迹和相关传说。后人对此的凭吊，也以摩崖题记的形式沉积下来，为这座小岛平添了强烈的民族情感色彩。本土传统文化的积淀和长期的海外商贸交流，使得这座小岛对外来文化保持着从容、开放的态度。

19 世纪中叶，中国正在经历着社会转型和制度变迁，中国东南沿海地区成为多元文化碰撞、交流和融合的场域。1843 年，依据中英《南京条约》，厦门开埠，成为清朝首批对外开放的通商口岸。由于鼓浪屿与厦门港隔海相望，对渡便利，风景秀丽，西方人陆续进入鼓浪屿生活。鼓浪屿步入一个全新的历史时期，即开始其近代化历程。

到了清末民初，这座岛上就形成了一个闽南本土居民、归国华侨和多国外来居民混居的和谐的社区，这是非常难得的。中国传统文化、地方文化与外来多元文化在鼓浪屿融汇，在社会生活、建筑园林设计及建造、艺术风格、现代技术方面展开了广泛而深入的交流融合，这为当今世界不同文化间价值观的相互理解与共同发展提供了历史经验。所以说，鼓浪屿是一个国际居民共同管理的成功的东方样板，这也是鼓浪屿申遗成功的关键所在。

我们乘轮渡到达钢琴码头后，便与世遗向导李云丽老师会合。李云丽老师是鼓浪屿申遗文本的总负责人。她带我们来到了鼓浪屿之旅的第一站——鼓浪屿历史文化陈列馆。为什么申遗名称最终确定为“鼓浪屿：历史国际社区”？我们在这里找到了答案。鼓浪屿是一个国际社区，由中国政府管辖，但却吸收了各国居民参与管理。这是它最独特的地方。这个社区优美而和谐，幸福指数很高。比如在这座岛上，人均拥有钢琴量在全国是最多的，还有各类现代体育项目都开展得很好，比如网球、棒球、足球、橄榄球等运动。

为什么一个社区能够成为世界遗产？李云丽老师让我们从一组

“奇怪的符号”——ㄔ、ㄠ、ㄖ、ㄨ、ㄥ中寻找答案。这是鼓浪屿人卢戆章先生最初创立的汉语拼音符号。卢戆章先生是中国语文现代化运动的揭幕人，他首创切音新字，开中国拼音字母之先河。汉语拼音是文化现代化的一个缩影，而最早的拼音由鼓浪屿人发明，也大概可以看出这座小岛曾是引领时代潮流的区域。“布鞋男团”决定通过亲自到鼓浪屿寻找这些切音符号的秘密。在李云丽老师的提示下，我们先到菽庄花园一探究竟。

投诗赠菊

时间：2020 年 12 月 13 日上午
地点：菽庄花园

鼓浪屿上有许多过去的私人宅第。菽庄花园是其中的一处，建于 1913 年，主人是林尔嘉，字叔臧。据传“菽庄”即取自“叔臧”的谐音。林家本居台湾淡水，是当地富甲一方的大户，甲午战争后台湾被割给日本，林尔嘉的父亲不愿当亡国奴，愤然举家迁回鼓浪屿。

林尔嘉在鼓浪屿久居，年岁日长，乡愁日增，于是决定建造一座花园，寄托对旧居台湾“板桥别墅”以及宝岛台湾的怀念，这就是菽庄花园。菽庄花园是一座建在海上的园林，利用天然地形巧妙布局，各景错落有序，园在海上、海在园中，极为别致。这座花园面积 2 万多平方米（包括水域）。1945 年抗战胜利后，林尔嘉返回

■ 菽庄花园

台湾，并于1951年在台湾病逝。后其夫人将菽庄花园捐献给厦门市政府。

我们来到菽庄花园时，一群游客正围在一起，人群里传来吟诗的声音。这里正在举办一场投诗赠菊的诗会，“布鞋男团”也被邀请参与其中。我跟大家分享了一首胡占凡先生为鼓浪屿写的词：

后庭宴 鼓浪屿

木槿紫荆，凤凰嘉木，日光岩畔千般树。
不倦长浪钟鼓音，平波惯看飞白鹭。

南洋恰配闽风，哥特平添欧陆。
补山藏海，楼隐笙歌处。
琴伴老南音，红厝说今古。

■“布鞋男团”与飞行嘉宾（右二）集结出发

胡占凡先生曾任《光明日报》总编辑和中央电视台台长，他把关于鼓浪屿的诗词发给我，是因为知道我与鼓浪屿有一段特别的缘分。

我的父亲于中央大学（今南京大学）毕业后，就来鼓浪屿的中南银行工作，我的两个哥哥和一个姐姐都出生在鼓浪屿。一直到1948年，我们一家才从鼓浪屿离开去了东北。父亲曾是菽庄吟社成员。菽庄吟社成立于1914年7月，从最初的300多人发展到近2000人，使菽庄花园成为名副其实的“诗人园”。前段时间，鼓浪屿时期的邻居吕永战先生给我写信，并随赠父亲当年写的诗。其中一首是在1941年写的，有这么两句：“取予思廉耻，饮食为诗书。”这首诗写于日本人进岛之后，当时物价上涨，市面非常混乱。父亲写下这两句诗的时候，正值他的生日，他写诗是为了以之自警，无论做人、做事都要使自己的人生更有意义。80年前父亲写的诗，今天在鼓浪屿，在我们这个诗社，读起来我觉得也是很受教育的，所以跟大家共勉。

我父亲所学的专业是文学，热爱诗文，终生与诗书为伴，但是为了生计而一直在银行工作。他70岁退休后，买了好多大学的学报，重新研究诗词。没能成为一个真正的诗人，也许是他的一个遗憾。在生命的最后阶段，他在医院还写了一首诗，最后两句是："予今古兹一抔土，兴尽唐僧推敲眠 。"这个"唐僧"就是指唐代诗人贾岛，在文学史上因"僧敲月下门"还是"僧推月下门"而留下"推敲"典故的那位。父亲跟我说，他去世以后希望把骨灰埋在北京市房山区石楼镇二站村的村边。我问他为什么，他说因为那里是贾岛的故乡，曾有贾岛的衣冠冢和祠。通过这件事情，我才知道了房山是贾岛的故乡。后来几经努力，在2003年修复了贾公祠。

我曾在哲学家、教育家艾思奇先生的故乡云南滕冲见过一个民办的博物馆。博物馆对当地的孩子帮助非常大。受这件事的启发，我提议在贾公祠建立贾岛图书馆。2012年4月，贾岛图书馆和贾岛纪念馆建成开放。之前我家里堆满了书，也从来没有来过客人——因为没地方接待客人。后来我夫人就提议说把这些书整理一下，捐给图书馆。她说得很有道理，因为那些书摞得有两米多高，底下的书是什么我都忘记了，也不可能拿出来看了，其实这剥夺了这些书的价值和尊严。所以有一年的春节七天假期，我们两个人从早到晚选书，最后把70%的书都捐了，一共七千多本。我们的老院长，故宫博物院第五任院长郑欣淼，是一个大诗人，现在还担任中华诗词协会的会长。他就从贾岛的诗里面选了几个词，要我给这个图书馆命名，最后选了"汲引室"，并请国学大师饶宗颐先生题写了牌匾。

这座民办的乡村图书馆以收藏文物博物馆图书和中华诗词著作为主。很多人也开始捐书，现在贾岛图书馆有藏书三万多册，保障了当地民众都可以过有品质的读书生活。

鼓浪留声

时间：2020 年 12 月 13 日下午
地点：世遗广场、鼓浪屿工部局遗址等

从菽庄花园出来，没多远就是世遗广场。有过在良渚的学习与经验，“布鞋男团”的成员们一眼就发现了世遗标志。

鼓浪屿在申报世界遗产过程中，发生过一个插曲。国际专家现场考察是审核能否列为世界遗产的一个“规定动作”，考察后专家会出具一份报告，所以这可谓是鼓浪屿申遗最重要也是具有决定性的关键环节。从 2008 年提出申遗到 2016 年专家来考察已经历时 8 年，大家做了大量的工作。但是就在日本籍专家苅谷勇雅原定来鼓浪屿考察的前三天，闽南地区新中国成立以来最大台风“莫兰蒂”在厦门登陆，风力达 17 级。台风过后，鼓浪屿的景观被摧残得满目疮痍。于是鼓浪屿管委会跟专家沟通，希望他能推迟一个月再来考察，给管委会留出这一个月的时间全力救灾。结果，鼓浪屿只用 20 个日夜就恢复了生产生活秩序，抢修了水电、文物，疏通了道路，稳定了物价，开放了景区，创造了一个奇迹——“鼓浪屿速度”。

“莫兰蒂”台风过境，使19棵百年古树轰然倒下，于是当时正在驻岛创作的来自世界各地的一群艺术家，开展了一场以保护古树为重点，以艺术创作为升华的“莫兰蒂艺术再生计划”。如今，一些古树尽管残缺，但已长满新芽，那些无法存活的也已变成纪念遗址或艺术作品。“倒伏古树”留住了台风的声音，也留下了大家共同应对台风的声音，成为现今鼓浪屿的景观之一。

台风过后一个月，当苅谷勇雅在鼓浪屿遗产监测中心观看台风登陆当夜的画面，并参观了灾后重建的展览馆及岛上的景区和社区后，对鼓浪屿防御天灾及灾后重建的能力表示了赞赏。可见，对灾害的预防和应对，为鼓浪屿申遗成功加了很多分。这成了申遗过程中的一段惊心动魄的插曲，也把自然的灾害变成了一件值得人们去回忆的公共事件，并且颇具文化艺术含量。

为了看到立体的鼓浪屿，“布鞋男团”决定分成两组，分别从时间和空间两个维度去寻找鼓浪屿作为世界遗产的意义。我、阎鹤祥和李云丽老师选择了时间线，决定去探寻自1843年开埠到1941年这近百年期间“桃花源”鼓浪屿的历史。

社区文明与司法

鼓浪屿上的租界地起初是由洋人管理的。1902年之后众多华侨回到鼓浪屿，参与建设，成为一支不容小觑的社会力量。为了方便管理，当局设立了工部局。工部局是生活在鼓浪屿上的多国居民共同治理这个国际社区的机构。工部局主要管理市政事务，管理职权涵盖税收、治安、市政建设、公共卫生等。主持工部局市政财税审

■ 鼓浪屿上的足球场地

核的工部局董事会由洋人董事和华人董事组成，华人董事最多时占有超过三分之一的席位。

参观工部局时，大家好奇鼓浪屿作为公共地界与租界有什么区别。其实当时鼓浪屿类似于半殖民地，是各国共治的一种形式，但还是受中国法律管束。鼓浪屿最大的特色就是高度自治，但司法权属于中国。

鼓浪屿工部局遗址是“鼓浪屿：历史国际社区”重要的行政管理机构建筑遗存，是鼓浪屿公共地界建立、发展及其管理模式的重要见证。在工部局的治理下，鼓浪屿率先建立起了自来水厂、邮局、发电厂等现代化设施。鼓浪屿有着中国最早的汽水厂、最早的养狗证、最早的现代幼儿园“怀德幼儿园”、中国最早最长的海底电缆、中国最早的现代足球场等。

工部局还制定了《鼓浪屿工部局律例》，以此为依据进行城市管理。这个“律例”涉及公共地界的财政、建筑、商业、交通、卫生、公共环境、公共安全等方方面面。在工部局遗址的石板路上，我们看到了“凡肩挑贩卖一切食物者，如鱼类水果等物，须用网盖遮，以免蝇蚋传染疾病”“游濯者必须穿游濯衣袂，欲换之时，不准在海边”等规定。还有养狗要办理“养狗证”，垃圾处理要遵循一定的制度，晚上十一点到早上七点禁止燃放烟花爆竹等，这些都是在鼓浪屿国际社区形成之时就已经开始在岛上实施的了。

“律例”面面俱到的章程，映衬着超前的文明，是司法的典范。李云丽老师跟我们说，鼓浪屿司法的起点并不是工部局，而是会审公堂，那里还有网红打卡地“最美转角”，于是我们决定去会审公堂看看。

李云丽老师说，其实鼓浪屿的每个转角都有不同的美，但成为网红却是天时地利多方面因素造成的。阎鹤祥还询问了我对“网红打卡”的看法。我认为，遗产是应该广泛传播的，传播方式很多，博物馆是其中一种。在网络社会，发“朋友圈”是一种特别有效的传播方式。“网红打卡点”是适应这种传播方式的，要想让遗产活起来，就得有趣，在保证遗产延续性的情况下发展旅游。旅游发展得好，两者相辅相成，可以促进就业，发展经济；如果对一些关系处理不好，则会影响居民生活。

鼓浪屿是一个很受欢迎的旅游目的地。2012 年 10 月 2 日，鼓浪屿涌入了 12 万游人，同期故宫的游客是 18 万人，二者都创下了历史最高。人们形容，游客要把鼓浪屿“踩平”了。故宫也是如此，那天进故宫的人都说没见到地面，全是被人推着往前走。游客过多带来了许多不好的体验，于是各大旅游景点开始限流。2017 年起，鼓浪屿每天最多只能进 5 万人，同时在岛上的不超过 3 万。故宫的限流是 8 万。与故宫不同的是，鼓浪屿至今仍有许多居民，发展旅游不能影响居民的生活。申报世界遗产时也首先定义了这里是历史国际社区，强调了居民生活幸福感。

鼓浪屿有一条创新性的理念：鼓励居民把多余的房子办民宿，让民众讲述鼓浪屿故事。这既惠及了民生，又让游客有了很好的体验。民宿这种方式也是让年轻人更容易接受的一种亲近文化遗产的方式。其实这些年来我们已经看到，鼓浪屿和故宫有一个共同点就是年轻人越来越多。之前在杭州“国潮节”，我看到很多年轻人穿汉服，我问他们有过节穿汉服的习惯吗？他们说平时都穿汉服。这是文化自信的一种表现，只有产生文化认同感，才会喜欢民族的东西。当然，我也希望更多的年轻朋友以“网红打卡地”、汉服为入口，能够进入更丰富的文化遗产中。

“融”和“潮”

鼓浪屿拥有众多风格各异的近代建筑，因而被称为“万国建筑的汇集地”。建在悬崖上的汇丰银行就是代表之一。汇丰银行公馆所在的山上还有一片摩崖石刻，这里是厦门地区目前发现的面积最大的摩崖石刻，拾级而上到悬崖顶端便是英国人建的汇丰银行公馆。汇丰银行建于 1876 年，最初是英商怡记洋行的闲乐居，后来成为汇丰银行高级职员的住宅，这是一座珍贵的三叶草形平面的殖民地外廊式建筑。

■ 汇丰银行

汇丰银行原作为公有住房使用，实施保护修缮后成为向公众开放的咖啡馆和眺望鹭江两岸景色的绝佳场所。游客、市民走到这边，可以进来休息，喝杯咖啡。让历史建筑和老百姓的生活结合起来，这是让建筑“活起来”的最好方式。

申遗成功以后，厦门市在利用好遗产方面提出了很多新思想、新办法，其中一个就是向公众开放。今天工部局、和记洋行等都是面向公众开放的。其实这些历史建筑，尤其是木结构的古建筑，修好了锁起来反而损坏得更快，正常开放、经常维修反倒越健康。我经常说，遗产要增加岁修，减少大修。比如故宫的大戏楼虽然进行了修缮，但已经上百年都没有演戏了。过去人们会经常修缮戏楼，是因为戏楼一直都在上演各种戏曲，就得经常维修。所以我们把大戏楼修好以后，就重新开放，上演中国传统的戏曲，保护的状况反而更好了。再比如延禧宫，这座建筑是德国人设计的，跟东西六宫都不一样，属于中西合璧的近代建筑。电视剧《延禧攻略》播出后，许多人来看延禧宫。我们研究发现，延禧宫在清朝末年时的主要功能是养金鱼。我们就做了原状陈列，制作大的养鱼缸，请金鱼协会选送金鱼，进行金鱼题材的展览。同时，还把故宫库房里有关金鱼题材的那些文物，比如织绣、服装、瓷器、玉器、珐琅器等，也都陈列在延禧宫进行专题展出。通过这些展览，延禧宫"活"起来了，文化故事也得到了更好的讲述。

小马的观点是遗产要和人们互动，反映时代特征，我认为非常好。传统建筑应该是有生命的，应该有一个不断的成长演绎。更重要的是，遗产要和人类的社会生活一起不断与时俱进，不断地融入人民的社会生活。时代在不断进步，所以遗产必须也跟着时代不断前行，这样才有故事。我当过农民、工人、建筑师，还保护文化遗产。可能我的寿命比较短，但历史建筑的寿命会很长，一代一代的人们不断赋予它新的生命价值。这样，它就变成故事叠加，变成非常有趣的故事积淀。人们可以跟踪了解不同的时代，了解它的生命历程。在这个过程中有一个重要的理念，就是要赋予人们对建筑的知情权、参与权、监督权和受益权。知情权就是你要把这个故事讲给大家听；参与权是人们还能享受互动比如购物、读书、看展等；监督权就是人们可以对建筑怎么使用发表自己的意见，提出建议；受益权就是能够享受建筑，不但是管理者，普通游客也可以在这里面享受文化。每栋建筑都应该保护本体的健康，在益寿延年的同时，被新的社会赋予新的生命价值。

看到"布鞋男团"通过一天的游历，对鼓浪屿有了更深入的认

■ 雷厝夫妇演奏

识，李云丽老师为我们揭开了之前切音符号的含义，就是“融”和“潮”两个字。“融”是鼓浪屿最核心的文化精神，就是包容、宽容、多元文化和谐共存。“潮”是新潮的潮。鼓浪屿其实是一个时尚的地方，它有最早的自来水公司，最早的电灯公司、电话公司，而且它并不是简单的时髦，而是引领风尚，引领社会发展。

音乐也是鼓浪屿潮流的重要组成。小马和觉哥一组没有找到雷厝，“布鞋男团”决定一起出发，去感受鼓浪屿的音乐魅力。雷厝是鼓浪屿原住民生活的地方。我们来到雷永平先生家，他是雷厝第四代守护者，也是雷厝乐队主要发起人。雷永平夫妇为我们演奏了《鼓浪屿之波》等海岛风情的歌曲，在音乐中能充分感受到鼓浪屿原住民幸福、有情调的生活状态，于是大家提议第二天举办一场以“音乐”为主题的守望行动。

鼓浪屿遗产监测

时间：2020 年 12 月 14 日上午
地点：中南银行旧址

守望行动之前，“布鞋男团”还有时间感受一下遗产监测系统。在 2017 年第 41 届世界遗产大会上，鼓浪屿以严格的人流控制、完备的监测预警系统以及对台风的应对，赢得高度赞扬，是当届审议时间最短、支持率最高的项目。鼓浪屿遗产监测中心设在原中南银行旧址三层，也就是我父亲当年的工作地点。

中南银行建于 1921 年，是近代海外华侨回国投资创办的最大的银行，也是华侨投资创办的最大企业。同鼓浪屿其他建筑一样，中南银行建筑风格属于折中建筑，没有流派和时代的划分。中国传统建筑观念是先规划再建设，例如长安、开封的公共空间中，半私有、私有空间很分明。而鼓浪屿则规划自由，房子根据当地气候环境、地形和当地特色设计，更讲究通风和防台风。修建时主人还让工匠发挥设计空间，慢慢形成了鼓浪屿风格。

中南银行旧址作为鼓浪屿华人商贸金融机构遗存的重要代表，是“鼓浪屿：历史国际社区”会通南洋、联结世界的重要见证，同时也见证了定居鼓浪屿的华侨创办民族产业、推动地方及国家近代化的历程。中南银行旧址一二层现为招商银行服务窗口及中南银行历史专题展览馆；三层为鼓浪屿遗产监测中心，实现了历史建筑的多功能活化利用。

我们来到三层监测中心，见到了正在工作的王婧老师。2018 年

■ 中南银行旧址

由王婧和同事撰写的《鼓浪屿：历史国际社区 2017 年度监测年度报告》被评为优秀监测年度报告，全国仅 5 处世界遗产的保护机构获此殊荣。世界遗产是全世界共有的，不再只属于某个民族、国家，会得到整个国际社会广泛的关注，因此要进行世界性保护。世界遗产地每年需要根据国际公认的文物保护准则，对遗产地保护状况定期进行专业检查、审议和评估，向世界遗产委员会提出详尽的报告。世界遗产委员会根据报告对该遗产地保护状况予以评定，包括肯定、情况通报，甚至取消遗产地资格。

建立世界文化遗产监测体系，有助于更好地保护世界文化遗产，在国际上树立负责任的、健康的世界遗产大国形象。意大利是拥有各类世界遗产数量较多的国家之一，他们利用卫星系统结合普通监测技术和人员监控，建立了一套全方位服务于世界文化遗产本

■ 鼓浪屿遗产监测中心

体和环境的监测系统，在遗产监测方面取得了成功经验。我国的遗产监测体系建设也经历了很多曲折，例如 2008 年，在世界文化遗产洛阳龙门石窟建设控制地带内，出现了未经审批兴建别墅的情况，而由于当时的监测体系不健全，当地世界文化遗产管理部门对此并不知情。2009 年，我在全国政协十一届二次会议上提案建议加大对世界文化遗产监测体系建设的投入力度。经过各界的努力，中国已经成为世界遗产监测做得最好的国家。

鼓浪屿的监测体系构建于申遗过程中，具有自身特色，在全国也具有示范作用。可以说，这套监测体系也是申遗工作为鼓浪屿带来的宝贵财富。鼓浪屿世界文化遗产监测系统平台具有数据采集、统计、管理和自动预警、预警处置、反馈等功能，还可以与中国世界文化遗产监测预警总平台互联互通，便于文物保护管理部门和专家随时“会诊”。鼓浪屿全岛设有 200 多个摄像头，其中包括 7 个高空摄像头，实现了全岛全覆盖。遗产监测中心的 32 块屏幕，实时收集所有摄像头拍摄的信息，并与公安、消防等部门进行联网监控。鼓浪屿还针对多级管理机构、居民、社区共同管理的特点，结合已有的网格化管理体系，构建了一个岛民共同参与和管理的监测预警体系，商户、私人住户也参与到历史建筑的保护与监测中，保障了鼓浪屿遗产地对遗产使用功能变化、本体与载体病害、自然环境、建设控制、社会环境、旅游与游客管理、保护展示与环境整治工程等的全面监测。

王婧老师和女儿共同制作了一本名为《小白兔乐游鼓浪屿》的绘本，用立体书的方式介绍岛上的典型建筑、名人。以当地小朋友的视角制作，将这里的自然环境、历史建筑等用绘本的方式进行传播，这是有效的文化输出。

守望行动：琴声仍在

时间：2020 年 12 月 14 日下午
地点：管风琴艺术中心

中国有 5000 多座博物馆，但是收藏外国文物的很少。18 世纪以后传教士来华，给皇帝带来数以万计的外国文物，其中最多的就是钟表。全世界收藏 18 世纪西洋钟表品质最好的是故宫博物院。为

■ 守望行动：琴声仍在

了让更多的外国文物得到展出，也让更多城市的公众能看到故宫里的文物，故宫鼓浪屿外国文物馆于 2017 年 5 月在救世医院及护士学校旧址正式开馆。为什么选择在鼓浪屿？因为它是对外交往的典范。无论是折中建筑风格还是各国居民在这里的和谐相处，都体现了鼓浪屿对多元文化的包容，而这正是外国文物馆的精神。

昨晚在雷厝，我们感受到了音乐对鼓浪屿居民生活的意义。鼓浪屿是一座名副其实的音乐之岛，岛上有一百多个音乐世家，钢琴拥有率为全国第一。于是我们决定在管风琴艺术中心举办一场“音乐”主题的守望行动，还邀请了厦门二中合唱团的同学们加入，唱响《鼓浪屿之波》。管风琴艺术中心馆长方思特女士为我们带来管风琴演奏；福建省第一位外籍永久居民，年过花甲的“感动中国”人物、厦门大学潘维廉教授为大家朗诵诗作 *GOOD BYE*，这首诗表达的是 1904 年英国人离开鼓浪屿时依依不舍的心情。小马、杨芸晴还与雷厝乐队合作表演，相差半个世纪的两代人和谐的演奏，让我非常感动。申遗成功后，居民的生活更加和谐，琴声仍在奏响，这就是我们申报世界遗产、保护世界遗产的最大意义。

“鼓浪屿：历史国际社区”申遗成功了。很多人在问，我也在思考，为什么要申报世界遗产，申报世界遗产以后我们还应该做什么？从 2008 年到 2017 年，鼓浪屿 9 年的申遗路，我是见证者。申遗时我是国家文物局的局长，来了很多次鼓浪屿，但是今天参加我们的守望行动，我有一种前所未有的感受。我得到了为什么要申遗、申遗为什么能成功和申遗成功以后我们要做什么的答案。

第一个节目是管风琴艺术中心馆长方思特女士带来的管风琴独奏。我上次来鼓浪屿，这里还在装修，今天奏响了管风琴。我们申遗以后，鼓浪屿歌声还在，琴声还在，体育活动还在，人们生活更健康，更和谐。鼓浪屿不仅是景区，还是社区，我们要保证人们正常的生活，我们也希望来自世界各地的朋友们来看鼓浪屿人民幸福和谐的生活，我们要展现健康的一面。

第二个节目是潘维廉教授带来的诗歌朗诵。他不远万里来到厦门，在这里已经居住了 32 年，因其无私的奉献获得了厦门荣誉市民的称号。从潘教授读的诗中，我们也能感受到“和”的精神。作为国际社区，鼓浪屿上有很多国家的人，大家因为各种原因汇聚到这样的一个社区。所有人能够在这个社区里面和谐地居住生活，相为邻里，互相关照，真正实现了我们一直倡导的中华优秀传统文化中的“和”。就像我在故宫工作，每天走进熙和门、太和殿、中和殿、保和殿，能感受到人与自然和谐相处，行走在鼓浪屿，我也同样感受到了人与人之间和谐相待，人们内心世界和谐相安，这也正是我们的鼓浪屿精神之所在。

第三个节目是合作表演。两位90后队员杨芸晴、马伯骞从年岁上讲，与尊敬的雷厝乐队成员们差了将近半个世纪，却组成了多么和谐的一个团队。这让我想起了，过去我们长期争论，有的人说保护最重要，有人说保护不是最重要，利用才最重要。今天我们知道保护不是目的，利用也不是目的，什么是目的呢？两个字：传承。把我们祖先创造的灿烂文化，经过我们的手一代一代传承下去。他们的合作表演让我感受到传承有多么重要。

这三个节目也从感性上为我解答了，鼓浪屿为什么要申报世界遗产，申遗为什么能成功。这还要从我对鼓浪屿的另外一番情感讲起。小时候，每当父母和哥哥姐姐聚在一起，聊天的话题永远离不开鼓浪屿。在家人们的热烈讨论中，我是最无言的，因为他们曾长期生活在鼓浪屿，而我却没有这样的经历。但是今天我可以自豪地说，我对鼓浪屿多了一份了解。不久前，鼓浪屿的一位老居民吕永战先生给我寄来了几张老照片。我父母就住在鼓浪屿的福州路一号。父母一直说一生最幸福的时刻就是在鼓浪屿生活

■ 吕永战先生寄来的老照片

的 10 多年，在这里养育了三个孩子。我有些遗憾，我是父母离开鼓浪屿后才出生的。

我的哥哥是厦门二中校友，他后来成了中国第一批空调研究学者、专家，在建设部工作。图中展示了吕永战先生一家和我们一家在福州路一号生活的照片。他给我写了长长的信，跟我讲述当时两家人和谐地居住在一起，像一家人一样，告诉我房子、房间在什么地方，什么朝向，都写得清清楚楚。

来自远方的信札，蕴藉其中的温情与关怀，让我非常感动。老照片的质感和温度让思绪穿越时空，感受到深切的人文关怀，文物保护同样也是如此。我们要讲好鼓浪屿故事，把鼓浪屿世界遗产保护得更好，把我们的社区建设得更好。我们一定要提炼和弘扬鼓浪屿精神，凝聚更多民智民力，成为全世界保护人类文化遗产的典范。

世遗课堂：20世纪建筑遗产保护的思考

通过申报世界遗产，我们传统的文物保护理念获得了很大的提升。在我们已经成功申报的56项世界遗产中，有一些是大型考古遗址，比如2004年申遗成功的高句丽王城、王陵及贵族墓葬、2006年申遗成功的殷墟遗址、2012年申遗成功的元上都遗址；还有一些属于近代遗产，比如2005年申遗成功的澳门历史城区，2017年申遗成功的鼓浪屿：历史国际社区；还有很多是文化线路，见证了文化交流、文化商品贸易、人类迁徙的廊道等，比如2014年分别申遗成功的中国大运河项目，以及中国、哈萨克斯坦、吉尔吉斯斯坦三国联合申请的“长安—天山廊道路网”项目；也有一些历史建筑群，比如2009年申遗成功的五台山，2010年申遗成功的登封“天地之中”历史建筑群。当然还有2013年申遗成功的红河哈尼梯田这些人与自然共同创造的文化景观。这些不同类型、不同特点的世界遗产，改变了我们过去对文物保护、遗产保护的很多认识。

我记得在任国家文物局局长时，每年召开的“无锡论坛”均

■ 哈尼梯田

提出一类新型文化遗产保护，2006 年提出了工业遗产保护的建议，2007 年提出乡土建筑遗产保护的建议，2008 年提出 20 世纪遗产保护的建议，2009 年提出文化景观保护的建议，2010 年提出文化线路保护的建议，2011 年提出运河遗产保护的建议。

这其中，20 世纪遗产是在我们进入新的时期提出的新型遗产。20 世纪遗产的保护突破了我们过去长期以来的三方面认识：第一，过去我们还是以保护静态的遗产为主，如古遗址、古墓葬、石窟寺，包括万里长城等，其实它们都失去了最初的功能，今天只是被观赏、被研究的对象。但是 20 世纪遗产却告诉我们，还要保护那些人们今天生活、生产于其中的地方。第二，我们过去文物保护的对象是宫殿建筑、历史建筑等纪念性建筑，今天我们还要保护普通人们生活生产的乡土建筑、传统民居、工业遗产。第三，我们保护的遗产年代在不断后移，从过去 1840 年以前可以保护，到后来 1949 年以前可以保护，1991 年以前可以保护，现在已经认识到文化遗产保护不设限。昨天的创造，今天就应该保护，在这样的理念下，实际上我们已经开始保护 21 世纪遗产。

这些理念使我们今天的保护格局和我们的认识发生了深刻的变化。比如“三坊七巷”是历史文化名城福州市古城中心的一片保存完整的传统街坊，具有特殊的历史文化价值。在 20 世纪，福州“三坊七巷”作为房地产开发的一个项目，交给了房地产开发公司。当其中“一坊两巷”已经遭到破坏，建起高楼大厦的时候，福州市民强烈表达了对这片传统历史街区的留恋和对于改造的忧虑。

这样的历史街区，如果被推土机推掉，那就太可惜了。于是我们通过实地考察，选择了“三坊七巷”里面九处非常杰出的历史建筑，报请国务院公布为全国重点文物保护单位。一个街区里有九处国家级文物保护单位，周围又规划了厚厚的建设控制地带，这样“三坊七巷”就不能再进行开发了。接下来我们对“三坊七巷”做了保护规划，对重要的建筑进行了修缮。“三坊七巷”的老百姓们都很拥护文物部门的这些工作。这里的庭院过去都是大杂院，拥挤地居住了很多户人家。我们开启了有序的腾退工作，然后进行房屋修缮，最终向公众开放。

在以上工作的基础上，“三坊七巷”成为中国第一批历史文化街区。“三坊七巷”的保护也就成为一个典范性项目。围绕这项工作召开了国际研讨会，很多城市都来学习“三坊七巷”保护的经验。“三坊七巷”的保护没有就此停止，而是不断深化，组织专家评审，国家文物局和地方保持着沟通。今天来到福州市的国内外观众，很多都把“三坊七巷”作为一个参观选择，它已经成为城市名片。

“三坊七巷”是地域文化与传统文化的结合，于是我们就把“三坊七巷”作为中国南方的，也是中国第一个社区博物馆挂牌。社区博物馆汇集了街巷、名人故居、传统院落等元素，成为当地民众在自己的家乡展示自己的文化、保护和传承自己文化的一种方式。我还记得博物馆揭牌仪式是 2011 年 8 月 24 日，那天下着雨，但当地百姓参加活动的热情依然很高涨。

鼓浪屿也是 20 世纪遗产的代表。2008 年厦门提出鼓浪屿申遗，国家文物局给予全力支持，因为它是一个非常独特的空间。这里早期居住的是当地的闽南居民，他们也携带了一些中原传统习俗。1840 年以后，因为不平等条约开埠。外国人进入以后，开始建比较大的房子，但是华人和外国人建筑处于相对独立的地段。进入 20 世纪后，很多海外华侨从菲律宾、马来西亚、印度尼西亚等地还乡，在社区建设中融入了新的元素。很多由华侨组织营建的建筑，与外国人建设的大房子相比并不逊色。比如我父亲当时工作的中南银行，可以说是华侨建设的最大的一个银行，是唯一一个可以印钞票的民办银行。

申遗的过程中，遗产地围绕旧建筑进行了很多的整治工作，包括汇丰银行公馆，也包括大北电报公司、三和宫、亚细亚火油公司旧址等历史建筑。大到建筑外观环境，小到外挂的空调都做了细致的工作。在这里居住的百姓真切体会了社区环境的前后变化。

中国传统的城市规划一般都是先规划横平竖直的道路，先围建城墙，再进行其他建设。而鼓浪屿社区是利用岛上的地形地貌，按

■ 亚细亚火油公司旧址修缮后

照建造规定逐步修建的。特别是 1903 年工部局成立以后开始进行市政管理，明确要求建筑不能占道，而且规定越来越详细，甚至我看到有的规定去游泳要穿泳衣，穿游泳衣不能在海边换衣服等。这些规范使得社区可以包容不同国家、不同文化背景的居民在一个空间中和谐相处，共同维护社区秩序。因此鼓浪屿以历史国际社区的名义申报世界遗产，效果也是立竿见影的。鼓浪屿申报世界遗产获得所有与会国家代表的发言点赞，最后全票通过。人们最赞美的是鼓浪屿人与自然和谐相处，人与人之间和谐相待，人们可以内心平静地在社区生活。所以今天这些遗产得到了细心的保护。

鼓浪屿上的许多建筑，虽然今天还居住着人，但是其中很多已成为全国重点文物保护单位，这在过去是难以想象的。过去只有古遗址、古墓葬、宫殿建筑、寺庙建筑、纪念性建筑才能成为保护对象，今天人们传统的民居也得到保护，社区日常还在使用的地方也能成为世界遗产。今天的鼓浪屿，音乐还在绕梁，管风琴还在演奏，诗歌还在朗诵，运动场还在使用。我上次来的时候遇到了橄榄球运动会，这次来赶上了足球运动会。这样的社区，才是我们应该坚守的历史国际社区，我们要把它的经验传承下去。

在素有“万国建筑博览会”美誉的鼓浪屿建设外国文物馆，是故宫博物院的一个提议。中国是文明古国，历史上没有劫掠、偷盗过其他国家文物；受经济条件所限，中国博物馆往往也不能大量征集其他国家文物。在中国众多博物馆中，故宫博物院收藏了大量外国文物，是一个例外。明清时期，万国来朝，特别是 18 世纪有很多外国传教士进入皇宫并在皇宫就职，携带了很多的西洋钟表仪器。我们想，如果故宫收藏的大量外国文物能融入鼓浪屿这样的一个国际化社区中进行展览，可以说是相映成辉。

在厦门市的大力支持下，我们选择了救世医院及护士学校旧址一处很好的建筑进行了修缮。当时这组建筑还不太适合作为博物馆，比如库房、温度、湿度，还有安保条件、接待观众的一些条件，都不适合博物馆的要求。在大家的共同努力下，特别是鼓浪屿相关部门的支持下，2017 年，故宫鼓浪屿外国文物馆在这里开馆首展。

开馆仪式那天，大家格外兴奋。我们在这里种下一棵树，现在这棵树已经长大了。拍摄中正巧碰到我们故宫的团队来换展，把 91 件文物运回故宫，又有 91 件文物来到这里。不断更新呈现的文物、更新展览，使这座外国文物馆可以不断对来访观众展示多元文化，这是一件非常有意义的事情。

在鼓浪屿的守望行动中，激动人心的乐曲一响起，我便觉得热血沸腾。这里国际社区的人文精神没有因为是景区而被破坏。多元的、灿烂的文化通过这种社区精神，在这片世界遗产地一代一代传承下去，这是最使我感动的。这也是鼓浪屿作为20世纪遗产的价值所在。

20世纪遗产没有十分悠久的历史，过去对它们的保护重视程度不够。但正因为人们认为应该保护古代的建筑和遗存，很多近代建筑被破坏和消失的情况比古代遗产还严重。鼓浪屿是一个很好的示范，上千栋的建筑区成为世界遗产，社区文化被保留和传承。

在国外也有被广泛关注的20世纪遗产成为世界遗产的案例。

巴西利亚是世界遗产中20世纪遗产的重要代表。1891年，巴西第一部宪法规定在内地兴建新都。经过全世界范围的招标以及4年的建设，1960年4月，由科斯塔设计、尼迈耶担任总建筑师的巴西利亚建成。这两位大师都是巴西本土人。巴西首都随即从里约热内卢迁至巴西利亚。城市坐落在突入人工湖心的半岛上，布局呈“十”字形，南北轴线大街为主要交通干线。平面形状犹如向后掠翼的飞机。城市建筑颇具特色。“机头”部分突入人工湖，是宽阔的三权广场，建有总统府、最高法院、巴西议会大厦等，为城市的代表性建筑。“机身”为一条长6公里、宽250米的东西向主干大道，“前舱”部位是政府各部大厦、广场和大教堂，“后舱”是文教区、体育城、电视塔（高218米）等。“机尾”部位是为首都建设和政府部门服务的工业区和印刷出版区以及巴西利亚火车站、库比契克纪念馆等建筑。“机翼”是沿人工湖作“八”字形展开的立交路，“两翼”各长约5公里。道路两侧为住宅街区，各街区呈正方形，每

■ 巴西利亚的立交桥

个街区由10座6层楼的公寓楼群组成，内设托儿所、小学、运动场、影院、医疗诊所、商场、餐馆等，四周有绿化带环绕。“机翼”和“机身”的联结部为中央商业区，设有超级市场、商店、银行、大剧院、公共汽车中心、邮电大厦、大旅馆和饭馆等。湖滨为使馆区和私人住宅区。

我曾在日本留学四年，留学期间很是痴迷于法国大师柯布西耶的建筑设计，也曾专门调查研究过他的作品。很多当时是先锋派的设计，今天已经成为世界遗产的一部分，比如1952年建成的马赛公寓、1955年建成的朗香教堂等。世界各地的很多20世纪重要建筑都成了世界遗产，比如英国希灵登市民中心、莫桑比克马普托火车站、摩洛哥哈桑二世清真寺、菲律宾马尼拉华侨陵园、朝鲜平壤凯旋门、伊朗德黑兰市纪念塔等。所以，我们还要继续努力，让20世纪遗产的价值不断被人们认识，从而得到更好的保护、传承和利用。比如悉尼歌剧院以建筑形象独特而著称于世，是悉尼市的标志。为兴建这座歌剧院于1955年举行国际建筑设计竞赛，从233个方案中选定丹麦建筑师伍重的设计。歌剧院从1959年破土动工，1973年竣工。悉尼歌剧院申报世界遗产时，起初不被理解。人们认为这座建筑只有几十年的历史，设计师还在世，怎么能申报遗产呢？经过努力，悉尼歌剧院也成功列入《世界遗产名录》。

这些成为世界遗产的建筑，可以得到更好的保护与传承，但并不是说没有成为世界遗产的20世纪建筑就没有保护价值。我曾亲身经历过一些历史建筑、近代建筑的保护工作。比如在福建，厦门大学集美学村已成为全国重点文物保护单位，这里是陈嘉庚先生捐资助学事迹的历史见证。还有一些民国时期的建筑，比如实业救国的张謇创办的大生纱厂旧址，也列入了保护范围。

■ 厦门大学集美学村

1989年，德国一家公司寄来一封信，询问兰州铁桥的情况，同时申明这座桥的100年保修期满，该如何交接。原来这座桥是德国公司和清政府签署协议建造的，协议上要求“保修”100年，这家公司还一直在履行责任，令人感动。兰州市对此很重视，对铁桥进行了修缮，又将桥身抬升，增强其抗震泄洪能力。

2008年奥运会之前，我们陪同国务院领导到位于福建漳州的训练馆给女排姑娘们打气，预祝她们在北京奥运会中取得好的成绩。当时有关部门提出，腾飞训练馆太小了，能不能拆掉建一个更大的。出于职业习惯，我立刻去向看门的老大爷请教训练馆有什么历史。他说这个馆了不起，中国女排的五连冠伟业从这里出发，曹慧英、郎平等也是在这里被培养成世界知名的排球运动员的。经过调研，这里是女排精神的诞生地，我们要把它列为文物保护单位，把这个训练馆保护下来。

20世纪建筑遗产保护也有一些遗憾。为庆祝中华人民共和国成立十周年而建设的北京“十大建筑”，包括人民大会堂、民族文化宫、人民英雄纪念碑、北京火车站等在内，我们文物部门曾呼吁一定要保护下来，结果现在华侨大厦、工人体育场等都已经遭到拆除。可以说，20世纪遗产保护任重道远。

我们召开20世纪遗产的保护论坛，进行文物普查，制定中国20世纪遗产认定的标准。每年我们组织专家评审公布100组中国20世纪遗产，现在已经公布到第五批。在第一批中国20世纪遗产发布会上，我的老师吴良镛教授亲自发言支持这项行动。吴良镛教授已是百岁老人，见证了很多20世纪遗产的历史。我们认识到，保护这些遗产，特别是中国建筑师设计的作品，是我们的责任。我们要把这些遗产背后的历史和文化传承下去，把这些优秀设计师为国争光的精神传承下去。

通过《万里走单骑》这个节目，我们探访了中国大地上的世界遗产。中国有 56 处世界遗产，但很多世界遗产被公布以后，并没有受到国民特别是年轻人的关注。很多年轻人并不知道什么是花山岩画，什么是开平碉楼。很多遗产都是著名旅游地，但观众“到此一游”之后，不知道应该怎么看，也不知道它的真正价值所在，这样不仅观众缺少了收获，遗产地也没有了尊严。所以我们要做一个示范，不断展示这些受保护的对象、不断揭示世界遗产的价值。让更多的人走进世界遗产的时候，能够感受到遗产的真正魅力，明白为什么要保护遗产，保护它能对人们未来生活有什么样的启发，这样就达到了让世界遗产融入社会生活的目的。

每次来到鼓浪屿，我都特别想说一句话，代表我已经去世的父母、大哥，代表我的二哥和姐姐：感谢鼓浪屿给予我们全家终生难忘的、最美好的时光。

3

2020年 12月 16日

2020年 12月 17日

万里走单骑

老单日记

第三站

福建土楼

遗产地档案

遗产名称	福建土楼
遗产位置	福建省永定区、南靖县、华安县
列入世遗时间	2008 年
遗产种类	文化遗产
遗产地边界范围	遗产申报区范围：115.55 公顷 缓冲区面积：459.58 公顷

『大家庭，小社会』，土楼是抱团取暖的历史文化的重要记忆。

“土楼王”与客家文化

时间：2020 年 12 月 16 日上午

地点：高北土楼群 · 承启楼

《万里走单骑》第三站是福建土楼。“福建土楼”这个概念是约定俗成的，特指分布在闽西和闽南山区那种适应大家族聚居、具有突出防卫功能，并且采用夯土墙和梁柱共同承重的多层巨型居住建筑。福建土楼是中国传统生土民居建筑的杰出代表，是中国东南山区土楼中最出色的代表和最值得保护的典范。

列入《世界遗产名录》的 46 座福建土楼被分为六群四楼——洪坑土楼群、高北土楼群、初溪土楼群、田螺坑土楼群、河坑土楼群、华安土楼群；振福楼、衍香楼、和贵楼、怀远楼。这其中，福建省永定区就占了“三群两楼”——洪坑土楼群、高北土楼群、初溪土楼群、振福楼、衍香楼。“布鞋男团”这次探访的，就是永定区的客家土楼。

在永定土楼世界遗产界碑处，“布鞋男团”再次集结出发，目的地是位于永定区东南高头乡高北村的高北土楼群。这里的每一座土楼都以青石板小道连在一起，包括承启楼、世泽楼、五云楼、侨福楼。跟随着无人机的指引，我们来到了有“土楼王”之称的承启楼。

刚来到承启楼门前，我们就感受到了客家人的热情。导游阿才和穿着客家传统服饰的姑娘们唱起客家山歌欢迎我们，还邀请我们品茶。

■“土楼王”承启楼

承启楼门口有一副石刻楹联，上联是“承前祖德勤和俭”，下联是“启后孙谋读与耕”，体现了客家人耕读为本、勤劳节俭、忠孝仁义的传统美德。我还注意到，楹联横竖都能读，比如承启、德谋、勤俭、读耕；顺序也有深意，比如先勤后俭。这副对联充满巧思，在彰显古人智慧的同时，客家人的古朴民风由此可见一斑。

跟随阿才，我们进入承启楼。承启楼始建于明崇祯年间（1628—1644 年），于清康熙四十八年（1709 年）落成，占地 5376.17 平方米。承启楼是一座圆楼，外环直径为 73 米。全楼总共有 402 个房间，鼎盛时居住 600 多人，现居近 300 人。因其居住人口多、规模宏大，被称为“土楼王”。承启楼除以生土夯筑之外，全楼由 4 座同心环形建筑组合而成，悬山顶，穿斗、抬梁混合式构架，内通廊式平面。中心部分是祖堂。祖堂是全楼的核心，供族人议事、婚丧喜庆等活动之用。福建土楼有一个共同点，就是建筑内部呈中轴对称、以祖堂为中心的院落形式，这体现出客家人敬祖睦族、遵循中国传统礼制的文化特点。

客家人本是中原汉人，在宋元之际因为北方战乱而一直往南迁徙，到达永定时，这一带山高林密，十分荒凉，南迁的客家人就在这里垦荒生活。客家人是勤劳勇敢的，他们的足迹遍布长江以南的很多省份如江西、广东、福建等，甚至连东南亚的许多国家都有客家人。同时，客家人无论在哪里，都心系家乡。永定之所以有这么多座土楼，其中就有许多是在外创业的客家人捐钱建造的。

为了让家族在此地长期而稳定地生存下去，客家人沿袭中原的夯土建筑形式，结合当地的特殊地理环境，建造了居住与防御功能兼具的客家土楼。土楼布局规整，四周由 1 ～ 2 米厚的外墙和 50 厘米左右厚的承重内墙围合，构成第一道防线，起到最主要的外围抵御作用。底层和二层多为厨房和谷仓，基本不留窗户。三层以上是卧房，靠近外墙的一侧只开小窗。一座土楼基本只有一个大门，大门一关，土楼就成为一个封闭的堡垒，易守难攻。

用今天建筑学的眼光看，土楼的建造也是很科学的。土楼建造方式很节约土地和建筑材料。人们迁移到这里后，根据人力、财力，结合周围环境就地取材，利用当地的土、竹、木、石打造夯土建筑。同时，一个家族世世代代居住在这里，可以集体防御野兽、敌人，保障安全。土楼也蕴含着丰富的历史文化信息，反映了中华民族的家族伦理观念。客家人在颠沛流离的辗转迁徙中，更为珍惜安定可靠的家庭环境，便有了“小社会、大家庭”聚族而居的传统习俗。因此永定客家土楼既姓“土”，也姓“客”。但土楼不土，客家最亲！

土楼的前世今生

时间：2020 年 12 月 16 日上午

地点：高北土楼群 · 世泽楼、侨福楼

走出承启楼，我们来到了方圆一线天。

高北土楼群自明代开基，最初多为方形形制，后来渐渐方、圆并用。方圆一线天是圆形的承启楼和方形的世泽楼形成的景观。从建筑学角度，方形比圆形容易建造，所以在永定的客家土楼中，方楼占比最高。方圆一线天充分表现了两种普遍性的土楼形式，也集中诠释了“天圆地方”的文化意象和观念。

在形制方面，土楼主要包括圆形土楼（含椭圆形）、方形土楼、五凤楼（府第式）和其他变异形式。圆形土楼是海岸边的福佬人为抵御倭寇而先创造的，客家人随后跟进，营建出更多圆楼。圆楼全封闭围合，没有拐角，更加易守难攻，并且同等周长下，圆楼的面积是方楼的 1.2 倍余，这意味着用等量的建筑材料，可以得到更宽敞的院内空间。

方形土楼的四周楼房全部升至相同高度，围墙高耸、屋檐四角相连，从外部完全看不到里面的景象。除唯一的大门外，整栋楼再无其他出口。尤其重要的是，与五凤楼等形制相比，人们不再按照社会地位分配房间，而是各门各户平均分配，消除了等级尊卑，更有利于增强宗族内的凝聚力。

五凤楼脱胎于北方的四合院，两侧的厢房被加高，自前向后逐层升高，称为横屋。两列横屋之间分布着三座厅堂，沿着中轴线从

前到后同样逐级升高，称为“三堂”。后堂被加高至三层到五层，全以夯土筑成。整座建筑中轴对称，屋宇错落。“三堂两横”构成了五凤楼的主体，前方再挖掘出一个半月形的池塘，“背山为屏、前水为镜”，营造出面朝绿水，背倚青山的意境。从建筑正前方观看，它高大巍峨，左右对称，屋檐层层错落，形似五只展翅的凤凰，因此得名五凤楼。家族成员按照长幼尊卑分配房间，长者居于地位最高的后堂，中堂则是举行家族聚会和待客的场所。

高北土楼群以圆楼、方楼为主。典型的五凤楼要属洪坑土楼群中的福裕楼。这座府邸兴建于清光绪六年（1880 年），坐南朝北，占地约 7000 平方米。三堂四落，前低后高，前楼高两层，后楼（主楼）高 5 层。两侧为横楼，砖木结构，高 3 层。楼主林氏三兄弟白手起家，经营条丝烟和烟刀生意，产品销往日本、东南亚各国，富甲永定。他们事业成功后，首先想到的是教育事业，在村中兴建了学校。其中一所典雅富丽、中西合璧的学堂——“日新学堂”办起后，培育了不少人才，名气远扬，许多外乡人都来“日新学堂”读书。福裕楼厅堂楹联“几百年人家无非积善，第一等好事还是读书”，正是这种教育情怀的写照。

我们听说，客家高寿老人很多，其中有一位江真麟老人，他是侨福楼楼主，92 岁了，但眼不花耳不聋，没事儿还爱打个麻将，身体非常好。“布鞋男团”决定去拜访他。

来到侨福楼，楼里张灯结彩，准备迎接即将到来的春节。在浓浓的节日气氛中，“布鞋男团”和江真麟老人、承启楼的楼主江恩庆老人、振成楼的楼主阿耕叔聊天喝茶。

侨福楼是一座圆形土楼，建于 1962 年。这座楼里曾走出了 11

■ 方圆一线天（左为承启楼，右为世泽楼）

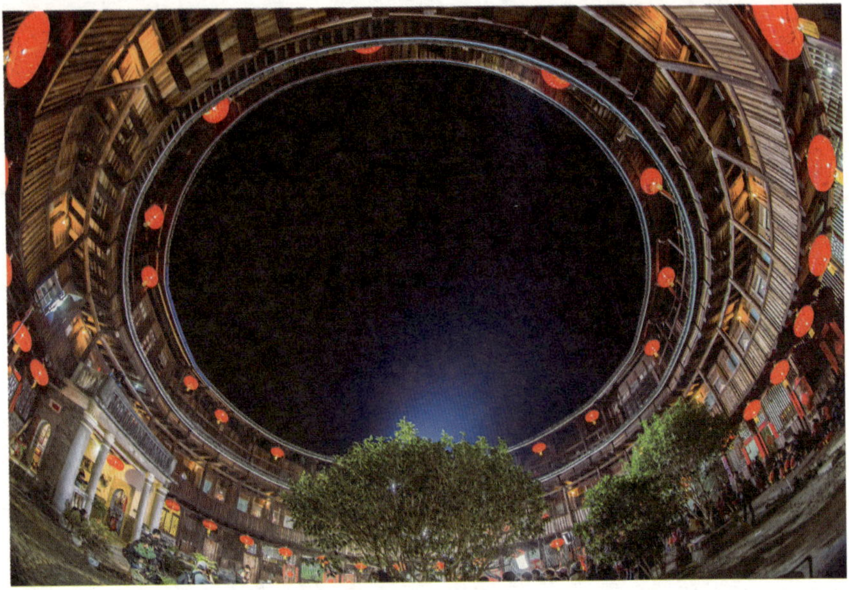

■ 侨福楼内仰望夜空

个博士，所以又被称为“博士楼”。侨福楼属于江氏四兄弟。四个兄弟中，大哥和四弟在美国，二哥在缅甸，当年他们每人寄回三万块钱，建起了这栋楼。因为建造花的是华侨的钱，承载了家乡的福，因此取名“侨福楼”。类似的故事有很多，在外闯荡的客家人情系祖国、不忘故土，捐资兴建土楼，供家乡亲人居住。全世界现有 1.2 亿客家人，各地客家话几乎都相通，情同一家。土楼就成为一座座“家族之城”，永远留存在土楼后裔的心中，成为“在家里”或“在路上”的土楼后裔挥之不去的文化追寻。

谈到福建土楼申遗过程，阿耕叔拿出一张 2007 年我来考察时留下的照片。那次考察的主要目的，是为申遗做准备，比如要确定哪些土楼能进入遗产范围，更重要的是发现哪些元素有可能限制申遗。当时，福建土楼申遗已经走过 9 年，当地政府为整治周边环境投入

■ 老单与阿耕叔（手中的照片为 2007 年老单考察土楼时拍摄）

了很多。比如，很多村民在土楼前加盖了楼房，而这些“洋”建筑严重影响了土楼周围的自然景观，于是当地有关部门就给村民做思想工作，让他们拆掉这些建筑。起初很多人不理解，因为当地人普遍认为，怎么会有游客大老远地专门来看土楼，大家不都是去外边看洋楼嘛。阿耕叔带头拆了自己家的房子，让我们的申遗工作得以顺利推进。我们花了 9 年时间改变老百姓的观念，整治土楼周边环境。许多插建的房子拆掉了，电线进入地下，土楼整体面貌大大提升。

申遗成功之后，这里发生了翻天覆地的变化。在此之前，土楼居民们买油、盐、酱油等日常用品都要去 62 公里外，现在交通发达，土楼内网、电、电话齐全；之前对土楼的保护主要是政府保护，现在则转变为村民自发保护；之前这里远离城市，现在则是来福建土楼的游客人数大幅提升；之前是土楼青壮年外出打工，现在则是越来越多的客家人选择回乡开发旅游。

小马说他想看到的是原生态、原汁原味的土楼建筑，大家于是讨论了世界遗产该不该商业化的问题。这其实是平衡旅游和原生态的问题，也是世界遗产保护面临的一个课题。每一处世界遗产在申遗成功后，都会有一套完整的商业化运营方案。一是宣传其价值，二是商业所得收入用于保护遗址本身。地方政府虽然会有财政支出用于世界遗产保护，但其金额毕竟较少，所以世界遗产需要进行商业、旅游管理，自给自足。但是，商业化、旅游化的前提必须是保存文化、自然遗产的真实性和完整性。

联合国教科文组织会定期检查每处遗产的管理情况。如果世界遗产管理不善，“真实性和完整性”遭到严重的、不可修复的破坏，联合国教科文组织将会取消此处世界遗产称号。所以，问题的关键不是世界遗产是否应该“商业化”，而是应该在保存世界遗产的“真实性和完整性”的前提下进行商业化。过度商业化，势必“侵占”居住空间，打破村民原先的生活结构，破坏当地的原生环境，造成其原本功能分区发生置换。这些问题与困难，都需要我们做出努力，未来的土楼保护之路还很长。

因为临近过年，“布鞋男团”对客家人如何过春节充满好奇，于是我们决定晚上邀请附近的楼主们在侨福楼一起欢度新年。江氏宗族几乎所有的楼主都前来赴宴，每家每户都带上了自己最拿手的两道菜和一坛好酒，摆在了中庭饭桌上。92 岁的江真麟老人为我们吹起口琴，各位楼主唱起客家山歌，土楼人丁兴旺过大年的景象给我留下了深刻的印象。

■ 江真麟老人吹奏口琴

方圆天地间

时间：2020 年 12 月 16 日下午
地点：初溪土楼群 · 集庆楼

福建土楼是中国传统文化在特定区域和自然地理环境下的展现，体现了人与自然的和谐统一，初溪土楼群是其中的代表。初溪土楼群同样位于福建省永定区，在永定南部的下洋镇初溪村。初溪土楼群包括：集庆楼、余庆楼、绳庆楼、华庆楼、庚庆楼、锡庆楼、福庆楼、共庆楼、藩庆楼、善庆楼。初溪土楼群开基于明清时期，

■ 俯瞰集庆楼

最初为圆形土楼，清中期以后形态多样，方、圆并用。

从观景台望去，整个初溪土楼景观在布局上依山就势，沿溪落成，错落有致，气势磅礴，与青山、绿水、田园融为一体。这里的土楼大部分仍有客家人居住。我们选择集庆楼去感受和谐人居，这里也是电影《大鱼海棠》的取景地。

在集庆楼，我们遇到了郑国珍老师，他是土楼申遗项目的负责人，为土楼申遗成功贡献很多。现在游客们欣赏土楼景色，往往都会登上瞭望台，而这些瞭望台都是郑国珍老师一步一步勘察、确认而来的。

集庆楼是永定现存圆楼中年代最久远、结构最特殊的一座，建于明永乐十七年（1419 年），坐南朝北，占地 2826 平方米。集庆楼是一个完全的“土楼”，没有石头基础，直接用生土夯墙。集庆楼的房间、楼梯、隔墙全部用杉木材料构建，相邻处全部靠榫头衔接，不用一枚铁钉，与厚达近 2 米的生土墙一道经历了 600 年的风霜雪雨，至今仍完整地保留下来，展示客家生活，供游人观赏。

福建土楼能够申遗成功，与这样几个特点关系密切：一是建筑技术，这在国内、国外都是唯一的，具有借鉴作用。国内外也有许多生土建筑，比如陕北的窑洞，但土楼在选址、材料、结构、布局等方面都体现了突出价值。二是反映了中华传统家族文化，同一个大家族的人和谐地生活在一起，可以说土楼是传统的血脉关系见证者。三是土楼反映了人与自然的和谐统一。土楼建筑本身与当地的山水环境相得益彰，共同营造出和谐的景观意境。即使因为地震等灾害而倒塌了，也不会对环境造成破坏。建材取自自然，最终再回归自然，这一点和其他建筑材料截然不同。有人说中国人建土楼是因为不会用石头建房屋，这是很荒谬的说法。中国很早就有石头建筑、墓葬，选择土建是中国人的传统理念的体现。

因为土楼和自然资源结合紧密，申遗时有国外代表发言反对福建土楼列入世界文化遗产，认为应该申报世界文化景观。但是土楼是“大家庭、小社会”的缩影，是生土建筑的代表，具有突出的文化、艺术、欣赏价值，所以不能只是文化景观。土楼是唯一一处符合6项申报要求的“全要素”世界遗产——土楼与自然环境的结合、建筑形式的独特体现创造力；土楼有独特的生土建筑工艺，是建筑与自然协调的景观；土楼呈现的是客家民系、福佬民系文化，是中国传统文化和移民历史变迁的见证；土楼是福建西南部特定历史条件的产物，依山就势，建材源于自然，废弃后归于自然，是早期生态建筑；现代建筑方式和城市化建设威胁土楼生存，土楼需要特殊保护；土楼反映了中国历史发展的移民事件、客家传统、中原传统理念风俗，是历史见证。

土楼里的社区结构

时间：2020 年 12 月 16 日下午
地点：初溪土楼群 · 善庆楼

在初溪土楼群中，至今还生活着很多客家村民，于是“布鞋男团”决定分组，走近居民，探寻这片世外桃源。

我们来到永定土楼群里最新的一座——善庆楼，它建于 1979 年，是由新加坡的家人寄钱回来修建的。通过跟居民交流，我们了解到申遗前这里的土楼很多就只剩下两三户在居住。但申遗后，因为土楼不断修缮，居住环境改善，很多人又搬了回来，他们对土楼怀有深厚的情感。

飞行嘉宾张信哲老师看到土楼客家人一个大家族生活在一起的场景，提议现代城市社区应该借鉴土楼的生活方式，也要有一个公共空间，促进大家交流。

土楼的生活方式是很多人梦想的。类似的生活方式，比如说北京传统民居四合院，大家居住在一起，有共享空间，但后来大家都搬去楼房居住了。从我自身经历而言，我在一个小区住了 17 年，楼上楼下我只认识三户，其他都不认识。现在中国已经进入老龄社会，退休的老人不愁吃、不愁穿，但是真正发愁的就是孩子们上学、上班以后的寂寞时光如何打发。所以对这种大家居住在一起、有着共享空间的生活方式，是很多人向往的。

我在拍摄城市规划题材的纪录片《我是规划师》的时候，去过一个北京的社区——劲松小区。小区里有很多老人，其中一位老人因为独居，把家里的钥匙配了五把，交给社区、邻居，以备不时之需。现在这样的独居老人是很多的，他们非常孤独，也需要社区的关怀。于是劲松社区就做了几件事：一是建设了便民食堂，这样老年人不用做饭，到公共食堂吃饭就行。饭菜实惠、花样多，老人吃不完一份，还可以买半份，这样既温馨又不浪费。第二个就是建设公园，老人们在公园里可以搞一些文艺活动，比如说组织口琴小乐队、乒乓球队，后来也有舞蹈队、模特队，现在他们生活得很充实。

这个社区原来有一个在旧仓库里开办的理发馆，理发馆的小夫妻很受老人们的欢迎。有些老人出门不方便，给理发馆打一个电话，他们就去老人家里理发。后来因为环境整治，仓库被拆，理发馆也就停业了。老人们就给社区写了一封信，呼吁再建一个理发馆。因为便民理发馆停业了，生活会很不方便。所以一个社区要满足居民各方面的生活需求，追求“高大上”而忽略了生活细节是不可取的。现在有的社区还会利用互联网系统进行社区管理。人们可以通过网络把社区里有着同样爱好的人组织起来，这就把社区的资源也整合起来了。

现在，许多土楼里也已经建设了图书馆、老年人活动中心，人们的生活更加丰富。如果有居住需求，可以根据相关规定新建土楼，这样在保证了土楼传承的同时，也证明走进 21 世纪，土楼还是适合现代人居住的。

土楼是生土民居建筑的杰出代表，在建筑技术上也有很高的成就。经过一天的考察后，“布鞋男团”对夯土这门古老的技艺充满好奇，决定第二天亲自去体验。

守护土楼的“夯土人”

时间：2020 年 12 月 17 日上午
地点：洪坑土楼群

在第一天的拍摄中，被铁架子围起来的五云楼吸引了我们的目光。五云楼是一座方楼，建于明朝永乐年间（1403—1424 年），距今有 600 年的历史，和紫禁城“同龄”。经测绘勘察，五云楼最大墙体内倾达 1063 毫米，最大倾斜角达 8.91 度，是所有世界遗产土楼中最危险的一栋土楼。

阿才告诉我们，土楼的历史悠久，各个楼的情况也不一样。由于当年建造时人们的认识水平或者说工匠的工艺水平不足，有的地基并不牢固，这样年深日久，地面开始沉降，便引起墙体倾斜、开裂。现在土楼的修缮面临难题。因为土楼里的木头都是榫卯结构，懂修缮的人都已经上年纪；还有不少很细微、很隐蔽的问题，比如很多横梁木头被腐蚀，电线布局不合理等。

要让世界遗产延年益寿，就得进行维修，但现在很多世界遗产的维修存在着缺少技艺传承人的现实问题。要解决这个问题，需要组织一支当地的施工队，新疆坎儿井施工队、四川碉楼施工队就是两个典型。这两个施工队都由当地人组成，通过培训成立了具有维修资质的维修队伍，这样既能保证古老工艺的传承，还可以促进当地就业。

看到五云楼的现状，小马问我，修缮方法能不能放进教科书，进行一个系统化的传承。也就是说，通过文字记录，不只是教给当地年轻人，而且能让更多的有识之士可以从事这个工作，就像日本人做寿司那样，一代代传承下去。

这是一个好的想法，但是修缮方法为什么没有进入教科书呢？我们从生土建筑的历史开始溯源。中国生土建筑产生于新石器时代，商代已有较成熟的宫室、陵墓等夯土建筑；西周以后，宫殿下的夯土台基和城市周围的城墙体现了这项技术的进步；汉代以后，夯土技术被广泛应用，并在生土中加入水平方向的木骨，起到稳定和承重作用；虽然明代以后的建筑普遍采用砖石，但夯土仍是重要建筑技术。遗憾的是，建造土楼多无详细的标准设计图纸，因为土楼造型模式乃千百年相传之定式，是由泥木匠师与主家商定建怎样的土楼。这种临场即时性，靠的是匠师的经验传承、积累与艺术、科学智慧的发挥。

此外，教科书偏重理论性，而土楼、碉楼、新疆坎儿井与当地的自然条件和历史传统契合紧密，因此修缮技艺需要通过大量实践予以总结并升华，而且具有很强烈的地方特色，所以很难系统化、标准化地进行这些工作。比如北京大钟寺的永乐大钟已有600年的历史，高6.75米，钟身铸有23万字，但没有一个错字、漏字，“二十三万无一失”，因此其铸造技术已经列入非物质文化遗产。在1997年，快要进入21世纪了，我们也想铸造一口钟，记录20世纪发生的大事件。可是公开招标的结果却是只有一家公司应标，而且表示不能铸造这么多文字，因为不掌握这种铸造技艺。现在科技发达了，卫星都能上天了，但是在钟上铸字，大家竟望而却步。

目前，福建土楼的修缮大概采取三种方式：一是自家人修自家房。现在很多土楼仍然有村民生活其中，有人住，土楼才是“活”

的，村民会自发修缮自家房屋。二是我在国家文物局时提出了一个机制——国家资金可以用于私有产权文物的修缮，村民修缮土楼可以得到国家资金支持，这在以前是不能的。三是培训当地人修缮土楼的技艺，给他们颁发维修土楼资质证书，让民众参与到文物保护中来。修缮保障了土楼拥有更长久的生命力。

为了体验传统技艺，我们来到了洪坑土楼群。洪坑土楼群同样是在永定区，位于永定东南面的湖坑镇洪坑村。洪坑土楼群包括光裕楼、福兴楼、奎聚楼、福裕楼、如升楼、振成楼、庆成楼，均保存完好。

在多年做世界遗产的相关工作过程中，我结识了许多技艺传承人和守护人，他们对自己的家乡、自己所在的世界遗产地了如指掌，如数家珍。这次在土楼，我们拜师一位客家土楼营造技艺代表性传承人——徐松生老师，跟他学习夯土技艺。徐松生老师出生在初溪村的余庆楼里，15 岁时便跟随父亲学习客家土楼的营造技艺，几十年来一直活跃在闽、粤两省的民居建筑工地上。

徐松生老师是土楼里的“土著”，他说自己“生在土楼，长在土楼，长大之后造土楼，老了修土楼，一辈子都离不开土楼”。而令他十分担心的是，土楼的建造、维修手艺面临着失传，他最后一次参与造土楼也是 40 年前的事了，就是第一天参观的善庆楼。如同许多中国的传统技艺一样，夯土技术以前没有文献记载，全是口传心授。

夯筑土墙是一项有技术性又非常辛苦的活。建造夯土墙的主要工具包括夹板、杵棒，此外还有铲、大小拍板等辅助工具。从选土、掺和、堆土、干湿度掌握到夯击程序、修补墙体等都有着严格的规则。大型多层土楼一般只能一年夯一层，每夯完一层架上木料。一

■ 夯墙

遇雨天，还要暂时停工，遮护好墙体，以免墙体被雨水侵蚀。旱季一过，又要重新把墙体盖起来，待次年秋冬续建，使墙体干燥结实，达到坚固耐用的目的。

徐松生老师说，他教授夯土技术时，学徒必须到现场体验。正是类似这样严苛的标准，才保证了土楼营造的千百年传承。徐老师指导我们先放土，再加入竹片，用夯杵不断夯打，不能用脚踩。夯之前，土质越疏松越好，生土的表皮土也要去掉。墙模必须水平垂直放，夯杵也要垂直上下。角度歪了，就会扰乱已经夯好的墙面。“布鞋男团”分工作业，体验不同工种。没多久，我们就出现了体力不支的情况。徐松生老师教我们喊出夯土时的劳动号子，振奋士气。

永定土楼是客家人在当地自然地理条件下，将中原古老的生土建筑技术发扬光大而创造出来的世界建筑奇葩，一直沿袭至今。这其中凝聚的精神，是土楼贡献给中华文化的巨大财富。

守望行动：为“土楼王子”做导览

时间：2020 年 12 月 17 日下午

地点：洪坑土楼群 · 振成楼

现在越来越多的人都听说过土楼，也到土楼旅游过。对不了解土楼的参观者而言，如果没有像徐松生老师、阿才这样的传承人讲

■ 振成楼

述土楼故事，世界遗产之旅的体验就会大打折扣。我们这次的守望行动，决定变身为土楼导游，为想要了解土楼、想要来土楼的朋友们，带来一次深度的全景式讲解。

我们选择的讲解对象是俗称“八卦楼”，并有“土楼王子”美誉的振成楼。这是一座圆形土楼，建于民国元年（1912 年），坐北朝南，占地 5000 平方米。分内外两圈，外圈生土夯筑，高 4 层，每层两厅 44 间。内通廊式，又以砖墙隔成相互可以通连的 8 个单元，走廊以隔墙拱门相通，各单元均置一楼梯，底层各自形成院落。楼外两侧各有一幢双层半月形的条丝烟烟刀加工作坊，每幢 12 间。共有大小房间 222 间（含厅）。规模宏大，内部空间设计精致，变化众多，富丽堂皇，是中西合璧的生土民居建筑杰作。2001 年 5 月公布为全国重点文物保护单位。

楼中内、外环楼间东西两侧，各有一口水井，刚好位于八卦阴阳两极上。东边水井处于阳极，相传建楼之初，不少打工仔喝了此井之水，后来都成了工匠师傅，就有了“智慧井”之说。西边水井在阴极，水质清冽甘甜，常饮此水者皮肤娇嫩、乌发鲜亮，男的英俊、女的靓丽，而俗称“美容井”。游人到此，少不了要喝口井水，期待变得聪明点、漂亮些。更为奇特的是，两井间距不过30米，同处一水平面，水温、水位和水的清澈度却各不相同。

1985年，振成楼的建筑模型曾同北京的天坛模型一起送往美国洛杉矶参加国际建筑模型展览，以其独特的风格和别具一格的造型，被认为是客家人聪明智慧的结晶，是中华民族优秀的文化遗产。

大家好，我是今天的导游老单。今天我们来到的是福建土楼，它是世界文化遗产。大家来到世界文化遗产，能够看到什么呢？我想大家一定能看到上千年的历史文脉。客家人从遥远的地方来到这里，就地取材，取森林里的木材、山坡上的土、毛竹，打井、造田、搭棚、建屋，开始他们在异乡的定居生活。一代又一代的客家人留下了丰厚的历史遗存，使我们在参观的时候能够随着参观路线，感受福建土楼厚重的历史。

进入土楼，我们可以直观地感受到土楼空间的博大精深。土楼有很多种类，圆形、方形土楼，五凤楼……它们共同组成了福建土楼渊深博厚、丰富多彩的文化景观。我们不能只看到表象，我更建议大家在参观的过程中用心体会，体会土楼所传播的文化精神。

福建土楼有哪些文化精神呢？我想，首先是一种面对荒山、就地取材、建造家园的创业精神；建成后的土楼，成为大家族聚居的居住建筑，比如 “土楼王子”振成楼在全世界是绝无仅有的，这是一种创新精神；一代代客家人建造、修缮土楼，讲述土楼的故事，这是一种传承精神；土楼建筑体现出客家人敬祖睦族、耕读为本、忠孝仁义的思想，这是传统文化的精神。所以在土楼，我们参观这些物质的、固态的文化遗产的同时，希望大家更能领略这些精神的和非物质的遗产价值。

为什么福建土楼有这样丰厚的遗产呢？我认为首先是土楼人凝练的情怀。能够对自己的家乡、家庭、村庄、国家奉献的一种情怀。没有情怀就没有坚守，没有情怀就没有创造。这种情怀使土楼人能不断地创造出不同于其他地区的建筑形式。其次，就是土楼人拥有的胸怀。

今天，福建土楼已经成为世界遗产，敞开大门欢迎来自全世界各地的旅游者。我们要守望中华民族的优秀遗产和传统文化，代代传承下去。

世遗课堂：乡土建设遗产保护的思考

前文中已经反复讲过，世界遗产和现实生活的关系是我们一直关注的话题，不仅如此，我们把目光更多地投向现实生活中的那些动态的、活态的、人还居住其中的、从古代到现代一直延续的文化遗产。

2007年，我们提出了关注乡土建筑遗产保护——一个关于新型遗产保护系列行动的遗产类型。很多国家、很多地区、很多城市都有乡土建筑。第一天拍摄结束后，我选了几个国家的乡土建筑代表图片，准备展示给大家，包括奥地利、芬兰、保加利亚、摩洛哥的历史城镇。从这些图片中可以看出，这些异国的乡土建筑均带有浓郁的地方特色、文化特色，风格独具，差别很大。在我们国家的很多地方，比如河北、山西、江西，浙江、广东、新疆……都有自己的典型乡土建筑 。很多乡土建筑今天依然有居民生活在其中。这些建筑是代表地域的特殊方言，我们称之为“建筑方言”。各地的“建筑方言”构成了中华五千年文明最为精深，也是最为寄托人们乡愁的一类文化遗产。

列入全国重点文物保护单位的乡土建筑各具特色，而且都是各地在大规模的城乡建设过程中抢救下来的，能够集中保护的一些建筑区域。同时，我们也把一些少数民族地区的特色建筑列入保护范围，乡土建筑以更丰富的形态进入大家的视野。

2003年，国家文物局和当时的建设部一起启动了中国历史文化

■ 窑洞建筑

名镇（村）评选活动，开始把这些乡土建筑纳入国家层面进行保护。我和建设部的领导一起，为第一批中国历史文化名镇（村）揭牌。我们通过揭牌仪式，启动了乡土建筑的保护行动。

2007 年的“无锡论坛”启动了乡土建筑保护，使我们文化遗产保护的范围更加扩大。之前文物保护主要保护宫殿建筑、寺庙建筑、纪念性建筑，今天开始保护人们居住其中的生活、生产建筑以及传统村落。当时正值第三次全国文物普查，所以大量的乡土建筑进入了登记范围，走进了我们的视野。其中有一些杰出的代表进入了《世界遗产名录》，比如大家知道的皖南古村落和广东的开平碉楼与村落，也包括此行的福建土楼。我国现在有 56 处世界遗产，还有百余处是列入申报世界遗产预备名单的项目。很多乡土建筑已列入预备名单。我国各地长期积累下来的这些传统民居、历史村落丰富多彩，要更加注意保护。这也是《万里走单骑》节目走进福建土楼的原因之一。

福建土楼申报世界遗产总体而言比较顺利，但是过程也很艰苦。顺利是因为它的突出普遍价值得到世界公认，艰苦是因为申遗过程本身就是一场轰轰烈烈、扎扎实实的保护行动。参与节目拍摄的郑国珍老师最清楚其中甘苦。他一直领导这项工作，从整体保护价值的确定到“文化景观”与“文化遗产”的界定，从环境整治到重要项目修缮，从申报文本的起草到保护规划的编制，从保护理念的探讨到保护法规的建设，一步一步走来，前后用了10年左右的时间，福建土楼才终于成为世界遗产。

福建土楼申报世界遗产成功后，更多地区、更多民众也开始关注自己家乡的传统建筑的典型代表，比如窑洞建筑。我们国家现在还有几千万人生活在传统的乡土建筑中，无疑是全世界生活在传统乡土建筑中人群最多的国家，也从另一个侧面说明，关注和保护乡土建筑的责任重大、任务艰巨。

这些乡土建筑究竟意味着什么？这也是通过节目录制希望引发大家思考的问题。这个问题也会引出更多的话题。虽然乡土建筑类型和数量都很多，但是在城市化进程中，大量的乡土建筑处于被冷落甚至不断被破坏的状态。有的遭受了火灾，没有得到保护；有的村庄改造拆除掉了乡土建筑，建造了一些与生态景观不协调的新建筑。甚至有的地方因为觉得乡土建筑影响“市容市貌”，就建了长长的遮羞墙把乡土建筑遮挡起来。这给周围民众的生活带来不便，加重了一些百姓的生活困难和负担。这些对传统文化、文化资源的错误态度使人心寒。

当然，也有很多暖心的乡土建筑保护故事。比如大家都知道贵州黎平县地坪乡的农民保护家乡风雨桥的事迹。当风雨桥被洪水摧毁的瞬间，当时在场的 124 名侗族的小伙子，在没有人组织的情况下，进行了三天三夜的打捞，从贵州一直打捞到广西，沿途告诉那些村庄的村民说这上面漂下的木材是我们家乡的风雨桥，我们不能没有风雨桥。在当地政府的支持帮助下，他们把这些构件运回了家乡。最后一整理，28 根主要构件居然一件都没少，全部平安回家。73% 的风雨桥构件回到了地坪乡，风雨桥得以修复。

记者采访当地老人，问为什么这些年轻人能够在没有人组织的情况下跃入洪水中抢救风雨桥，甚至很多因此而受伤。老人就说，其实这些村庄的建筑跟这些年轻人有着非常密切的关系，这其中融合着亲缘、地缘、血缘的关系。他们在桥上做作业，在桥上交朋友，在桥上听老人讲故事。不管这座风雨桥遇到任何风险，他们都会挺身而出，因为他们知道生活中不能没有风雨桥。当人们和家乡历史建筑产生这样感人的血肉联系的时候，文化遗产才会得到更好的尊重和保护。

在考察期间，我们感受到土楼确实是令人感到非常震撼的遗产。我们考察过很多世界遗产，比如埃及的金字塔建筑群、希腊的神庙、罗马的斗兽场、南美的库斯科古城，它们都是通过国家力量建造，体现了国家意志。而福建土楼是民间建造的大规模的建筑群，可谓是人类的奇迹。更重要的是，土楼所处的区域，都是在过去看来并不利于繁衍生息的山区。客家人从很远的地方迁徙到这里以后，因地制宜地营造了属于自己的村庄，这体现了他们朴素的尊重环境、尊重自然、天人合一的传统的建造理念。

在土楼建造的实践中，人与自然是和谐的。建造村庄使用的材料，都是半山坡的黄土以及就地取材的竹子，没有开山取石、破坏自然进行建造。因此河流、森林、植被都能得到保护。人与人之间也是和谐的。在建造的过程中，这里的先人很注意节约用地，都是根据环境，根据族群的繁衍和发展而建造。各家族抱团取暖似的团结给我们留下了深刻印象。试想，一个建筑群里面二三百人，最多五六百人，如果真是各家各户在山区建自己家的房子，土地资源是不够的，抵抗风险的能力也是不够的。采取这样智慧的建造方法，是他们尊重自然环境、尊重人与人之间的关系的具体表现。上百人能够在一个这样的环境中生活，这一点在申报世界遗产的过程中也感动了国际组织。今天人们的家庭越来越小型化了，很多人崇尚“界限感”和“独立空间”，不愿意与父母、兄弟住在一起。土楼精神是家族理念的重要体现和传承，也是报团取暖的历史文化的重要记忆。

乡土建筑的修缮是另一个重要课题，涉及传统材料、传统技术、传统工艺的传承，还有我们一直提倡的工匠精神。大家看到，这里的一砖一木一墙都是精心建造的结果。第二天上午我们亲手体验夯土，我才做了不到半个小时，就已经很累了。一丝不苟地夯土，土夯到一定程度再继续晾晒、烧制屋瓦，两面的厚度、宽度要保持一样，这些都需要长期的实践积累。在尊重教育、尊重人才培养方面，大家都有很深刻的体会，也进行了交流。

我还有一点体会就是创造性。无论圆形的还是方形的土楼，都是客家人在土楼建造过程中的独特创造。土楼是在尊重自然环境、气候条件、地理优势的前提下建造的。第二天我们也去了福裕楼参观土楼修复过程，感受到应该尊重地域文化传承，应该尊重当地民众的创造，尊重他们的智慧，不能取代。

2008年5月12日，四川汶川大地震发生了。大家知道，汶川大地震波及少数民族地区，比如羌族地区。这里有不少碉楼，最高的达到四五十米高。碉楼与福建土楼有相似相通之处，也是同时具有防御和生活的功能。一旦有外敌入侵，全家都要进入碉楼。碉楼也是建造了千年，墙柱每一条线都非常精细，而这是在没有建筑师、没有科学仪器、没有先进建造工具的情况下，凭人们的智慧和双手建造的。因此汶川地震之后很多碉楼依然耸立，但是也有一些碉楼受损。碉楼受损就应该及时进行修缮。

汶川地震两个多月以后，当地就汇集了强大的修缮力量，包括来自福建泉州、安徽宿州的工程队在内的具有资质的优秀修缮队伍，都进驻到这里。但是我们很快意识到了问题：这些外来工程队不了解当地的地域特点，到什么地方取石、什么地方取土……他们要从头开始摸索。而这些技术又完全依赖于地域，他们掌握修缮技术、抢救工程竣工后，回到原来的地方，却没有用武之地，很是遗憾。但更令人遗憾的是，当地依然没有一支能修缮碉楼的队伍。所以我们改变了思路，请当地的羌族老师傅手把手地教授当地年轻的后生们怎么来修；请外地的专家到这里讲保护的理念，引导大家在修缮的过程中最大限度地保护历史信息。这样用了大约三个月进行培训后，我们把整个羌族地区、藏族地区受地震损害的碉楼都修缮好了。后来的几年，修缮和保护工作开展得也很顺利。

还有一个例子是坎儿井。新疆吐鲁番每年的降雨量只有十几毫米，蒸发量却有3000多毫米。下雨之后，雨水似乎在瞬间就都蒸发了，没有蓄水能力。当地人们为了生存，创造了坎儿井这种地下水利工程。每隔100米左右挖一口竖井，再连接起来形成一个暗渠。

暗渠把火焰山地层下的水运到村庄。这套系统工程也已有上千年历史。当时没有科学测绘仪器，也没有精准的加工设备，居然能把它一条条挖出来，把水引到了村庄，这就是奇迹。河的尽头，有一个池塘，池塘吸引了小鱼、小鸟，人们在池塘周围洗衣服、聚会、聊天……坎儿井成为这里的一种生活方式。

进入 20 世纪 70 年代以后，自来水进入村庄了，一开始人们感觉自来水很方便，直接把管子引到自己家里的厨房，一拧水龙头就可以用自来水。于是人们逐渐弃用坎儿井，坎儿井的数量迅速减少。使用自来水以后，地下水开采超量，由过去几百米开采到上千米，生态受到很大影响，采水成本也随之提高。人们开始怀念坎儿井，但是坎儿井已经由从前的 1200 多条，到 2006 年常年有水的只剩 331 条了，再过一些年可能就会全部消失。当地逐渐出现了抢救坎儿井的呼声。

当地人告诉我们，呼吁抢救坎儿井还有一个更深层次的原因。有了自来水以后，人们都不愿去水塘边聚会了。过去那种一到傍晚就在水塘旁边弹琴、跳舞、聊天的欢乐情景渐渐消失了。人们开始感到了孤独，感到过去的、有传统文化的、有坎儿井的生活更为丰富，所以强烈呼吁要修复坎儿井。

我们为当地申请了国家补助，第一批补助了 6000 万元。我们觉得是个好事，但是很快当地专员就来找我，说非常感谢你们拨的 6000 万专款，但是按照你们修一个坎儿井要 40 多万的预算，这样修复不了多少条坎儿井，是否可以让当地的队伍来修？我问他，当地修一条坎儿井要多少钱？他说，当地的居民修一条坎儿井大概 5 万左右，甚至还有更低的。由于工程款的差别如此之大，我立刻安排在第二个星期去现场调研。

还记得那是一个晚上，我赶到时看到一户居民家还在干活。我问他，修一条坎儿井多少钱？他说3万元就能修好。几十万到3万，这之间的差距太大了。差距究竟是如何产生的？仔细研究才发现，我们的方案是用现代的材料，现代的技术方法，要用混凝土，用大锚杆固定。这样不仅造价高昂，更重要的是，经现代材料和技术修复后的就不是传统意义上的新疆坎儿井了。

所以我们想，还是要用传统手段，但是没有修缮队伍。于是，我们开设了新疆坎儿井保护利用的培训班。在一个礼堂中，我在上面讲文化遗产保护理念，下面围着一小圈一小圈的人在讲话。我很纳闷：大家为什么都不认真听我的讲课？他们说不是，他们听不懂，每一小圈有一个翻译，现场翻译给这一圈的人听。我只好讲慢一点，再慢一点。这样经过培训形成了13支队伍，每支队伍中的每个人都经过考试，然后发给培训证书。大家可以用传统材料、传统工艺、传统技术来修缮自己家乡的坎儿井了。坎儿井修复技术传承了下来，又增加了就业机会，现在情况很好。

这些故事告诉我们，乡土建筑的传承要靠当地民众。在福建土楼，我们也看到经过培训形成的专业的土楼修缮队伍，这样才能世世代代地把土楼修建技术传承下去。如今家庭小型化了，这样的乡土建筑可能已经不适合今天的生活方式，但我们依然要保护土楼。因为它是民间传统建筑的骄傲，是世界奇迹。人们看到这些土楼，就知道这是祖先的辉煌创造，对这些创造充满敬意。

文化遗产不仅是物质的遗存，在这里还曾经发生过很多文化活动，产生了很多精神领域的创造。这些创造，使得文化遗产展现出中华优秀传统文化的很多方面，比如团结协作的精神、家庭和睦的精神、耕读传家的精神、崇尚天人合一的和谐精神。

在这期节目中，我们还体验了土楼的流水席和年夜饭，92 岁的土楼楼长给我们讲述了成功申报世界文化遗产后，土楼发生的可喜变化，还高兴地吹起了口琴，令我动容。进一步把福建土楼，把土楼精神保护好，传承好，让更多人关注世界遗产的保护，关注乡土建筑的保护，关注美好家园的建设，这就达到了《万里走单骑》的真正目的。

4

2020年 12月 28日

2020年 12月 29日

万里走单骑

老单日记

第四站

普洱景迈山古茶林文化景观

遗产地档案

遗产名称	普洱景迈山古茶林文化景观
遗产位置	中国云南省普洱市澜沧拉祜族自治县
遗产种类	文化遗产
遗产地边界范围	遗产申报区范围：7167.89 公顷 缓冲区面积：11927.85 公顷

只要我们工作做到了，申报世界遗产的路自然就平坦了。

古茶林的“古”和“林”

时间：2020 年 12 月 28 日上午
地点：布朗公主客栈、景迈山大坪掌古茶林

申报世界遗产要做很多准备工作，是一个艰辛而漫长的过程，比如福建土楼的申报工作历时 10 年，鼓浪屿的申报工作历时 9 年，方得以顺利通过。这一站的《万里走单骑》，我们来到一处“申遗进行时”的遗产地—— 普洱景迈山古茶林文化景观。

景迈山古茶林位于云南省普洱市。五代时期布朗族先民迁徙至景迈山，发现并驯化栽培了茶树，又因地制宜，与后来的傣族先民共同栽培繁育了古茶林。此后，这里渐渐聚居了哈尼族、佤族、拉祜族等多个少数民族的居民，成为具有各自鲜明民族特色且和谐共处的民族大观园。

据说在一次迁徙途中，布朗族族群经历了一次严重的瘟疫，处在存亡绝续的危急关头。这时，族人无意中发现了茶树，这种植物的特殊功效拯救了病疫中的布朗族人。他们从此认识并铭记住了这一神奇的植物，称之为“腊”。随后一代代的布朗族及其他少数民族不断栽培、驯化、选育茶树。原本以狩猎为生的族群，渐渐发展为将茶树种植作为主要的生产活动，并逐渐衍生出经济功能。至清代，普洱茶被确定为进献给皇室和朝廷大臣饮用的贡茶，景迈山古茶林进入繁荣发展时期。至今仍保持稳定发展。

2010 年 6 月，我来普洱市参加茶马古道研讨会，几位朋友给我看了景迈山古茶林的照片，其原生态面貌使我震撼。中国的茶文化远播世界，但至今还没有一处关于茶的世界遗产，景迈山古茶林是不是可以申报世界遗产？回到北京，我请当时的国际古迹遗址理事会副主席郭旃先生亲自到景迈山考察。考察归来，郭旃先生特别兴奋，认为景迈山古茶林完全符合申报世界遗产的标准。景迈山古茶林的申遗工作由此正式启动。

此后的十多年间，景迈山古茶林遗产地围绕申遗工作，在价值认识、遗产保护等方面做了大量工作，取得了很多成果。“布鞋男团”希望通过在景迈山的行走，让更多人了解景迈山古茶林，为申遗贡献力量。

中国茶文化有着极其深厚的底蕴，源远流长，景迈山古茶林则因其“古”和“林”而独树一帜。相较于世界上其他著名的梯田式、农庄式台地茶园，景迈山古茶林不仅历史更为悠久，其传统的林下种植方式和利用森林生态系统稳定性的维护方式也具有鲜明特色。

早在现代茶园种植技术普及前，景迈山的先民已经利用有限度的林下开垦，为茶树生长创造了理想的光照条件。完好的森林生态系统自有一套“活”的机制帮助人们不用农药和化肥而生产出高质量的有机茶叶，比如蜘蛛治虫害、枯叶作化肥等。在当地宗教信仰和文化传统的护佑下，这一智慧的种植技术传承至今。

为了充分体验这些智慧，“布鞋男团”的行走分成“林”和“灵”两组主题。我和阎鹤祥同组，任务是感受景迈山的“林”。我们的向导是傣族姑娘仙贡和古茶林申遗文本主笔邹怡情老师。

景迈山大坪掌古茶林是景迈山面积最大的一处茶林。这里的土地非常平坦，因而得名大坪掌。

在去往大坪掌的山路上，一行人坐在车上，颠簸前行。仙贡告

■ 景迈山古茶林入口

诉我们，整个景迈山路面是用块石铺筑，在砂垫层经碾压成型，透水性好，这对维护原生态环境、保护古茶林很有帮助，也避免了往来车辆过多而造成的干扰。当地人称这样的路为“弹石路”。

走入古茶林，我们更直观地感受到了这里种植环境的原生态。林下茶种植形成了景迈山古茶林的三层植物分布特征，乔木—灌木和茶树—草本植物构成了古茶林生态系统的垂向层次。茶树种植于高大乔木下，避免了阳光直射。古茶林内分布着约 1500 种当地原生种子植物，包括国家二级保护植物 8 种。古茶林内还有很多国家保护动物，特别是一些鸟类和昆虫。鸟类可以为茶树除虫，昆虫的传粉能力对茶树生长也是非常有用的。

茶树的种植更是充分体现了原生态理念，人们利用古茶树与其他树种之间的竞争或依存关系，有选择地保留或栽植有益树种，清

■ 当地居民为古茶林除草

除对茶树生长不利的树种。例如，在古茶林中保留或栽植桂花树、多依树、樟树，其特有的香味会传递给茶叶，使茶叶具有天然的香气，同时也会抑制某些病虫害。冬季是为茶树锄草的“专属时间”，在古茶林中我们遇到了很多当地居民在除草，体验了“晨兴理荒秽，带月荷锄归”的劳动快乐。这些智慧和劳作确保了普洱茶能够吸收到足够的养料，保障了普洱茶的品质。

茶山人民将茶叶视作生命的一部分，并由生态伦理衍生出信仰体系。原住民秉持万物有灵的观念，以和为贵，倡导尊重自然、爱护环境，构建了景迈山古茶林延续千年的生态价值观。

信仰茶祖是东亚地区普遍的文化现象。中国的陆羽、日本的空海等，虽然名字不同，人物故事和传说也各具特色，但都是茶文化的体现。

景迈山的茶祖信仰也是祖先崇拜和自然崇拜的结合。布朗族人民认为，茶林是祖先留下的，传承至今的财富。据传，布朗族先人有这样的训示：留给你们牛马，担心它们会死去；留给你们金银，担心它们会被花光；留给你们古茶树，是可以世代相传的财富。因此布朗族把发现茶叶的部落首领帕哎冷尊为茶祖，予以礼祀。每户茶园都设一棵茶魂树作为该片古茶林的茶神予以祭祀。傣族居民也祭祀茶神树，并把带领先民来到景迈山的部落首领召糯腊尊为茶祖。

对茶祖强烈的民族认同感，使这一原始的信仰体系不仅规范了大家的行为准则，更对当地人民的价值观产生深远影响，提升了大家对古茶林保护的集体认同和行为自觉，从而有效保障了景迈山古茶林文化景观的千年传承。

茶马古道与多民族文化融合

时间：2020 年 12 月 28 日上午
地点：茶马古道

中国茶的外传，主要依靠中外文化交流和贸易。据载，中国商人很早就通过以茶易物的方式，向其他国家输出茶叶。唐宋时期，中原王朝的内部地区与边疆地区，产生了“以茶易马”或者“以马易茶”的贸易方式，这就是历史上的“茶马互市”。而这些事件发生的基础就是茶马古道，从大坪掌古茶林出来，我们步行至一段目前

■ 寻访茶马古道的历史印迹

仍在使用的茶马古道。

茶马古道源于普洱，兴起于唐宋，延续元明清三朝直至民国时期，因被近代交通取代而逐渐衰落。其空间范围覆盖云、贵、川、渝、藏、陕、甘、青8省（区、市），连接汉、藏、彝、回等多民族文化区域，延伸并连接陆上丝绸之路、海上丝绸之路，是亚洲境内跨国陆路交通网络。古朴神秘的茶马古道文化是文化普洱的重要内容。

很多人对茶马古道存在误解，认为它仅仅就是一条历史上存在的以马运茶的通道而已。其实茶马古道运送的货物并不只有茶，还有盐、粮食、药材、生活物资、重要的军事物资、马匹等，但最主要的货物还是茶叶。这一陆路交通网络的运输工具也并不仅限于马，还包括牛、牦牛、骡、驴、骆驼等畜力和人力，如四川地区的背夫。所以马帮并不是茶马古道上唯一的运输组织方式。我们常说的茶马古道其实是三条：陕－甘茶马古道、滇－藏茶马古道、川－藏茶马古道。茶马古道并非一个历史概念，而是由后世学者提出的一个文化概念，是学者对客观史实的提炼和总结。1990年，云南大学、北京大学等单位的6名教授徒步考察了滇川藏三省的古道，认为这些马帮古道赖以维持的最重要物质是茶，最重要的运输工具是马，于是把这些马帮古道命名为“茶马古道”。

茶马古道就其本质而言，是在中国西部不同民族、地区物资文化交流的需求推动下形成的亚洲陆路交通网络。它不仅有官方开辟的“官马大道”，也有着民间商队走出的通往城镇、乡村的小路，像毛细血管一样维持着边远地区人们的生存。

通过茶马古道，普洱茶成为民族交流的象征。我在国家文物局任职期间，因为西藏有许多文物修缮工程，所以经常去西藏。日喀则的扎什伦布寺是四世班禅及其后的历代班禅驻锡之地，自明正统十二年（1447年）修建至今已有近600年的历史，是全国重点文物保护单位。2009年，我参与的扎什伦布寺修缮工程竣工，十一世班禅为了表示感谢，送给了我一个神秘的大盒子。大盒子共四层，每一层都有彩绸包着，里面装着普洱茶，最上边一层是茶砖，最底层是茶饼。班禅茶是很珍贵的，我当然舍不得饮用，几经周折后送给了云南省博物馆。云南产的普洱茶通过茶马古道运到西藏，最后又以“班禅茶”的“身份”回流到云南，我很高兴自己参与了这个非常有意义的过程。

景迈山是一个多民族融合发展的地方。在录制节目的时候，我们遇到了丹麦游客、法国游客。疫情期间，全国各地的外国游客都不常见，但是景迈山用多文化融合的魅力，吸引了全世界的目光。

景迈山的传统村落与民居保护

时间：2020 年 12 月 28 日下午

地点：糯岗、芒洪

在景迈山的世界遗产申报工作中，纳入遗产要素的传统村寨共9个，包含景迈大寨、勐本、芒埂、糯岗4个傣族传统村寨，以及芒景上寨、芒景下寨、芒洪、翁基、翁洼5个布朗族传统村寨。

在这些传统村寨中，糯岗是保存最完整的，是人与自然和谐相处的重要体现。“糯岗”在傣语中意为“鹿饮水的地方”，据说常有成群的鹿来此处饮水，村寨由此得名。目前村寨中79栋传统民居成为国保级传统民居。

在糯岗，我们感觉到了居民们在传统村寨中进行茶叶种植、生产活动的场景。整个寨子分为空间独立的老寨和2000年建的新寨。村寨道路顺应地形高低弯曲，形成了生动多变的巷道空间，溪流穿村而过。

在景迈山，传统的干栏式民居体系是世代居住在这里的人们为了适应山里潮湿多雨的气候，合理利用山间土地而不断改进完善的，充分彰显了世居人民的智慧。

景迈山现存传统民居大多建于20世纪八九十年代，随着人们生活方式、居住要求的逐步变化，景迈山传统民居形式历经四代演变。景迈山降雨量较多，早期的干栏式建筑用茅草和竹子搭建，采用歇山式屋顶，坡面陡峭且出檐很深，可以防止雨水积攒、防风；因为气候潮湿，民居分为两层，一楼用来养牲畜或者堆放杂物，二

■ 糯岗民居（屋顶有水牛角装饰）

楼用于居住；建筑主体使用圆柱，可以有效防蛇。早期民居多为稻草顶，二层墙面基本不设窗户，由于稻草顶易燃，容易失火，民居屋顶现在改用缅瓦。我有一个“职业病”，就是看到木质建筑，就会强调防火问题。景迈山申遗过程中，花费了很大精力用于防患未然，目前村寨中每家都安装了消防管线，增加消防栓，每家发 3 个灭火器。在解决火灾隐患的同时，二层围板逐渐加高、增设窗户，室内也出现了实质隔断。当然，那些适应当地气候、符合居民生活习惯及信仰习俗的民居形式仍然延续下来，比如歇山式大屋盖、底层架空、堂屋设火塘、外设晒茶台、屋顶设民族脊饰等。

糯岗是一个典型的傣族村寨，屋顶有水牛角装饰，还有在屋顶种植开花植物的传统。据说屋顶的花一开，就意味着采茶的季节到了。第二天我们还要去的翁基，则属于典型的布朗族村寨，屋顶装饰为“一芽两叶”。这些装饰由建筑部件演变而来。因为早期的干栏式建筑是茅草顶，屋顶由两组交叉的椽子支撑，结绳捆紧后总会留

■ 翁基民居（屋顶为“一芽两叶”装饰）

出一截，后来才改为装饰。水牛角和“一芽两叶”装饰成为两个民族图腾的建筑语言，又融合了茶文化，颇具特色。

无论是布朗族村寨还是傣族村寨，都有两个共同的特征。

首先，每个村寨中央位置都有寨心，民居建筑围绕寨心呈典型的向心式布局。人们将寨心作为公共活动的中心，在这里进行集会、祭祀等活动。寨心对寨子来说非常重要，有精神上的向心力。这是非常重要的民族特色文化。

其次，家家户户都会在屋内设置一个火塘，而且内部空间主要围绕火塘布置。家人活动都是围绕在火塘旁，而且建设新房时，居民都会请家庭美满的人进行火塘选址。火一年四季都不会熄灭，也不能随便跨越。火塘的长年熏烤，也让老房不易生虫。在申遗过程中，当地在进行民居修缮时重点强调了保留火塘，因为这是景迈山人民非常重要的特色，火塘的文化功能类似于新疆的坎井儿，是人们生活聚会的地方。

■ 景迈山康节（在寨心举行祭祀活动）

糯岗村寨是人与自然和谐相处的典范。村寨四周都是茶林，人与茶林关系密切。我们在村寨中行走，一路上看到养鸡、种菜、做豆腐等各种劳动，这是一个活态的文化遗产。路过一户正在制茶的居民家，我们决定分组进行一场制茶比赛。点火、炒茶、揉捻、晾晒……真实经历之后，才能体会要确保普洱茶的品质每一个步骤都要掌握“火候”，比如炒茶需要不断翻炒，确保受热均匀；气候、锅温都会影响炒茶品质。炒好的茶需要晾晒，第二天可以品尝到自己亲手炒的茶，也成了大家的期待。

晚上，我们在芒洪八角塔举行了一场多民族参与的篝火晚会，布朗族、傣族、拉祜族、哈尼族、佤族的同胞们为大家献上本民族的舞蹈、歌曲。不同民族的艺术表达各具特色，又彼此互通。茶与人们生活的密切关联也通过舞蹈表现出来，比如布朗族圆圈舞就是根据采茶的劳动场景编排。一个民族的歌曲，各民族都会唱；一个

■ 篝火晚会

民族的舞蹈，大家都会跳。人与人之间和谐相待，这使我们的生活更美好，使我们对家乡更加热爱。

守望行动：申遗只是一个认证？

时间：2020 年 12 月 29 日上午
地点：翁基、阿百腊客栈

第一天在糯岗体验了傣族村寨生活，第二天我们来到翁基，体会布朗族的传统生活风貌。

翁基村寨整体建在山坡上，视野更为开阔，也可以有效防雨。

一进入村寨，我们就看到了布朗族建筑的“一芽两叶”装饰。近几年，茶文化旅游在景迈山兴起，我们在村寨中也遇到了很多国内外游客。

当地人介绍，冬天景迈山的云海吸引了大批游客，二月份景迈山的冬樱花也已成为网红打卡点。景迈山浓郁而独特的少数民族文化、民俗文化、传统民居建筑都吸引着各地的人们。既要保护遗产，又要发展经济，这是景迈山文化遗产资源活态传承和持续发展的前提。

景迈山村寨强调村民自治，村民自己制定村规民约，执行效果很好。邹怡情老师介绍，村民形成自己的集体意志，自发地规划、建设、开发村寨，这样就保留了景迈山的多样性，也保障了景迈山旅游的持续发展。

景迈山还注重打造品牌。随着景迈山申遗工作的推进，景迈茶也走向了更广阔的天地，许多景迈山人因茶而富了起来。对于仙贡和许多景迈山居民来说，至今仍留有同样的沉重记忆：从古树上辛苦采回来的茶叶，似乎并没有更多的经济价值。所以早在 2010 年 4 月，仙贡就组建了景迈人家茶叶农民专业合作社，采取“品牌 + 基地 + 合作社 + 农户”的模式，让茶农们不仅可以通过合作社拿到分红，还可以就近在自家茶园里务工。农户只负责种植，保障茶叶品质，合作社负责收购、销售。这样就扩大了普洱茶品牌影响力，增加了收入。有了这样的基础，村民们对申遗后的生活充满着美好期待。

在翁基村寨广场上，我们遇到了一群正在画画的小朋友，他们来自各个民族，用彩笔勾画着自家的房屋。他们认真专注的眼神和

■“布鞋男团”和画画的小朋友在一起

稚嫩的笔法，引发我于刹那间追忆了一下似水年华。

我是学建筑的，建筑专业很注重绘图。第一节绘画课就是画一个公园里的洗手间；第一节手工课则要求我们通过做一个工具盒，掌握榫卯结构。这两件“作品”承载着我对绘画的最初体验，是我的“文化遗产”，至今仍被妥善留存着。

我小时候上学路很远，学习知识和接触信息都不方便。现在人们普遍有了较好的经济基础，正是应该加强教育的时候。翁基村里的交通便利、信息发达，为孩子们的教育创造了更多条件。仙贡也说，她父母因为早年条件不具备而耽搁了学业，因而很重视她的教育，全家不遗余力地创造条件，送她去四川读书。

这时，小朋友们和我交流，我也乐于同他们分享。我告诉他们：

我曾在故宫博物院工作，那里就是历史上皇帝住的地方。全世界的观众都会来故宫游览，因为它是世界的遗产。你们生活在大自然的怀抱，在美丽的环境中人与自然、人与村寨、人与人之间和谐共处。我们要有多样性。你们画的画有各种颜色，比方说红、黄、蓝三原色，把它们经过调制，就能形成各种色彩。我们的世界应该是丰富多彩的，就是说每个民族都有自己骄傲的历史、向往的未来。你们长大之后就是创造更好生活的一代人，你们与爷爷奶奶、爸爸妈妈不一样，他们需要解决温饱问题，但你们现在可以安心学习美术、科学，这都是一种储备，将来就能担当建设家乡、振兴乡村的责任。

一番交流后已是下午，我们来到阿百腊客栈，在南康大叔家品尝第一天自制的茶叶。

南康大叔是布朗族人，曾任芒景村党支部书记，现在是景迈山茶诚信联盟盟主，很有“盟主”风范。通过跟南康大叔的交谈，我们感受到景迈山人对茶的情感。南康大叔说的一句话很触动我：“我小时候看茶树和60年后再看，茶树没有变化。茶树看到了我的衰老，但我看茶树却越来越年轻。”景迈山人世代以种茶为生，因为人们驯化和培育茶树的历史非常悠久，现在景迈山已经没有野生茶树了，而茶树已经演变成一种信仰，永远在景迈山传承。

普洱茶产自六大茶山，都是林下茶。吸收原生态物质成分，吸收“林”和“灵”，这是普洱茶的本质。到目前为止，景迈山还没有一家人把自己家的茶山卖给别人，因为对村民来说茶山是有灵魂的，是无价之宝。每家的茶地都有一颗茶魂树，每次采茶前都要进行祭拜，感谢祖先、父母留下的物质与精神财富。如果卖掉茶林，就是对不起祖宗。所以可以说，景迈山真正的守护者是自己的村民。后代人要记住祖先的遗训，让茶林在景迈山这片净土继续延续下去。

通过两天的行走，小马认为景迈山在他心中已经申遗成功了。世界遗产只是一个认证，对遗产地而言并不是唯一重要的。他甚至担心景迈山申遗成功后，反而会影响这里的原生态。

我很欢迎这样的讨论，这说明更年轻的一代已经开始关注世界遗产，思考相关问题。关于申报世界遗产的意义，很多人都有过不理解，我也在不同场合、用不同方式给大家解释。每一次的申遗，都会让我们对遗产地价值有新的认识；会接触到更先进的理念，从而更好地讲述世界遗产的中国故事；会凝聚出更因地制宜的保护、传承和发展方式，让当地民众、遗产保护专家、政府各部门对遗产保护达成前瞻性的发展共识。

每一处世界遗产都是独一无二的。世界遗产的评价标准，也是在一次次申报、评估的基础上，逐渐成熟的。在申遗过程中，提炼“突出普遍价值”，是对遗产地的一次全新认识。遗产保护的理念随着申遗工作一直在进步。在景迈山，我们探讨如何用年轻人的方式讲述普洱茶文化，如何进行普洱茶文化传播方式的创新，其实也是在不断加深人们对遗产价值的认知，不断摸索如何更好地保护遗产，使它能够完整地传承下去。

通过申遗可以讲述景迈山故事，让先进的遗产保护理念得到更广泛传播，更有利于景迈山探索出适合自己发展的保护和传承方式。广西、云南学习挪威的经验，建成了生态博物馆。挪威已经发展成为很现代化的国家，他们的经验是基于自身的发展状况而产生的。有专家曾尝试借鉴挪威模式，指导当地村民建设家乡。但是专家走后，人们还会继续按照自己的方式生活，原因就在于这是脱离实际情况来培养原生态。我们不能阻碍人们生活进步，比如不能阻止人们用电、使用瓦片盖房等。但是这些进步需要首先让人们认同。发展是人类智慧不断交汇的过程，没有前瞻性就会对遗产造成无法恢复的伤害。

记得早在21世纪前几年，浙江杭州萧山机场建成通航不久，当地居民就开始在萧山机场到杭州市区的沿途兴建小洋楼。当时人们都觉得，小洋楼才是现代社会的标志，于是把原来的水乡民居都拆掉了。现在那里的人们很后悔，他们说周庄、同里、乌镇、甪直这些江南名镇风情，我们当年也是有的。但是已经晚了。过去人们认为四合院不适合居住，大家都想住楼房。我一直希望保留下更多传统四合院住宅，因为四合院在北京地区已经有800年历史，是一代一代先民与北京的气候、风土、环境、人情世态磨合后积累下的智慧。门应该开在哪儿，老人孩子分别住在什么位置，怎么布局，都有一整套的规范，不能轻易否定。当时我居住的四合院住七户人家，我住在其中一间八平方米的房子，居住条件当然不如楼房好。可是反过来说，一个三居室的楼房里住了三户人家，居住条件还不如四合院。改变生存状态以后，说四合院不适合居住是不公正的。到了现在，北京的四合院已经成为房价最高的住宅类型之一。这就是一个时代的轮回，但在这个过程中如果没有达成共识，没有前瞻性的认识，很多东西就会被破坏掉，不可恢复。

在人类发展过程中，智慧不断碰撞，多种文化不断交流，才逐渐形成共识。制定《保护世界文化和自然遗产公约》、建立《世界遗产名录》，选择具有突出普遍价值的文化遗产、自然遗产、文化和自然双重遗产进入名录，就是这样的共识。因此，申遗不是简单的要求“认证”，也不是要干预人们的发展和现实生活，而是让人们更深入理解自己身边的遗产的价值所在，思考可持续发展的方向。

十多年来，景迈山当地政府、遗产专家、每一位村民都为申遗工作默默努力着，也在默默期待着申遗成功的一天。“布鞋男团”的守望行动是在千年古茶林中接力，为我们中国自己的茶文化助威、助力。最终我们在糯岗村寨会合，与各族人民共同唱响《我和我的祖国》。

大家好，我是老单。这次我们“布鞋男团”来到景迈山，是为了和大家一起学习茶文化。你们可能会问，两天的时间能学到什么呢？其实回想这两天，收获满满。

第一，我深刻感受到景迈山人与自然和谐的环境。人和自然共同创造的文化景观，今天完好地保存在这里。祖先在景迈山创造了家园，千年来这里没有战争，没有疫情。对于自然，对于古茶林的保护，也已经成为人们深入骨髓的一种理念，而这种理念是今天世界上最需要的文化理念。昨天走进古茶林，我看到乔木、灌木中间的古茶树，还有草坪、绿地，我就在想如果城市的居民、孩子们也能够有机会来到景迈山，该是多么美好的事情。

第二，我强烈感受到景迈山各族民众对茶山、茶园、茶叶有着非常深厚的感情。他们喝着茶成长、建设自己的家园，对茶有一种大爱，茶就像他们的生命一样。祖先的遗训“像爱护眼睛一样爱护茶园”，这种理念在景迈山各族民众心中早已达成共识。所以这是我们建设美好家园的强大力量。

第三，我感受到村寨中的各族民众，对于自己的家园充满了自豪感。列入申报世界遗产范围的9个村寨，无论老人、年轻人、孩子们脸上都洋溢着幸福的笑容。政府给我们创造了很好的基础设施条件，给予我们很多现代化的应用，这使生产不断提高效益，生活变得更加美好。所以每个人对未来都充满了希望，充满了憧憬。

第四，我感受到景迈山上各族民众真的像石榴籽一样紧紧抱在一起。昨天晚上的篝火晚会给我很大的触动和感动。我们6个民族，布朗族、傣族、拉祜族、哈尼族、佤族，还有汉族，团结在一起。一起对歌、跳舞，各民族语言共通，文化共融。还有外国的年轻男孩子“嫁”到景迈山来，这是人们向往景迈山的表现。这也让各族民众的自豪感、自信心得以加强。

第五，我深切地感受到申报世界遗产的理念已经深入到我们各族民众心中，几乎人人都知道申报世界遗产，人人都支持申报世界遗产。无论是茶园、茶山、村寨，还是对于物质的、非物质的遗产的保护，人们越来越明白什么样的理念才能够使景迈山世代传承，有序发展；能够面对新的时代，永远不落后。茶园景观虽然看上去有些古老，但是在未来它是最可持续发展的，是最值得我们尊重和保护的。

所有这些都是我这两天获得的感受。这样的感受使我觉得这块宝地，实际上是一个金饭碗。祖先留下来的自然环境，今天经过各族民众共同努力而更加美好，可以应对不断变化的社会生活，保持多样化的生活生产景观。今天我们把它保护下来，不但对于我们当代有益，而且子孙后代都会一直受益其中；景迈山古茶林还是一个人与自然、人与人和谐的典范性的金字招牌。越来越多的人向往这个地方，来这里观光旅游、合作交流，这两天看到很多世界各国的人慕名来到景边山；景迈山古茶林还是个金话筒，它可以向世界讲好中国故事，讲好各族民众通过团结协作所创造的人类奇迹。各国游客会从中吸取智慧和营养，同时各国的文化能够相互借鉴，所以这样的传播非常需要。

今天全世界已经有1000多处世界遗产。2021年7月，随着“泉州：宋元中国的世界海洋商贸中心”申遗成功，我国目前已经有56处世界遗产。但是非常遗憾，作为农业大国，我们至今还没有一个农业景观进入世界遗产。我们希望景迈山能够创造奇迹，向世界展示我们传统农业智慧的突出普遍价值。

2010年6月我来到普洱，看到景迈山古茶林的资料，经过专家考察认证，提出景迈山古茶林应该申报世界遗产。10年后再来到景迈山，申报世界遗产的各项准备工作已经得到了有力的推动，文化遗产保护工作也在不断推出新成果。只要我们把工作做到了，进入《世界遗产名录》

的道路自然就会变得平坦。我们“布鞋男团”来到这里，就是希望助力景迈山古茶林的可持续保护，也助力世界遗产申报能够取得成功。

世遗课堂：在景迈山古茶林谈文化景观的九种类型

景迈山的遗产性质很复杂。古茶林是农业文化遗产，也是林业文化遗产，最终作为文化景观申报世界遗产。遗产价值的复杂，在一定程度上说明了其突出普遍价值。

文化景观的产生与人类的迁徙、商品贸易文化交流组成的文化线路密切相关。大家可能知道中华大地上有很多过去的文化线路，也叫线性文化景观，比如丝绸之路、大运河。丝绸之路又分为佛教丝绸之路，沙漠绿洲丝绸之路、海上丝绸之路、草原丝绸之路等，这样的解读也体现了文化线路上的文化多样性。

我们在这两天拍摄过程中曾提到过，茶马古道与景迈山古茶林密切相关。茶马古道其实不仅仅形式多样，流通了很多的物资，也流通了思想、文化和艺术；它不仅仅是一条道路，实际上是网状的流通系统，而且今天还在发挥功能；这个流通系统在不断延伸和发展，深入到各个原料的产地和物资需求地，滇藏－茶马古道、川－

藏茶马古道像毛细管一样深入到各个村寨中。

我们过去对这些文化多样性的认识还不够全面。申遗工作给我们带来了很多理念的进步，这其中包括前面几站行程中提到的，对特殊类型遗产的认识，也包括对遗产价值的持续发现和阐述，这些进步提升了我们对文化多样性的认识，推动了我们保护方式和管理手段的显著提高。

我们不再纠结于对遗产类型的简单划分，而开始关注遗产类型的界定如何服务于价值阐述，从而为认识、保护遗产提供新的视角。这些进步产生于申遗工作，又服务于新的申遗工作，同时让我们对已经列入《世界遗产名录》中遗产的价值也有了很多新的认识。

为了阐述方便，可以大致从九种类型的角度去认识文化景观。由于前面提到的原因，这些类型并不是严格的分类，体现了“你中有我、我中有你”的特点。

很多国际知名的旅游胜地，都是列入《世界遗产名录》的山水类文化景观。卢瓦尔河是法国最长的河流。全长 1000 多公里，主要支流有阿列河、谢尔河、维埃纳河等，并有运河与塞纳河、索恩河相连。卢瓦尔河两岸风光秀丽，葡萄园、古城堡星罗棋布，有“法国花园”的美称。其中尚博德城堡及庄园在 1981 年被作为文化遗产列入《世界遗产名录》。历史悠久的威尼斯水城在 1987 年作为文化遗产列入《世界遗产名录》。又比如新西兰的汤加里罗国家公园，占地 800 平方公里，是由火山组成的熔岩区，也是知名的登山、滑雪和旅游胜地，1990 年作为文化与自然双重遗产列入名录。日本第一高峰富士山，是日本国家与民族的象征，也在 2013 年作为自然遗产被列入《世界遗产名录》。

■ 新西兰汤加里罗国家公园的火山

我国山水类文化景观既包括泰山、庐山、青城山、峨眉山、武当山、五台山、武夷山、嵩山、黄山等名山大川，也包括大运河、江南水乡、民族村寨等。这些景观体现了中国人的自然观与社会审美意识，也间接反映了社会生活，其中很多都进入了《世界遗产名录》，由全人类共同保护。例如，泰山早在 1987 年就作为文化与自然双重遗产列入《世界遗产名录》，黄山也在 1990 年作为文化与自然双重遗产列入。这在一定程度上体现了中国山水类文化景观与社会生活之间千丝万缕的联系。世界遗产委员会的评价认为，近两千年来，庄严神圣的泰山一直是帝王朝拜的对象，也一直是艺术家和学者的精神源泉，是古代中国文明和信仰的象征。黄山之奇，在历史上已通过文学和艺术的形式受到广泛赞誉，在今天依然吸引四面八方的参观者，对诗人、画家、摄影家等具有永恒的魅力。可以说，泰山与黄山是人文杰作与自然景观完美融合的典范。我们的下一站西湖也是中国山水文化景观的典型代表，我很期待和“布鞋男团”一起体验山水文化景观的意趣。当然，西湖也属于园林文化景观。

杭州西湖、扬州瘦西湖、南京中山陵等，都是各具特色的园林文化景观。园林文化景观在中华传统文化中的地位不言而喻。其中最具代表性的苏州园林也是我们这次拍摄中的重要一站。

1994 年进入《世界遗产名录》的承德避暑山庄是中国现存最大的皇家园林。它始建于 1703 年，历经清朝康熙、雍正、乾隆三代皇帝，耗时约 90 年建成，在造园艺术方面十分考究。与北京紫禁城相比，避暑山庄以朴素淡雅的山村野趣为格调，取自然山水之本色，吸收了江南塞北之风光，成为中国现存占地最大的古代帝王宫苑。成为世界遗产更利于避暑山庄园林景观的保护，为了恢复皇家园林的历史风貌和文化内涵，康乾盛世修建的大部分景点得到维修和恢复，山庄内的动物园、儿童游乐场、招待所以及办公用房等非文物建筑已经全部拆除。前面专门讲到过的良渚古城遗址公园、河姆渡遗址公园等考古遗址公园，也有园林类文化景观的特点体现。

1854 年设计建造的纽约中央公园面积 350 公顷，是高楼林立城市中的一片绿洲。因为建造用地规模大，地价昂贵，许多商业和地产商为了谋利，曾千方百计要吞下这块土地，但公园为人们逃避喧闹的城市创造了一处享受自然的天地，因此一直被保留下来。世界上很多著名的国家公园也都体现了不同文化背景下的园林文化景观。美国的梅萨维德国家公园是北美洲印第安人当时居住的地方，现在成为文化遗迹和国家公园。这里是美洲印第安人文明的象征，对于了解哥伦布发现美洲大陆前的北美印第安人生活极有价值，同时也

■ 美国纽约中央公园

是一处历史文化景观。

历史类的文化景观也是一个重要类型。奥地利的维也纳、意大利的佛罗伦萨、日本的京都、摩洛哥的卡萨布兰卡、丹麦的哥本哈根都是大家熟知的历史类文化景观。这些历史城市中，耸立于众多房屋之上，突出城市天际线中的建筑，一般都是公共建筑，不会因为某个企业或家族很富有，就任其占领历史类文化景观的“最高点”，这是历史性城市的传统。2005 年，维也纳历史城区建了一座高楼，当地居民认为破坏了历史文化景观，于是向世界遗产中心反映情况。在这个背景下，联合国教科文组织在维也纳召开了城市景观保护会议，这对文化景观而言是一次重要会议，我也前去参加了这次会议。城市居民不允许现代化建设破坏历史景观。任何一处历史文化景观中的山河、建筑，都有独特的文化背景和艺术追求，后来的建筑不能破坏原有的风貌，这要形成一种传统，也需要有相应的制度和规范。

我们国家有很多历史文化名城和历史资源丰富的地区，所以也有很多历史类文化景观。比如已经列入世界遗产的平遥古城，前文中介绍过的隋唐洛阳城，大家熟悉的大同古城、正定古城、鸡鸣驿古城等，也都是历史文化景观。

很多历史类文化景观中有着丰富的宗教遗存。宗教类文化景观也可“自成一派”。武当山古建筑群以整套关联完整、雄伟壮观的33处道教建筑群闻名于世，在1994年成为世界遗产。建筑单元借助峰峦、山坡、崖涧等自然风景衬托仙山琼阁，是结合了自然美与人文美的名山景观。较早进入《世界遗产名录》的敦煌莫高窟、拉萨布达拉宫、乐山大佛等，都有宗教类景观特色。《万里走单骑》节目后续要去的青城山－都江堰、登封“天地之中”历史建筑群，也都具有宗教文化景观的特色。

缅甸蒲甘佛教遗迹有“万塔之城”之称，是蒲甘王朝历代统治者笃信佛教、广建寺塔的历史见证。印度的莲花庙、耶路撒冷的哭墙、日本的浅草寺，无一不是世界知名的宗教文化景观。埃塞俄比亚的拉利贝拉岩石教堂修建于12世纪，是很有特色的基督教建筑群。11座单独的教堂不是自地面盖建，而是由数千名一流工匠用了30多年时间，在红色火山石灰岩中雕凿挖建而成，因此被称为“岩石教堂”。它的建成象征12—13世纪基督教文明在埃塞俄比亚的繁荣发展。教堂后来荒废湮没，直到1874年才被重新发现，有“非洲奇迹”之称。1978年列入《世界遗产名录》。

■ 埃塞俄比亚拉利贝拉岩石教堂

还有一类就是生产类的景观，这类景观曾是人们在生产过程中劳动的场所，今天成为遗产。景德镇制作瓷器的原材料取自高岭村，这个地方也是“高岭土”这一国际通用的黏土矿物的命名地。这里因记录了人们采矿制作陶瓷的历史，被列入全国重点文物保护单位。红河哈尼梯田已经成为世界遗产。在申报的过程中，我们对哈尼梯田的遗产价值有了更深刻认识。以往我们更多关注它作为乡土建筑群表现出的特殊地域性，后来又从文化景观角度认识到它作为一个农业生产系统而具有的价值。这种价值反映出人与自然环境之间可持续的交互方式，以及由此孕育的特殊社会、经济、宗教系统。桂林的龙脊梯田、杭州西湖龙井茶园、兴化垛田等，都成为大家旅游观光的选择。农业生产景观在过去并没有什么不同寻常，随着城市化进程的加速，对久居城市的人而言，农业场景反而很新鲜。

菲律宾吕宋岛北面伊富高省境内的巴纳韦水稻梯田在1992年列入《世界遗产名录》，是第一个进入世界遗产的梯田。这里遇到的保护困难与普洱景迈山古茶林文化景观是完全不一样的。因为景迈山普洱茶品质好，并且人们需求大，茶叶的生产价值使人们更重视保护工作。但稻田保护面临的情况却不同，种植稻田的收益有限，所以渐渐有人离开稻田去城市就业。年轻人开始不种稻田了，这不利于稻田遗产的活态保护。我去巴纳韦梯田考察了两次，它和哈尼梯田遇到了同样问题，就是有荒废的危险。所以我们也在想办法解决这个问题。很多与酒类、咖啡有关的生产类文化景观都已申报世界遗产，例如墨西哥龙舌兰种植区、葡萄牙的上杜罗葡萄酒产区等。但现在还没有一个与茶叶生产相关的文化景观申报世界遗产，所以景迈山的申报在这方面能填补世界遗产的空白。

■ 菲律宾巴纳韦梯田

还有一些生产景观是和各类活动有关。比如紫金山是天文观测活动场所，所以要对山体进行严格保护，更不能在划定区域内建设高楼大厦而影响观测；流淌了2500年的大运河沿岸有很多工程景观，如今也成为世界遗产；英国的铁桥峡谷、印度的阶梯井、瑞士的钟表生产工业城镇等是工业遗产。北京石景山的首钢老工业区曾经是钢铁生产的场所，后来首钢整体搬迁，现在已经停产。首钢园区熄火前，我写了两个全国政协提案，呼吁将首钢老工业区作为工业遗产整体保护。当时的全国政协主席贾庆林同志在我写的第二个政协提案上做了批示，希望在首钢熄火以后，这片区域不要搞一般的房地产开发，而应该保护起来。今天首钢已成为一个工业遗产公园，而且成为 2022 年冬奥会组委会的办公地。

遗址类的文化景观，在我们第一站良渚，关于考古遗址公园的论述中已经有了介绍。这里就不赘述了。

此外还有城市类文化景观、乡村类文化景观和生活类文化景观等。我各举一些例子。

红墙黄瓦的北京皇家宫殿、白墙灰瓦的苏州传统民居、开放包容的上海外滩建筑、中西合璧的青岛近代别墅……这些城市都有自己的特色，避免了“千城一面”。这其中，澳门历史城区也是独具特色的。这里是中国境内接触近代西方文化最早、最多、最重要的地方，保留了中国和葡萄牙风格的古老街道、住宅、宗教和公共建筑，见证了东西方美学、文化、建筑和技术影响力的交融。2005 年，澳门历史城区成功申报世界遗产。澳门市民对申遗成功十分自信和骄傲，他们事先准备好了 20 张明信片，在申报世界遗产成功当天寄往全国、全世界各地，上面写着“我们澳门是一座文化城市”，令人感动。我依然记得澳门申遗成功后，当时的特首何厚铧执意要亲自来北京领取世界遗产证书。我去机场接他的时候，他见到我的第一句话也说，“我们澳门是一座文化城市”，令我印象深刻，为之动容。

也是在 2005 年，美国规划协会将“城市规划杰出人物奖”颁给了我。这是美国规划协会100年来唯一一次给外国人颁奖。之后，我在博彩业城市拉斯维加斯进行了演讲。当时我讲，世界可能需要一个拉斯维加斯，但是不能把每个城市都建成拉斯维加斯。无论在中国还是在世界其他地方，我们都应该保护特有的城市文化景观，避免“千城一面”。

乡村类文化景观和生活类文化景观在普洱景迈山都有突出的表达，又与生产类和山水类文化景观有着密切的联系。

近年来，乡村类景观格外引起大家的注意，一些民族村寨、传统村落等都已经纳入保护范围，相对于过去我们更注重历史建筑、纪念性建筑、宗教寺庙建筑、宫殿建筑等的保护来说，这是一种理念进步。景迈山居民对于茶的依赖度是非常高的，茶是祖先传下来的，给我们今天的生活带来了无限的可持续发展的机会。人们对于茶的感情无比深厚，种茶的智慧和知识非常的丰富，对茶是发自内心的爱。这里申报世界遗产最重要的原因之一是人们离不开茶，所以尽管最开始没有进行建设规划，但是大家都遵守着一定的规则来进行村庄的建设，房屋的建设，不断积累智慧、不断予以完善。面对未来社会，我相信这里可能还会有变化，但是建筑的最基本的要素是不应该变的。为什么？因为这是千百年来适应了这里的气候环境，适合了当地的传统习俗，承载着人情而凝聚下来的蕴含智慧的建筑。屋顶是斜坡式，人们居住在二层，下面过去养牲畜。柱子为什么是圆的而不是方的？梯子为什么用木头建造？屋顶的装饰为什么与采茶活动相关？这些都是因地制宜的智慧，这些是不会改变的。

生活类的文化景观更加关注保护人们的习俗、保护人们的传

■ 晨光下的景迈山传统村寨

统、保护人们的文化空间。“文化空间”是非物质文化遗产保护中的重要概念，我们强调人的生活在“文化空间”中的重要作用。传统村寨都存在一个中心，或者叫“寨心”，这就是文化空间。在生活类文化景观中，我们能体验到彝族的民情、哈尼族的耕作技术、傣族的泼水节等。鼓浪屿琴声犹在，我很期待景迈山申报世界遗产成功以后，这里的生活不被打扰。过去，景迈山没有电话、没有电灯，也没有电视，这些在今天的景迈山都存在了。说明我们的文化遗产保护没有影响生活的进步。要获得更幸福的生活，变化是必然的，但是在变化中要尊重我们以前的智慧和规律。乡规民约是大家共同追求的体现，也是变化中的智慧与规律的体现。

走在茶林中，我非常感慨，两侧是高大的茶树，茶林底下是灌木。在景迈山的篝火晚会，我做着弯腰除草、弯腰炒茶、跪下揉茶的三个动作，体验着各民族和谐共创的景迈山古茶林文化景观，内心十分感动。民族团结的力量是我们将景迈山古茶林文化景观申报世界遗产、作为世界遗产来守护的最重要基础。

景迈山古茶林文化景观是复合型的，它包括物质的、非物质的，动态的、静态的，可移动的、不可移动的景观，所以我们对于它的保护也是立体的、综合的、多层次的保护。这就是为什么我们会组织一套很复杂的申报世界遗产的文本，为什么会反复讨论下一步的行动规划。

还是那句话，只要我们工作做到了，申报世界遗产的路自然就平坦了。

5

2021年 01月 18日

2021年 01月 19日

万里走单骑

老单日记

第五站

杭州西湖文化景观

遗产地档案

遗产名称	杭州西湖文化景观
遗产位置	浙江省杭州市
列入世遗时间	2011年
遗产种类	文化遗产
遗产地边界范围	遗产申报区范围：4235.76公顷 缓冲区面积：6357.43公顷

如今看不到任何一座建筑物
侵入到『三面云山一面城』
的城市空间格局中。

“题名景观”中的世界遗产

时间：2021 年 1 月 18 日上午

地点：西湖手摇船

“布鞋男团”一路跋山涉水，一路用脚步丈量“遗产里的中国”，从实证了中华五千多年文明史的杭州良渚，到中西方文化交融共生的厦门鼓浪屿；从聚族而居的福建土楼，到拥有千年万亩古茶林的普洱景迈山。2021 年的第一次拍摄，“布鞋男团”又来到杭州，从传承五千年的历史源头驶入了被誉为“中国山水美学典范”的千年西湖。

西湖本是先秦至两汉时期形成的潟湖。从唐代开始，人们对西湖进行了多次疏浚治理，使其一直保存下来，其中最为著名的两处疏浚工程景观就是白居易组织修建的“白堤”和苏东坡组织修建的“苏堤”。

西湖景观由西湖水域和湖西群山共同构成。自 9 世纪以来，吸引无数文人骚客、艺术大师的咏叹与挥毫，积累了上百处各类历史文化古迹，成为承载中国山水美学思想的重要文化景观。景区内遍布的亭台庙宇、园林宝塔，掩映于奇花异木、岸堤岛屿的湖光山色中，对中国其他地区乃至日本、韩国的园林设计都产生了重要影响。

西湖景观的精华部分被称为“西湖十景”，属于中国原创的景观设计类型——“题名景观”。

中国的“题名景观”已有千余年的悠久历史，是由中国山水画和山水诗艺术扩展而来的景观设计形式。往往先由画家凭借个人对

■ 白堤

自然山水特别是风景名胜的审美感受和精神寄托，创作出具有特定意境的框景式作品；再由诗人根据画作的观赏特性，提出一个由四个字组成的诗意名称即“四字景目”；随后，广大的观赏者将其对应到画作所表现的山水场景，形成一个景观单元。同时，受当时（宋代）文学风格的影响，“题名景观”往往由 8 个或 10 个一组的“四字景目”景观单元组成，形成具有内在关联的“八景”或“十景”系列。

我和飞行嘉宾苏青跟随世遗向导原浙江文物局副局长陈文锦老师登上手摇船，在船上寻找“西湖十景”，体会古人泛舟西湖的意趣。

西湖是与长城、故宫、颐和园、苏州园林齐名的景区，曾经是国家领导人在北京以外接待外宾最多的地方。从 1987 年中国拥有第一批世界遗产起，西湖就一直在申报世界遗产的预备清单中。但是

■ 乘坐手摇船

此后黄山作为文化与自然双重遗产、武当山古建筑群作为文化遗产、庐山国家公园作为文化遗产陆续进入《世界遗产名录》，西湖的申遗工作却迟迟没有实质性进展。其中一个重要原因是对西湖遗产的核心价值缺乏具体、深入和有专业说服力的论述。

在很多专家老师的共同努力下，西湖遗产的核心价值才逐步得到清晰而全面的认识。国家文物局的郭旃教授为西湖申遗做了大量工作，还帮助邀请国际古迹遗址理事会专家到西湖实地考察体验，提供阐释思路的建议。这次与我们同行的陈文锦老师曾任杭州市旅游局副局长、浙江省文物局副局长，在申遗期间担任专家组组长。为了给西湖的历史文化底蕴提供一个整体的认识框架，他撰写了《发现西湖：论西湖的世界遗产价值》一书，深刻阐释了为什么西湖要作为文化景观申报世界遗产。中国建筑设计研究院陈同滨老师的团队全身心投入，历经三年时间编制出了西湖申遗文本。有专家评价说，西湖申遗文本是中国所有申遗文本中做得最好的一个。

最终，西湖作为中国首次主动以文化景观类型申报的项目，成功地于 2011 年被列入《世界遗产名录》。

西湖的突出普遍价值由六大景观要素承载，包括自然山水、“三面云山一面城”的城湖空间特征、“两堤三岛”的景观格局、“西湖十景”、西湖文化史迹（雷峰塔遗址、六和塔、净慈寺、灵隐寺等）、西湖特色植物。六大景观要素的概念，第一次从物质层面上说清楚了西湖景观的构成，西湖本身是山水，也是基于山水物质基础上的文化。它是把实体和文化意象结合，精神和物质统一，基于人心灵的物质景观。

我们在船上寻找“西湖十景”，看到了三潭印月。相传“三潭”是北宋时期西湖中心附近最深的水域。苏轼在这附近修三塔为标志，为了防止湖泥淤积，还禁止种植水生植物等。这三座石塔在南宋时就已经成为最早的“三潭印月”景观。明朝万历年间曾修缮小瀛洲，并仿旧迹造小石塔三座，仍称“三潭”。后经清朝康熙皇帝钦定“三潭印月”，并刻碑建亭，成为十景之一，并在清朝几经修缮、建设。1949 年以来，对三潭印月景观进行多次修缮。主要围绕石塔保护、整治岛上建筑、修复历史环境等方面进行保护工作。“三潭印月”一直是西湖热门景点，从前过于商业化。借助申遗期间的环境整治工作，在浙江省古建筑设计研究院的筹划和设计下，三潭印月码头从六个缩减为四个，情况得到了缓解。

我们经过三潭印月的时候是白天。泛舟览胜，虽无明月，也别有意趣。苏青拿出了第五套人民币 1 元纸币进行比照，其背后的景观就是三潭印月。世界各国货币上呈现的风景名胜都是本国最具代表性的风光，人民币也是如此，而且人民币背面选印的大部分景观都已经列入《世界遗产名录》。例如 20 元人民币背面的桂林山水景观是世界自然遗产，5 元人民币背面的泰山是世界上第一个文化与自然双重遗产，50 元人民币背面的布达拉宫也是世界文化遗产。100 元人民币背面的人民大会堂是我们中华人民共和国的文化创造，是北京中轴线申报世界遗产的一部分，未来也一定会成为世界遗产。

雷峰夕照，还湖于民

时间：2021 年 1 月 18 日下午
地点：雷峰夕照

“布鞋男团”的“西湖十景”体验还在继续。

春看苏堤春晓，夏看曲院风荷，秋看平湖秋月，冬看断桥残雪；近观花港观鱼，远观双峰插云，近听柳浪闻莺，远听南屏晚钟。夕阳西下，雷峰夕照；中秋晚上，三潭印月。“西湖十景”涉及了春夏秋冬、晨晌昏夜、晴雾风雪、花鸟虫鱼，又包含着堤岛桥塔、园林庙宇、亭台楼阁等极为丰富的景观元素，是留存至今的“题名景观”中，时代最早、数量最多、内容最丰富、文化意境最深厚、保

■ 雷峰夕照（孙小明摄）

存最集中、最完整，影响也十分广泛的杰出代表作，构成了西湖文化景观重要的景观审美要素和文化内涵。

雷峰塔位于西湖风景区南岸夕照山的雷峰上，与宝石山上的另一名塔保俶塔遥相呼应。“雷峰如老衲，保俶如美人”，呈现“一湖映双塔，南北相对峙”的美景。夕阳西下、塔影横空，十景之一的“雷峰夕照”便是如此。

雷峰塔建于五代十国末期，明代被烧毁，但其残存塔身也自有苍凉之美。到了清末民初，因内部塔芯常被人盗挖取砖，雷峰塔于中华民国十三年（1924 年）倒塌。

雷峰塔与苏州虎丘塔同为唐、宋过渡期间八角形楼阁式砖塔的重要实例，具有重要价值。20 世纪末，文物部门对雷峰塔进行了考

■ 雷峰塔：新塔保护老塔遗址

古发掘。雷峰塔塔基、底层塔身是五代吴越国后期典型的套筒式回廊结构，至今保存完好。雷峰塔地宫是唯一科学发掘的五代时期佛塔地宫，出土器物体现了吴越国金银器、玉器、铜器制作的较高工艺水平，为研究五代时期佛塔形制、地宫构造，了解吴越国历史和宗教提供了宝贵的第一手资料。

现在的雷峰塔是 2002 年复建的，还曾引起过很大争议，曾是一个热门话题。当时杭州市想把这些考古发现展示出来，设计重修雷峰塔，但是没有得到国家文物局的批准。因为根据文物保护的有关原则，已经消失的文物不要复建。

我恰好是 2002 年到国家文物局工作的。当时同事跟我说，杭州市政府没有经过批准就建了一座塔，争议很大。如何面对这个问题，是个麻烦。但是我了解到，新建的塔没有一根柱子插到遗址里面，所以我认为这并没有违反规定，没有破坏遗址。有关规定说，在遗址、遗迹所在地不能重建已经消失的文物，但是可以建一个保护设施，进行遗址保护。保护设施可以是任何形状，塔形当然也是可以的。

新塔没有破坏遗址，不仅起到了保护作用，还可以让人们参观到老塔的遗迹，这就是我赞成这次建设的原因。文物古迹要在现实生活中“活起来”，重新用土埋起来或者建一个保护设施隔离起来，并不是好的保护。新塔按照唐代建筑尺寸和历史图片进行轮廓设计，保持了塔影的历史形象，再现了西湖景观的历史特征。现在人们可以进入雷峰塔参观遗址，还可以登上阁楼观看整个西湖的景色，在一定程度上让“雷峰夕照”景观“活”了起来。

雷峰塔还给民众一个完整的“西湖十景”，所以申遗时老百姓也积极支持、参与还湖于民。这种做法在申遗过程中得到了专家们的赞扬，成为中国文化遗产保护的成功范例。

“文献集成”与“走向世界”

时间：2021 年 1 月 18 日下午
地点：平湖秋月

“西湖十景”是由“康熙钦定、乾隆题词”而来。康熙、乾隆虽为满族人，但均喜爱汉文化。仅故宫博物院就藏有乾隆 1.7 万多首诗，后来又在库房发现2.8万首，这说明乾隆一生至少写了4万多首诗。

从古至今，下至文人雅士，上至帝王将相，无不流连于西湖风景，留下的诗词、碑文、画作、传说等不胜枚举。上午黄觉和小马发动群众帮忙回忆苏轼、白居易两位文豪的西湖诗词，很快就完成了任务，可见苏、白二人的词句家喻户晓、深入人心。

白居易创作了西湖诗词二百余首，是历代写西湖诗最多的诗人。他的“欲将此意凭回棹，报与西湖风月知”（《杭州回舫》）是目前所知最早提出“西湖”之名的文字记载。“未能抛得杭州去，一半勾留是此湖”（《春题湖上》）、“最爱湖东行不足，绿杨阴里白沙堤”（《钱塘湖春行》）都是描写西湖的名句。

记录西湖的文字究竟有多少呢？节目中展示了一个大箱子，里面装有《西湖文献集成》30卷，这套文献集成收录了约1800万文字，据说这还只是西湖文献的“大部分”内容。后来这套集成又出版了续辑，这些历史文献和图形资料完整地传承和延续了西湖文化景观在精神层面的影响力。

与世界上以自然景观著称的景点相比，西湖人文景观最丰富；与世界上以人文景观著称的景点相比，西湖自然景观最多。西湖景观秉承“寄情山水”“天人合一”的中国山水美学理论，展现了东方景观设计自13世纪以来讲求“诗情画意”的艺术风格，反映了中国文明独特的景观审美传统。

如何让外国人读懂这“无声诗、有声画”？这是向世界讲好西湖故事、杭州故事、中国故事的一个难题。例如既没有断裂也没有积雪，如何理解“断桥残雪”这个意象？这其中涉及很多东方传统文化理念。

为此，在申遗过程中，杭州针对东西方专家编制了不同的解说方案；在申报文本的翻译方面，也颇下功夫。西湖申遗现场审议只用了 15 分钟，由一位专家宣读评估报告，16 个国家代表依次发言。每一位代表都表示，西湖是一处非常美丽的遗产，并表示祝贺中国、祝贺杭州、祝贺西湖。

西湖的申遗成功，使得西方社会更加关注杭州西湖，越来越多的外国人来到西湖并试着更深入理解西湖的文化内涵。西湖也在积极走向世界。2008 年，国家文物局、杭州市政府共同主办了“世界遗产保护·杭州论坛暨 2008 国际古迹遗址理事会亚太地区会议”，让与会专家零距离地领略杭州西湖作为中国传统美学典范的魅力。杭州还曾先后 16 次代表中国参加“亚洲世界遗产保护国际规范与地方实践大会”等国际国内高规格会议论坛，不断输出世遗保护的“杭州做法”以及西湖的山水美学。

第一天的拍摄很愉快地结束了。此前在选择西湖作为遗产之旅中的一站时，我还曾有过担心，不知道“布鞋男团”的成员们能不能理解作为世界遗产“文化景观”的西湖和大家眼中最熟悉的那个“风景西湖”的区别。好在大家已经有了一双善于发现世界遗产价值的眼睛，似乎渐渐找到了世界遗产地西湖的内涵。

但说到讲好西湖故事，我又开始担心。第二天的守望行动中，每个人要选择一个最打动自己的地方，向大家展示多面西湖。这对于“布鞋男团”还有难度，第二天大家还要进一步体验“风景西湖”和“人文西湖”。

传统文化精英的“精神家园”

时间：2021 年 1 月 19 日上午

地点：孤山

春桃、夏荷、秋桂、冬梅，四时花卉、特色植物既是西湖名片，也是西湖文化景观的价值要素之一。冬季赏梅的好去处自然是孤山林逋墓。

林逋（967—1028 年）是北宋时期的诗人，字君复，后人称为“和靖先生”。林逋出生于钱塘（今杭州）儒学世家，恬淡好古，早年曾游历于江淮等地，后隐居于西湖孤山，终身不仕，未娶妻，与梅花、仙鹤做伴，称为“梅妻鹤子”。死后葬于孤山。

林逋归隐期间，在房前屋后栽种了三百多株梅花树。春收梅子储以陶罐，一罐梅子一铜钱，用于自给自足。到了冬天，梅花盛开，白雪飞扬，梅香四溢，红梅、白鹤、一童子、一诗人，十足的世外超然隐士生活。

林逋经常泛舟西湖，与梅尧臣、范仲淹等友人游赏于山水之间。苏东坡在杭州时，也多与友人在西湖上饮酒、赋诗。西湖成为文人、士大夫忘情山水、和诗交友、灵感创作的源泉，更是其实现精神自由的理想空间，并最终衍生出西湖的隐逸文化。

西湖隐逸文化在世界上影响深远。虽然林逋在很多中国人眼里不属于耳熟能详的“著名诗人”，但他对于东南亚地区甚至整个世界的影响都很大。宋朝咏梅风气大盛，林逋吟咏梅花属早期，对日本五山文学产生了极大影响。林逋的诗不仅被日本文人辑成诗集，其

■ 西湖冬梅

散文《省心录》等亦有刊刻，现在可查的日本林逋诗集最早刊刻于日本江户时期（贞享三年，即清康熙二十五年，1686 年），其后亦有刊刻本。

所谓“访梅”，其实只是寻求意境而已。虽然这时候正是冬日，但我们并未对“白雪红梅”的景象抱有太大期待，不料却在路过荷花区时偶遇了此行的最美瞬间。每年 1 到 3 月，是荷花的休眠期，这个时节西湖景区的工作人员要抓紧时间进行荷区维护。我们遇到的是正在劳作的西湖养荷人陈来弟和他的同事们。

西湖水域共有 24 块荷区，面积约 10 公顷。每一块荷区的外围都有一圈围网，被一段段竹桩固定着，这些“保护网”是为了防止草食性鱼类进入荷区，对荷花的生长起了关键性的作用。经过一年的风吹日晒雨淋，“保护网”会老化，需要“养荷人”们在冬天刺骨的湖水中换套桩和修复竹箔。陈来弟师傅 17 岁就开始在这里工作，

■ 偶遇养荷人

现在带着徒弟维护荷区，这也是一种传承。正是他们的辛勤劳作，保证了曲院风荷的景观。黄觉很受感动，建议拍一张最美养荷人的劳动照片，定格这一瞬间。

孤山一行与四时花卉的荷花、梅花都有交集，大家兴致盎然。但很多特色植物不在时令，只能通过照片欣赏。孙小明老师是专门为西湖申遗文本拍照的摄影师，他的拍照角度或许对布鞋男团从摄影师角度体验西湖、准备守望行动有所帮助。于是我们前往西泠印社，那里展示着孙小明老师拍摄的“西湖十景”等摄影作品。

守望行动：泛舟西湖

时间：2021年1月19日下午
地点：西泠印社、西湖游船

西泠印社建于清光绪三十年（1904年），杭州金石家丁仁、王禔、吴隐、叶铭发起并聚资买地，营建印社。1911—1925年，西泠印社多次扩建，规模不断扩大。1933—1949年，受战争冲击，社务活动停止长达十多年。抗日战胜利后，西泠印社逐渐恢复活动，并予以重修。

作为中国最著名的金石篆刻研究社团，西泠印社精英云集。创立之初四位创始人都不做社长，直到聘请到吴昌硕先生成为首任社长。此后马衡、张宗祥、沙孟海、赵朴初、启功、饶宗颐等泰斗级大家均曾担任社长。2018年饶宗颐先生离世，社长之位空缺至今。大家骄傲地表示，“社长空缺是常态”。因为印社是高水准的象征，自然只有德高望重之人才可胜任社长。

马衡先生是西泠印社第二任社长，也是故宫博物院第二任院长。他担任故宫博物院院长时是在抗战时期。抗战爆发后故宫文物先被迁到南京，南京大屠杀之前这些文物又离开南京，分批运往西南地区，这就是故宫文物的西迁。经过三条线路，故宫的文物被运到了大后方。但是在后方其实也不安全，敌机轰炸、土匪抢劫、自然灾害都在威胁着文物的安全。1945年日寇投降，1947年把各地的文物汇集到重庆装船，1947年年底文物运回南京。运到南京后进行文物清理时发现，从北京运出的13427箱又64包文物及档案，一箱

■ 西泠印社

都没有少。这是第二次世界大战中人类保护遗产的最突出、最壮烈的事件。这个过程一直由马衡院长领导。马衡先生对保护故宫文物做出了非常重要的贡献，对我们“故宫人”的影响很深远。

西泠印社的历任社长中，赵朴初先生、启功先生、饶宗颐先生对我都有过指导。

与赵朴初先生的一段交往令我记忆犹新。我曾在北京房山区任区委书记。房山区云居寺是第一批全国重点文物保护单位之一。20世纪50年代，在云居寺的南塔下面出土了辽金时期的佛经库，藏有10082块经版，是一个很重要的考古发现。但发掘四十多年后，这些经版开始风化，如何进行保护，是一个难题。是不是应该再埋回去呢？为此我们去拜访了赵朴初先生。

当时先生身体不好，正在住院，听到这件事情非常激动，还给我们讲起了刻经的来龙去脉。历史上曾发生“三武灭佛”事件，当时经书被烧毁，僧侣被遣散。为了让佛经得以传承，云居寺僧人静琬把佛经刻在石板上、埋入地下，才有了今天的文物遗存。

“此经为未来佛法难时，拟充经本，世若有经，愿勿辄开。”这是静琬和尚在刻第一块经版时的记录。遵照这句话，如今世上经书尚存，经版的妥善保存是第一要务，应该按照最初的想法埋回去。赵朴初先生是中国佛教学会的会长，他的意见很重要。我得到先生的支持十分高兴，以为工作可以顺利进行，却受到一些专家反对，因为经版不能示人是一个遗憾。最终，我们采用氮气室解决了这些经版的收藏问题，也实现了赵朴初先生希望妥善保存经版的愿望。

启功先生是文物鉴定大家，担任过国家文物鉴定委员会主任。很多文物，特别是国家要收藏的重要书画类文物，我们都请启功先生来鉴定，也常常向启功先生请教问题。

还未来得及回忆更多与饶宗颐先生的交往，我们已进入西泠印社，遇到了孙小明老师。他给我们讲解了如何选择拍照角度诠释西湖十景。比如拍摄西湖全景，需要展示出“三面云山一面城”的城市空间结构，同时要把西湖十景都包含在内。拍摄南屏晚钟则要延续人文特色，邀请一位和尚敲钟，拍摄静景。拍摄柳浪闻莺要选择春天柳树刚刚发芽时，拍摄微风吹来、柳枝飘起的动景等。拍摄申遗文本照片需要等待时机，季节、气象、时辰、光线都是重要的影响因素。

孙小明老师在被邀请拍摄申遗文本照片之后，在三年内拍摄了几万张照片，最终选用了西湖十景和西湖全景的照片。遗产大会上

■ 苏堤春晓（孙小明摄）

决定西湖申遗成功的敲锤瞬间，背后展示的照片正是孙小明老师拍摄的苏堤春晓。

经过两天的游览，“布鞋男团”已经体会到了充满山水美学和人文内涵的西湖文化景观。守望行动自然也十分成功。我的选择是在西湖画舫中讲述西湖故事。

《万里走单骑》“布鞋男团”从良渚古城遗址、鼓浪屿，再到福建土楼、景迈山古茶林一路走来，我们的目的就是要传播世界文化遗产保护的意义，让更多的人了解世界遗产。今天我们来到杭州西湖，这是中国55处世界遗产中唯一一处湖泊类的文化景观遗产。“布鞋男团”中每个人都多次来过西湖，对西湖有一些认识，但是今天以世界遗产的眼光来重新审视、重新学习，我们收获了很多感动。

首先，感动于先贤，包括白居易、苏东坡，他们主政杭州的时候，为杭州的可持续的发展注入了很多文化情怀。比如苏堤、白堤不仅是文化景观的营造，而且是一项水利工程以及道路建设，它们今天仍在惠及我们的城市。

第二，感动于历代的文人。唐宋以来的学者、诗人、画家发现了西湖的美，并用大量的诗歌、画作等来歌颂西湖景观。今天重新审视西湖十景，我们感受到景色是有温度的，文人墨客倾注的情怀今天仍然是我们创造的源泉。

第三，感动于城市的决策者。22年前，杭州的决策者做出了一个大胆的决定——西湖文化景观申报世界遗产。当时我们很担心，因为杭州是一个蓬勃发展的大城市，千万人生活的区域。在杭州城市中心的广大区域范围申报世界遗产，这在世界上是没有先例的。而且杭州的地价、房价十分可观，谁不想在西湖的周边建一个项目一本万利呢？今天大家无论是荡舟西湖还是漫步苏堤、白堤，都看不到任何一种侵入到西湖“三面云山一面城”里的新建筑，这是世界保护文化遗产的奇迹。杭州成功了，西湖成了世界遗产。但是杭州的经济社会发展没有因为西湖申报世界遗产而受影响，从西湖申报世界遗产开始，杭州就坚定不移地从西湖时代走向了钱塘江时代，在钱塘江两侧建设了气势磅礴的杭州新城。G20会议的时候，杭州美丽的照片传遍了世界，这就是我们文化遗产保护的力量，也是文化遗产保护所创造的奇迹。杭州真正实现了梁思成先生当年的主张：一座历史性城市要保护老城、建设新城，两者相映生辉。

第四，感动于杭州市民和亿万民众对西湖的关爱。西湖成功申报世界遗产之后，第一个举措不是开旅游发展大会，而是为西湖世界文化遗产监测管理中心挂牌，这表明了后申遗时代对于西湖持续保护、发展的决心。没有一个城市这么多的文化设施是免费开放的，没有一个城市到处安装无障碍设施，西湖对世界遗产的持续保护充满了人文关怀。西湖游船有限公司为我们的守望行动提供了场所，这是G20会议期间各国元首乘坐的船。今天西湖游船公司把它交给了大众，谁都可以乘坐这个船，这就是文化情怀。

我们感动于所接触到的民众、单位对于世界遗产保护的支持，所以我们完全有理由相信西湖之后的千年会更美好，我们也希望大家能够通过宣传，让亿万民众、让更多的年轻人能够来到西湖文化景观感受保护世界遗产的意义。

世遗课堂：通过世界遗产走向世界的窗口城市

前面的行程日记中，“布鞋男团”已经带观众们体验了西湖文化景观的内涵。

10 多年前，杭州没有一处世界遗产，如今已经有 3 处世界遗产：西湖文化景观、大运河、良渚古城遗址。可以说，杭州从“功能城市”走向了“文化城市”，更进一步走向了“世界遗产”城市，成为展示中国文化和中国形象的“重要窗口”。

2011 年巴黎时间 6 月 24 日下午 5 点 55 分，第 35 届世界遗产委员会大会执行主席戴维森·赫本敲响了手中的小锤。这一锤代表“杭州西湖文化景观”入选世界遗产。西湖申报世界遗产的历程十分艰巨，过程也很感人。前面已经提到过，西湖在 1987 年就已列入申报的预备清单。在 20 世纪八九十年代，关于西湖申遗还是有种种争论：一个毗邻城市的湖泊，只有 6 平方公里左右的面积，最高峰天竺山的海拔也不过 400 多米，没有奇特的石景，没有特殊的生物群落，没有珍稀动植物，没有什么可称为独步天下的东西，又怎么成为文化遗产？

自 2002 年开始，杭州就实行了“西湖免费开放”。西湖是中国第一家也是迄今为止唯一一家不收门票 5A 级景区。因此西湖在还没有成为世界遗产之前，就已经成为世界人民的大公园。“免费西湖”刚提出来的时候可谓石破天惊，很多人都不理解，花了大力气

整治保护的西湖怎么就不收费了。西湖的免费开放，不仅使普通百姓和中外游客成为西湖保护的受益者，至今还在持续带来了无法衡量的经济效益、社会效益，让杭州这一特色创新旅游模式得到国内外的高度认可。2003 年以后，杭州还在全国率先对博物馆、纪念馆、科技馆等公益性场馆实行免费开放，并出台优惠政策，开展青少年学生“第二课堂”活动，让青少年学生走进博物馆、纪念馆。

杭州曾一度超过北京、上海，成为房价最高的城市，大家都想在西湖边开发项目，但是杭州严格保护土地资源，绝对不搞经营性出让，禁止设立与风景名胜资源保护无关的其他建筑物。2007 年，西湖边高达 67 米的浙大湖滨校区教学主楼被爆破，成了整修的标志性事件。这幢还很新的建筑被拆，原因之一正是因为影响了西湖景观。为了申遗，杭州拆除了西湖周边 50 多万平方米有碍观瞻的违章建筑，搬迁了 2000 多户居民，减少常住人口 7000 余人，恢复 1800 多处自然景观。如今看不见一座建筑物侵入到“三面云山一面城”

■“三面云山一面城”的城湖空间特征

的城市空间格局中。杭州在申遗中，保护了美丽的西湖，坚守住了西湖景观的风貌。当然，这也是全体市民的共同意志体现。

这些努力保护了文化景观遗产，使得杭州“文化古都”的身份愈发彰显，也没有影响到杭州市的经济和社会发展。按照“保老城、建新城”的理念和“两疏散、三集中”的思路，杭州市把保护的重点放在老城区，把建设的重点放在新城区，“跳出老城、建设新城”，在钱塘江两岸规划建设了新的城市。不仅使老城区和西湖文化景观遗产得到了更好保护，而且有力地推动了城市沿江跨江发展。

在杭州西湖文化景观成功列入《世界遗产名录》后，人们更加关注西湖未来的可持续保护与发展。杭州市立即提出了“还湖于民”目标不改变，门票不涨价，博物馆不收费，土地不出让，文物不破坏，公共资源不侵占的“六个不”要求。后来又提出了推进高质量发展的“五个坚持”原则。

成为世界遗产后，杭州市做的第一件事不是大搞旅游开发，而是设立了杭州西湖世界文化遗产监测管理中心。通过全面、持续和科学的监测，及时掌握西湖文化景观以及区域内各类文化遗产的发展变化，实现信息化、精细化、智能化管理，实现世界一流水平的世界文化遗产监测，在国内外产生了很好的影响。这为今后我国世界文化遗产的申报与管理树立了新的标准和典范，用实际行动宣示中国政府保护世界文化遗产的正确理念和坚定决心，也将有力地促进西湖文化遗产保护和地方经济社会的可持续发展。

2020 年“五一”假期首日，虽然受到疫情影响，但西湖景区各公园共迎来中外游客、市民 18.37 万人次，所占比例是游客最大承载量的 22.5%。这样的承载量，似乎又会是一番“人山人海”，但游客的体验却很满意。不仅可以提前预约，而且还有“错峰游览”小程序的引导。游客可以通过这个小程序，看到包括断桥、花港观鱼等西湖 13 个景点的实时客流量。绿点表示畅通，可以前往；红点表示拥堵，不建议去凑热闹。5 月 1 日一天，这个出行“神器”显示西湖景区无景点拥堵，全绿。以断桥景区为例，以人流量占景区最大承载量比例为监测依据，在这一数据达到 15%、18%、21% 时启动不同管控措施。如果桥面瞬时游客量接近或达到最大承载量的 30%，断桥入口则会临时封闭，引导游客前往北山街和圣塘景区。

没有围栏、不收门票的西湖景区，采用电子围栏技术，实时进行人流量监测，再根据人流情况，对景点客流进行管控疏导。这就是“杭州经验”和“西湖经验”的真实写照。

西湖的遗产保护工作在国内外产生了很好的影响。在西湖申遗的历程中和申遗之后的保护、传承工作中，我们也在不断向国际专家讲述西湖故事，争取他们的专业意见和支持。

2004 年 7 月，第 28 届世界遗产委员会大会在苏州举办。那时西湖的申遗工作还处于摸索阶段。世界遗产大会会后，郭旃老师邀请了国际古迹遗址理事会协调员尤嘎·尤基莱托先生到浙江考察西湖和海上丝绸之路的申遗项目。

尤嘎·尤基莱托先生是一位国际知名的资深世界遗产专家，此前曾先后三次来过中国，为武夷山、苏州园林等备选遗产地撰写正式推荐报告，均获高票通过。来之前他并不看好西湖申遗的优势，他说："像西湖这样风景优美的湖泊，在我的祖国芬兰，就有上千个。"

令我们开心的是，考察以后，他完全改变了对西湖的认识，说西湖不仅是风景优美，而且体现了人、自然、文化三者完美的结合，完全可以申报世界遗产。他还为我们"支招"说：现在世界上有七百多处世界遗产，中国有三十处。拟申报单位应尽量避免和已有的遗产在类型上、价值评估上重复，才能加快进程。这也是申遗的一个技巧问题。具体到西湖文本的编制，他认为一定要找到有说服力的例证，即使放在附件中，也要向世界证明西湖对于历史、对于周边地区、对于世界的影响，说明遗产的历史、文化、哲学价值。这些建议从国际视角和专家视角，为我们讲好西湖故事提供了宝贵建议。

另一位支持杭州、支持西湖的国际专家是联合国教科文组织驻华代表处代表欧敏行女士。欧敏行女士多次关注《万里走单骑》的节目动态，还积极争取到联合国教科文组织驻华代表处对节目的发文支持，并担任了西湖这一站的嘉宾。欧敏行女士对西湖有特殊的情感，每次来杭州，只要有时间就会坐船游西湖。她很关注残障设施安置问题，强调世界遗产要对伤残人士做好服务；而且注重世界

■ 欧敏行女士

遗产的惠民性，让市民可以近距离接触。通过这次节目，她认为西湖在这两方面都起到了良好的表率作用。

这是联合国教科文组织第一次参与一个节目，也是第一次发文支持一个节目。我们深感荣幸，更坚定了扩大世界遗产影响力的信心。

2019 年，意大利是和中国并列世界遗产数量最多的国家。2019 年 3 月，杭州西湖和意大利维罗纳古城签署了关于两地世界遗产推广和共享的友好协议。计划以高层互访、文化交流和旅游互动等形式，推动杭州和维罗纳在世界遗产保护方面的互学互鉴和文化、旅游等领域的合作交流。

杭州与维罗纳都是浪漫的“爱情之都”。据说莎士比亚笔下罗密欧与朱丽叶的经典爱情故事就发生在维罗纳。至今维罗纳依然保存着多处与这一段爱情故事有关的史迹。在卡佩罗街的朱丽叶故居，有一尊朱丽叶的青铜塑像亭亭玉立，似乎仍在期盼罗密欧的翩翩来临。而在中国，梁山伯与祝英台为爱化蝶的故事被誉为“东方版的罗密欧与朱丽叶”，他们的故事正是发生在杭州。相传，梁祝二人正是在西湖边的万松书院同窗共读时相知相爱。为此，杭州开通了 1314 路“中意巴士 ”公交专线，贯穿杭州城，游经著名的爱情打卡地，被誉为最“甜”公交。新冠疫情期间，杭州公交集团还推出了一辆身披“加油”战衣的1314路“中意巴士”抗疫专列，为意大利摇旗击鼓、加油打气。车身上的加油口号选用了意大利著名歌剧《图兰朵》中的一句歌词——“消失吧，黑夜！黎明时我们将获胜！”令人动容。

世界遗产保护工作让杭州的发展越来越好，这体现了先进的遗产保护意识和发展理念。2022年，杭州将举办第19届亚洲运动会，杭州的经验和故事也将通过这样的盛会走向世界。

6

2021年 02月 21日

2021年 02月 22日

万里走单骑

老单日记

第六站

青城山—都江堰

遗产地档案

遗产名称	青城山—都江堰
遗产位置	四川省都江堰市
列入世遗时间	2000 年
遗产种类	文化遗产
遗产地边界范围	遗产申报区范围：17891 公顷 缓冲区面积：36858 公顷

岁修防患、道法自然，
这是维持都江堰
千年活态的
古老智慧。

泽被千年的伟大工程

时间：2021 年 2 月 21 日上午
地点：川西林盘、南桥

《万里走单骑》的第一站，我们曾到长江下游探访了中国现存最早的大型水利工程——良渚水利工程。而这一站，“布鞋男团”溯流而上，来到长江上游“因堰而兴”的千年古城。这里满城水色半城山，拥有全世界至今为止存留年代最久的宏大水利工程——都江堰，也拥有着中国道教的发源地——青城山。它们在 2000 年共同列入《世界遗产名录》。

“布鞋男团”在川西林盘集结出发，开启青城山 – 都江堰的世界遗产之旅。川西林盘是成都平原在长期的历史积淀中，基于川西传统农耕文明而形成的独树一帜的居住形态。它承载着成都平原的古蜀文明、农耕文明历史，也助力成都打造世界生态田园城市的未来。成都周围有成百上千个林盘，集生产、生活、景观于一体。在观景台上，我们一起感受了“天府之国”的沃野千里。

为什么选择川西林盘作为探访青城山 – 都江堰的起始点呢？川西平原位于四川盆地西部，又称成都平原、盆西平原。这里土壤肥沃、易于耕作。川西林盘处于都江堰核心灌区之中，直接受益于都江堰水利工程。可以说，都江堰的修建是成都平原“天府之国”稻作文明产生的重要历史动因，形成了成都平原广阔的灌区，推动了成都平原发展与繁荣。

大家都知道都江堰水利工程至今仍发挥着水利控制、调节和输

川西林盘

水作用。世界古老的著名水利工程中，古巴比伦王国建于幼发拉底河上的纳尔－汉谟拉比渠和古罗马的人工渠道都早已荒废，只有都江堰独步千古，永续利用，长盛不衰。据了解，都江堰水利工程控灌 7 市 37 个县（市、区），灌溉面积超 1000 万亩，并为灌区 2000 多万人口生活用水和城市生态环境用水提供保障。

自公元前 256 年至今，都江堰历经两千多年沧桑而不衰，一直都在发挥着愈来愈大的效益。这就意味着，它是一处“活态遗产”，至今仍保持着原初使用功能。很多人往往以为，世界遗产是被封存的遗迹，就像是被束之高阁、供人瞻仰的珍贵古画一样。其实这是一种想当然的看法，实际上很多世界遗产都不是停留在历史长河的一瞬，而是一直鲜活地陪伴着一代又一代的人们。在中国拥有的世界遗产中，有许多“活态遗产”，比如大运河、西湖、鼓浪屿、福建土楼、哈尼梯田等。为了让大家感受都江堰－青城山的“活态”，我准备了这里的线稿图。每到一处，我们都会为相应地点的线稿图涂色。

为了更深刻地体验都江堰的价值，我们首先来到了南桥，从为什么要修建都江堰开始寻找答案。

南桥位于都江堰城南，是岷江从渠首而下通往灌区的咽喉之地。城南江上旧有“凌虚”“步云”二桥，清末用都江堰大修的结余款项建了普济桥。普济桥是木桥，经历多次重修、复修，1958 年时毁于洪水。后来重建时将木桥桩改为混凝土桥墩，因地处城南，最终更名为南桥。南桥是观赏都江堰水利景观的重要“观景台”，也是感受都江堰泽被千年的绝佳之地。

都江堰地处青藏高原与成都平原的过渡地带，西边是群山，最高处海拔达 4582 米；东面则是平原，最低海拔不足 600 米。每逢雨季，水量暴增的岷江裹挟着沙土碎石，冲出山口，进入平原，造成平原一片汪洋。另一方面，冲出山口的岷江洪流却不能一泻千里，而是迎面撞上玉垒山，于是只能被迫向南，从而造成了成都平原东旱西涝。遇到旱季，成都平原又是赤地千里，颗粒无收，人民饱受其苦。

为解决岷江水患，改善民生，一代代治水功臣贡献了无穷的智慧。大禹变堵截为疏导的方法，就是从治理岷江开始的。《尚书·禹贡》中记载大禹“岷山导江，东别为沱”。现在成都平原已经成为“沃野千里，水旱从人，不知饥馑，时无荒年”的“天府之国”。而“天府之国”旺盛、持久的生命力，正是起源于都江堰。

大家发挥想象，共同在线稿图上完成了灌区的涂色。

古堰两千年，砥柱尚巍然

时间：2021年2月21日下午
地点：离堆公园

公元前256年，战国时期秦国的蜀地郡守李冰率领蜀郡人民，总结前人治水经验，根据岷江地形地貌以及资源条件，凿穿玉垒山引岷江水，主持修建了可供引水、行舟、灌溉之用的都江堰水利工程。

都江堰是当今世界年代久远、唯一留存、以无坝引水为特征的宏大水利工程。它不仅是中国水利工程技术的伟大奇迹，也是世界水利工程的璀璨明珠。它充分利用当地西北高、东南低的地理条件，根据江河出山口处特殊的地形、水脉、水势，乘势利导，无坝引水，自流灌溉，使堤防、分水、泄洪、排沙、控流相互依存，共为体系，保证了防洪、灌溉、水运和社会用水综合效益的充分发挥。

早期的都江堰有堤、堰、进水口、水则等工程设施，经后代不断完善，构成由鱼嘴（分水工程）、飞沙堰（溢流排沙工程）和宝瓶口（引水工程）三大主体工程组成的无坝引水枢纽。此外，还有内外金刚堤、人字堤及控制水量和泥沙的建筑物等，正是这些工程设施，解决了泄洪、排沙两大难题，造就了富饶的成都平原。“布鞋男团”决定逆流而上，去探访都江堰的三大主体工程。

三大主体工程

修建水利工程，选址是关键。李冰父子总结前人的治水经验，

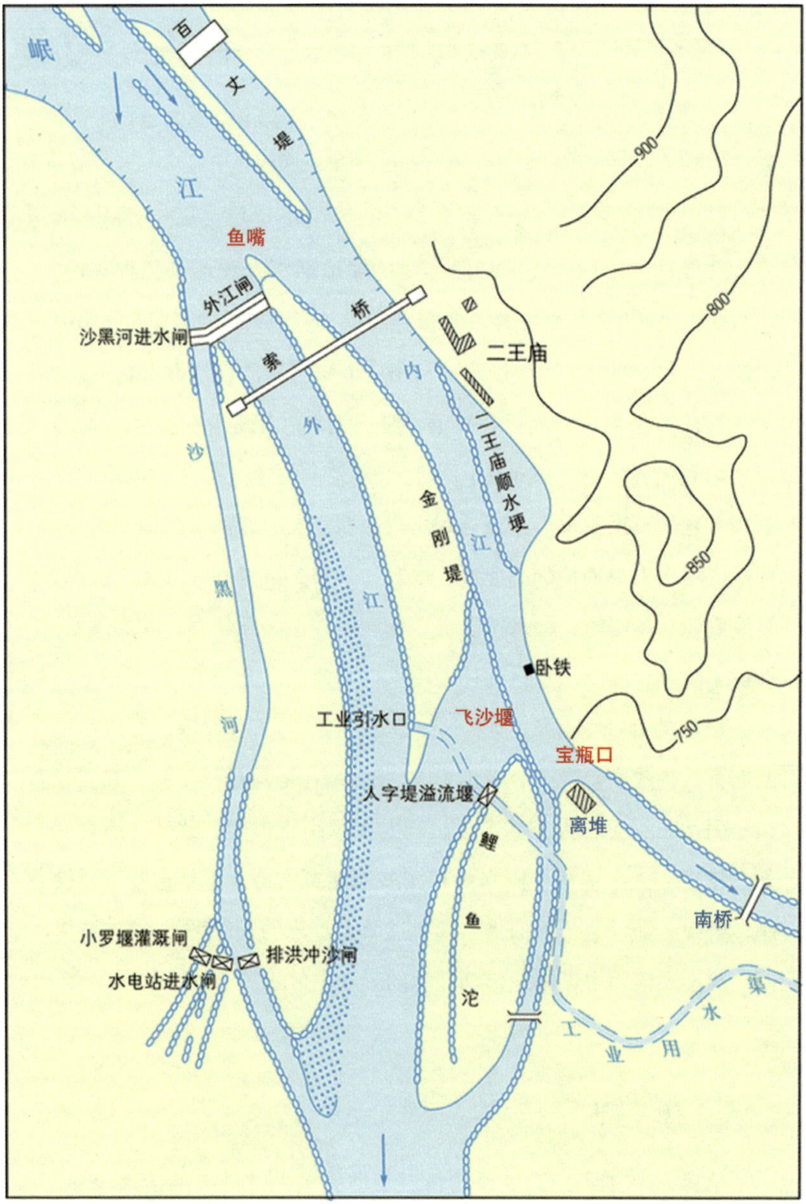

■ 1982 年都江堰渠首工程布置图

探查周围地貌、勘测岷江水文，最终找到了岷江洪水泛滥的症结所在：岷江上游地貌多以高山峡谷为主，水量充沛的岷江奔腾不息，对沿江堤岸造成巨大的冲击。而造成这一切的关键点位，就是位于都江堰西南的玉垒山。

选择玉垒山开凿水利工程，是出于地理和水文条件的考虑。首先这里海拔较低，水流相对平缓；其次玉垒山下的水道呈天然弯道形态，可以利用弯道环流的原理，治水治沙；同时弯道形态可以满足从北、东、南三个方向施工，在水利工程完成后也可形成对成都平原的扇形灌溉。

由此可见，李冰的选址可谓“乘势利导”的典范，往前一公里、往后一公里选址都可能失败。在拥有现代测量手段的今天，要确定这样一个施工点，也需要反复实勘和论证，而李冰父子能够精确地选取这个位置，可想而知是进行了大量的实地考察和反复推敲。

当时还未发明火药，李冰采用以火烧石的办法使岩石爆裂，终于在玉垒山凿出了一个口底宽 14.3 米、峡口长 36 米的山口。因其形状酷似瓶口，故取名“宝瓶口”。开凿玉垒山分离出来的石堆称为“离堆”。我们所在的离堆公园正是得名于此。

这样，宝瓶口作为内江水流入成都平原的咽喉，严格控制进入的水流量，使其最高水流量不超过每秒 700 立方米，起到有效限制进水、控制洪水的作用，消除了成都平原的洪涝灾害。

不仅如此，宝瓶口工程还是成都平原能够“水旱从人”的关键所在。其下游分布着众多沟渠，岷江水沿内江进入宝瓶口后，顺着西北高、东南低的地势流入这些沟渠，形成遍布成都平原的自流网状灌溉，涵养了万亩良田，造福千千万万百姓。

■ 宝瓶口和离堆（左为宝瓶口，右为离堆）

宝瓶口引水工程完成后，虽然能起到分流和灌溉的作用，但因江东地势较高，江水难以按照最初设想，“听话”地流入宝瓶口。为了使岷江水能够顺利东流且保持一定的流量，并充分发挥宝瓶口的分洪和灌溉作用，李冰在开凿完宝瓶口以后，又决定在岷江中修筑分水堰。由于分水堰前端的形状像一条鱼的头部，所以被称为“鱼嘴”。

鱼嘴的建成，将上游奔流的江水一分为二：西边称为外江，宽而浅，沿岷江河顺流而下；东边称为内江，窄而深，流入宝瓶口。

这样，在枯水季节水位较低时，大约六成的江水顺势流入河床低的内江，四成水则排在江外，保证了成都平原的生产生活用水；而当洪水来临时，由于水位较高，水流会大量冲向河流弯道的内侧，也就是外江，又因外江修建得比较宽，所以大约会有六成水排往外江，四成水进入内江，保证了进入成都平原水量的稳定。这种自动

■ 鱼嘴分水堤

分配内外江水量的设计被称为“四六分水”。

同时，岷江水流携带大量泥沙，所以治水的同时也要考虑治沙，避免淤堵。于是，李冰巧妙地将沿内江一侧修成弧形弯道，这样内江河口正对河道凹岸，外江河口正对河道凸岸，利用弯道环流原理的规律引导岷江表层水进入内江，夹带约 80% 泥沙卵石的底层水进入外江，形成“二八分沙”。加上“四六分水”，达到了分流与排沙兼具、两全其美的水利效果。

水流从鱼嘴进入内江，虽已不再那么汹涌，但依旧携带大量沙石，这时候就需要飞沙堰进行二次排沙。

飞沙堰是内江外侧的一道低矮堰坝，内江水流到此处会被飞沙堰旁边狭窄的宝瓶口所制约。加上离堆的顶托作用，在飞沙堰附近形成了漩涡。水流持续奔涌，水中剩余的大部分沙石就会被漩涡甩出飞沙堰，其余的沙石在飞沙堰对面的回水区凤栖窝沉淀下来。所以每年都安排河工在凤栖窝淘沙清理，这样就有效避免了泥沙淤积导致的河流溃堤。

当年李冰父子率领民众修筑飞沙堰时，采用的是竹笼装卵石的办法，堆筑而成。堰顶的高度也比较合适，完美地起到了调节水量的作用。直到两千多年后的今天，我们还可以看到这样的场景：当内江水位过高时，洪水就经由平水槽漫过飞沙堰流入外江，使得进入宝瓶口的水量不致太大，保障内江灌溉区免遭水灾；同时，漫过飞沙堰流入外江的水流产生了漩涡，水中泥沙甚至是巨石都会在离心作用下被抛过飞沙堰，因此还可以有效地减少泥沙在宝瓶口周围的沉积。

三大主体工程中，鱼嘴是分水设施、飞沙堰是溢流排沙设施、宝瓶口是引水设施。此外都江堰还有输水设施、整治设施、水文测量设施等。这些设施都遵循了相同的治水思想——无坝取水、乘势利导、自流灌溉、因时制宜。这样，都江堰就成为一个因尊重自然规律而屹立千年的工程实例。

岁修与道法自然

都江堰历久不废的另一重要原因是重视工程管理，严格执行岁修制度。从上文的介绍我们可以看到，飞沙堰并不能完全解决“排沙”的问题，只有设立岁修制度予以保障，都江堰才得以维持千年“活态”。

都江堰的岁修形成于何时，至今没有定论。据说在建堰之初，岁修制度即已经初具。岁修是贯穿在都江堰历史中的一项共识，历朝历代都设置管理机构和堰官，在每年冬春枯水时对都江堰进行系统维护和维修。两千多年来，在每年一次的都江堰岁修中，除了前后位置的稍移和修建材料的变革，古堰的工程布局和治水方略从未改变。李冰提出的“深淘滩、低作堰”治水六字诀，至今仍被尊为金科玉律，可见其影响之深远。“深淘滩”是指岁修时，淘滩（清淤）河道的深度，必须挖到李冰埋下的石马深度，才能保证内江（灌区）的进水量；“低作堰”是指飞沙堰修筑高度必须低于内江河道，才能确保排沙泄洪的效率。此外，还有“遇弯截角、逢正抽心”的治河八字格言等，依然在都江堰流传、实践。

到了清代，在前人经验之上，时人总结出治水三字经，全文仅5句60字。中间三句系统描述了岁修的施工流程，首尾两句则谆谆告诫，必须以李冰的教诲防患未然。其拳拳之心，天地可鉴：

深淘滩，低作堰，六字旨，千秋鉴。

挖河沙，堆堤岸，砌鱼嘴，安羊圈。

立湃阙，凿漏罐，笼编密，石装健。

分四六，平潦旱，水画符，铁桩见。

岁勤修，预防患，遵旧制，勿擅变。

历代在对都江堰的岁修中，都尽量采取传统工艺，以延续历史形成的河工技术。岁修时若发现堤、堰有损毁，要先截流。古法截流始于李冰，所使用的竹笼、杩槎等都是天然材料，不会改变河床的走势和河流的流态。用竹笼、杩槎截流属于“柔作”方式，沿用至今。历史中也有不少朝代试图采用硬金属“坚作”的办法进行拦截，以降低岁修成本，但屡屡失败。

我们有幸体验了杩槎制作。杩槎是用木制的杆件首尾相连扎制成的支架，制好后再将竹笼装的卵石放在杩槎上，迎水面钉长木条，前铺竹席，形成浑然一体彼此相连的挡水平面。在挡水面自下而上层层抛入掺有卵石的黏土，就成为一道不透水的截流堰。

尽管我们制作的杩槎存在捆绑不紧、歪曲的问题，但看似简陋的木制支架仍能支撑我们三个人的重量。可以想象，合格的杩槎能够承受更大的冲击，古老智慧可见一斑。

■ 体验制作杩槎

随着时代发展，都江堰在岁修中也采用一些现代原料和工艺，但本质上依然传承于古法。例如“鱼嘴”的岁修过程中，虽然有水泥加固，但传统工艺筑造的堤坝并没有被彻底取缔，反而在地震中依旧保障分水坝的坚固，物质形态和功能没有本质变化；其次，李冰创造的竹笼卵石等方法，依然被用于许多地方的抗洪和筑堤，说明其治水思想依然在“活态”传承。木桩、竹笼、卵石都是就地取材，通过两千多年的实践证明，因势利导、与自然和谐才是发展之道。

都江堰的创建与维护，一直在以不破坏自然资源，充分利用自然资源为人类服务为前提，坚持变害为利，使人、地、水三者高度和谐统一，因此它才称得上是全世界范围内的一项伟大“生态工程”。

李冰的智慧不仅泽被整个川西平原，也为后世更多人的治水提供了经验与启示。都江堰水利工程开创了中国古代水利史上的新纪元，标志着中国水利史进入了一个新阶段，也在世界水利史上写下了光辉的一章。

汶川地震后的都江堰

时间：2021 年 2 月 21 日下午
地点：二王庙

在都江堰流传着很多关于李冰的传奇故事，例如李冰斗江神的传说 。古人把岷江水患与“江神”发难联系在一起，把李冰治水演绎成“斗江神”的传奇故事。传说岷江中有水神，像“西门豹治邺”中的那位河伯一样，每年都要以娶妻的名目吃掉两名童女。李冰到任后，以愿意把自己的女儿许给河神为妻的名义，前往神祠祷告。他以白水给江神祝酒，高声斥责。忽然间，人们看到江神和李冰都消失了，不久有两头青牛在江岸边打斗。过了好一会儿，李冰汗流浃背地回来了，让下属官吏帮忙，说自己就是那头腰中有一圈白色的、头朝南的青牛。于是下属在两头牛相斗时刺杀了头朝北的那头牛，这样就杀死了江神。

此外，伏龙观、二王庙、斗犀台等建筑设施均与李冰的故事和传说相关，体现了川蜀人民对李冰的崇拜和感谢。其中位于玉垒山麓的二王庙就是为了纪念李冰而修建。

二王庙位于都江堰内江左岸，此处最早为纪念蜀王杜宇的望帝祠。南齐建武年间，望帝祠迁址，旧址改为专祀李冰的“崇德庙”。随着灌口二郎神（李二郎）伏龙传说与李冰传说相结合，又在庙内增祀李二郎。清雍正以后，改称“二王庙”并沿用至今。二王庙规模宏大，设计独特，设计上不强调中轴线，而是依山势布局。庙中治水经验刻石弥足珍贵。前文提到的治水“三字经”“六字诀”“八字格言”刻石均保存在二王庙。

在这里遇到了我的老朋友卞再彬，他曾任都江堰市文物局常务副局长，听说我们来二王庙拍摄，特意赶来见面。在 2008 年汶川大地震震后的抢修工作中，我们结下了深厚的友谊。录制过程中，他提起往事，一度哽咽。

在那次大地震中，四川重点文物受损近半，与都江堰水利工程一道被列为世界遗产的古建筑群九成垮塌。地震过后，都江堰成了一片断壁残垣，瓦片遍地、围墙垮塌。二王庙在地震中毁于一旦，伏龙观所有古建筑屋脊、屋瓦全部损坏，木结构断裂，建筑严重倾斜，地面开裂下沉；此外，秦堰楼下沉，戏楼、厢房、52 级梯步、照壁、三官殿、观澜亭、疏江亭、前山门等建筑和围墙全部垮塌，都江堰伤痕累累。

《保护世界文化和自然遗产公约》规定，如遗产地具备世界遗产的资格，遗产受到严重和明确的威胁，遗产就会被列入《世界濒危遗产名录》，以敦促遗产所在国家采取措施修复和保护遗产。这些威胁包括自然和人为等各种因素，地震也是其中因素之一。如果不采取必要的措施对遗产进行有效保护，有可能使遗产地最终失去作为世界遗产的价值，遗产项目也可能被从《世界遗产名录》中除名。

■ 二王庙震后情况

从当时遭受破坏的程度来看，灾后的青城山和都江堰已具备入选《世界濒危遗产名录》的条件。国家文物局和四川省政府及时采取了积极措施，挽救世界遗产于濒危，及时修复了青城山 – 都江堰遗产，也避免了其被列入《世界濒危遗产名录》。

我在汶川大地震发生后的第 7 天，作为国家文物局工作组的一员赶赴四川。工作组实地调查了解灾区文物及文物系统受灾情况，研究部署了文物系统抗震救灾工作，也听到了许多抢救文物的动人故事。当时文物库房倒塌严重，所有职工顾不上亲人安危，第一时间进行文物抢救：严防死守，确保文物不被盗抢，将文物转移到安全的地方，同时尽可能调查受损文物情况，在第一时间对倾斜、开裂的文物建筑进行简单有效的支撑，对倒塌的建筑进行清理、遮盖，排除安全隐患。相对于用生命挽救生命、抢险救人的英雄壮举，这些文物工作者的贡献可能称不上惊心动魄，但也绝对是平凡人创造的不凡之举，令人动容。

我们统计完二王庙的文物受损情况后，发现建造时间最长的木制建筑老君殿反而是二王庙现存古建筑里受损最小的。地震中，建于清代的基础部分全部垮塌，而建造时间更早的老君殿在当时地震烈度达到 10 级的情况下，整体建筑只是向前倾斜而没有倒塌，这不能不说是个奇迹。更堪称奇迹的是，在之后高达 6 级的余震中，其稳定的木构同样未受丝毫影响。与之相对比，很多民国以后采用砖木和砖混结构修复的建筑反而严重受损。传统木建筑、榫卯结构优越的抗震力可见一斑。这也警示我们，在对古建筑进行修复时，应充分尊重古人的建筑智慧，不要随意改变其原有结构和材料。

强烈的地震也给都江堰水利工程带来了一定损害，造成都江堰渠首鱼嘴开裂、地下控制室沉陷、启闭机大梁移位和破裂、沙黑总河堤岸沉陷等。但这些都没能对都江堰造成根本性损害，也给我们吃了定心丸。

都江堰 – 青城山的震后文物抢救与保护，为突发灾难情况下的世遗抢救与保护提供了重要经验。

能够亲身参与都江堰的文物抢救，是我和这片土地的缘分，同时我们之间还有一份“赠归”的情缘。

2017 年 5 月，故宫博物院与都江堰市签订了文旅战略合作协议，我们将故宫的太平花赠归都江堰市。为什么叫“赠归”呢？太平花原产自都江堰，五代时，由都江堰移植到成都，北宋时从成都移植汴梁（今开封），金代又从汴梁移植到北京。元、明时期，京郊的太平花被移植到皇城御花园中。清初，它又被栽种在畅春园和圆明园中。故宫博物院绛雪轩前的太平花，则是由圆明园中的花卉分株繁殖而来，在清代曾受到皇家喜爱。

都江堰市文史学者多次到故宫博物院寻访太平花，并表达出“欲共携归、移植回里”的愿望。太平花犹如一位风姿卓绝的佳人，受宠而不骄横，落凡而不入俗，千百年来依然保留着南国丽人的清越，在万紫千红的百花园中独自淡然。在故宫博物院与都江堰市交流沟通后，太平花终于在 2017 年 5 月 23 日带着悠久的历史和曲折的经历，回到它最初的家乡——都江堰市。故宫博物院与都江堰市的这段历史奇缘也得以延续至今。

问道青城山

时间：2021 年 2 月 22 日上午
地点：青城山

青城山位于都江堰渠首工程南侧，恰处于孕育了四大文明古国的北纬 30 度线上，是中国历史名山和国家重点风景名胜区。早在公元前 2 世纪，秦王朝即将青城山列为国家祭祀的十八处山川圣地之一。青城山东麓留存有新石器时代晚期的芒城遗址，距今约 4500 年。在中国同时期古城址中实为罕见。这里出土的大量文物，对揭示古蜀文明具有重要意义。

■ 青城山

青城山最高峰海拔 2434 米，作为岷山余脉被誉为“岷山第一峰”。历史上的青城山绵延 1350 公里，随着时间的推移，其范围逐渐缩小，至清代乾隆时，“青城山”已专指灌县境内的那一部分了。青城山有 36 峰，72 小洞，108 景。青城山还具有生物多样性，丰富且独特，是国宝大熊猫重要分布地之一。

从文化遗产角度看，青城山是中国道教的发源地，是“黄帝访道”“天师立治”等一系列道教传说的发生地。青城山自古以来就是众多道士潜心修行、学习和弘扬道法的场所。众多道教宗师修行访道的事迹都与这里相关，可以说对道教的发展和传播起到了重要的推动作用，至清代成为中国道教四大名山之一。其道教建筑群与所处自然环境共同构成了一处独特的道教文化景观，见证了道教从汉代至今的发展演变。

“布鞋男团”在青城山的世遗向导是青城派掌门人、非物质文化遗产青城武术传承人刘绥滨老师，以及古琴演奏家杨曼老师。伴随杨曼老师古琴演奏的《流水》，我们有幸欣赏了刘绥滨老师打太极的场景。“高山流水遇知音”是一段流传甚广的佳话。据杨曼老师介绍，由管平湖大师演奏的《流水》琴曲已于1977年被美国录入镀金唱片，由“旅行者2号”太空飞船带入太空，在茫茫宇宙寻觅人类知音。

青城山－都江堰申报世界文化遗产时，青城武术作为汉族道教传统文化内容之一也在申报之列。太极的魅力不分国籍，似乎成为一种国际语言。当世界遗产委员会专家莱斯·莫洛伊来青城山考察时，当地特别安排了刘绥滨老师进行太极表演。专家被太极表演深深吸引，被引导去下一个地点考察时，走到半路，又返回来观看。刘绥滨老师告诉我们，他虽然只有26名弟子，但是学生有100多万，遍布全球。

为什么青城山和都江堰要一起申报世界遗产？“布鞋男团”的伙伴们对此很不理解。其实二者一脉相承，关联甚多。地缘方面，都江堰与青城山一个处于岷江发源地，一个在岷江的咽喉处；二者都与“道”息息相关，一个是“道”的发源地，一个是“道”的践行地；同时两者互为因果，青城山自黄帝时期的“道”思想感染了李冰，李冰修建的都江堰造就了“天府之国”，“天府之国”的富饶形成了“五斗米教”落户青城山的物质基础。此外，青城山和都江堰与“水”都存在着关联。都江堰与水的关系不言而喻，青城山也与“水”密不可分：道家讲究“上善若水”；青城武术在五行中属水，又称“水拳”。

■ 问道青城山

都江堰在道法自然中诞生，因此长久地处于“活态”，“道”在青城山诞生，又在都江堰的润泽中于青城山炉火鼎盛。都江堰和青城山是一体的“活态遗产”，因此可以一起申报世界遗产。它们的活态来自“道法自然”，未来要继续保持“活态”，也应“道法自然”。

守望行动：给李冰的一封信

时间：2021 年 2 月 22 日下午

地点：秦堰楼、青城山、林盘、春熙路、鱼嘴、学生家乡

都江堰的修建福泽了千千万万百姓，李冰的贡献至今仍被成都平原的人民牢记。第一天在离堆公园，我们发起了“给李冰的一封信”活动，邀请普通游客写下想对李冰说的话、想问他的问题。最终我们收到了很多信件：儿童、青年、老人，不同年龄的游客对李冰抱有同样的感激。“布鞋男团”从信件和探访中收获了很多，自然也想和李冰来一场跨越时空的对话。

这一站的守望行动便是写给李冰的一封信。我们和昨晚邂逅的 6 位灌区大学生，分别在成都秦堰楼、青城山、林盘、春熙路、鱼嘴以及这 6 位学生的家乡，将信读给李冰听。

您好。

两千年来，您筑造的都江堰灌溉着越来越广的沃土良田，也成为千千万万川西人民的生命之源。通过两天的拍摄，我再次感受到都江堰是我们中华民族伟大的水利工程，也是今天世界上伟大的水利工程。

第一，它是无坝引水的典范，体现了天人合一的精神。茫茫的青城山，滔滔的岷江水，它们都在都江堰水利工程建设过程中，保持着原状。在这里人与自然和谐共处，所以都江堰无愧于是一个生态工程。第二，都江堰通过鱼嘴、飞沙堰、宝瓶口这样的智慧组合，“深淘滩、低作堰”这样的智慧创造，实现了无坝引水自行灌溉，这无愧于是一个创新工程。第三，都江堰的水利工程，无论是勘察、设计、施工还是建造材料的选取，都有精心的设计。千年大计，质量第一，这无疑是我们今天所提倡的工匠精神的体现。第四，都江堰从一开始建造就考虑到民生的改善，行洪灌溉、抗旱取水、水上运输等，一切的一切，都充分考虑惠及民生，惠及我们的下一代，所以它是一个惠民工程。

都江堰水利工程是一个活态的文化遗产。除此之外，世界上还有哪一项水利工程，过了两千年仍然保持健康的状态，一直行使它的使命呢？只有都江堰。都江堰从开始建造就考虑了未来的状态，所以今天它的物质文化遗产以及非物质文化遗产都一直保留了下来，给人们以启示。

正因为都江堰有这样的壮举，有这样的创造，所以在2000年，都江堰和青城山一起在联合国教科文组织世界遗产大会上，毫无争议地被列入了《世界遗产名录》。今天我们有责任保护好、传承好这处世界遗产。每一个到都江堰来访问的游客，不应该仅仅认为它是一个旅游目的地，而应了解到它是一个能够体现中华民族传统文化的重大文化工程、文化景观。无论是青城山还是都江堰，都体现了天人地和谐的理念。

昨天晚上我们收到了26封游客写给李冰老爷爷的信。这些信大部分都是我们的小学生、中学生、大学生写

都江堰守望行动

的，写得非常感人，他们感激李冰和历代先贤所创造的都江堰水利工程给他们带来了幸福的生活。

我们这次《万里走单骑》节目组来到都江堰，首先去了灌区。我们看到灌区的生活、生产、农业那么健康，人们过着幸福的生活，这就是两千多年前的都江堰水利工程造福着我们的今天。今天一共有1000多万亩的良田受惠于水利工程的灌溉，2000多万民众生活用水、生产用水得益于都江堰的恩赐。每个人都知道都江堰给他们带来了幸福的生活。我们要表达感恩之心，希望通过我们的保护，使都江堰能够再有更健康的两千年。

另外我特别感动的是，2008年5月12日汶川大地震后，很多都江堰的古建筑群都受到了严重的损毁，但都江堰人民在当地的正确领导下，在全国各地的支援下奋力拼搏、不顾艰险，保全了这些古建筑群。今天我们看到这些古迹都保持了原来的状态，这就是我们呵护、传承文化遗产的壮举。

世遗课堂：蜀道与文化线路

四川是文物大省，文化遗产资源也十分丰富。四川拥有的全国重点文物保护单位数量名列全国前列，其中武侯祠、灵岩寺、千佛崖摩崖造像、七曲山大庙、庞统祠墓、皇泽寺摩崖造像和剑门蜀道遗址等都与蜀道文化线路关系密切。

文化线路作为一种新型文化遗产被提出，其概念形成的时间并不长。1998 年，国际古迹遗址理事会成立文化线路科学委员会；2002 年，文化线路科学委员会通过《马德里共识》；2005 年 10 月，在西安召开的国际古迹遗址理事会第 15 届大会暨科学研讨会形成有关《文化线路宪章》（草案）的决议；2008 年 10 月，国际古迹遗址理事会第 16 届大会正式通过该宪章。文化线路保护在国际社会和我国文化遗产保护领域引起了广泛关注。

《文化线路宪章》界定了文化线路的概念，即文化线路是一种陆地道路、水道或者混合类型的通道，代表了民众的迁徙和流动，代表了一定时间内国家和地区内部或者国家和地区之间民众的交往；代表了多维度的商品、思想、知识和价值的互惠和持续不断的交流，代表了因此产生的文化在时间和空间上的交流与相互滋养。并且文化线路将与之相关的历史关系和文物融入动态的系统当中。

文化线路作为文化遗产保护领域的前沿概念，反映出一种影响当前文化遗产演变和扩展的新思路，注重对文化遗产背景环境和相关区域整体价值重要性的认同，注重揭示由不同层面构成的文化遗产的宏观结构。文化线路所提出的新的保护规范，涉及文化遗产的跨地域保护和综合考虑文化遗产价值，呼吁共同努力、联合保护；涉及在尊重每个独立要素固有价值的同时，强调将每个独立存在的文化遗产作为一个整体组成部分来评估价值。

文化线路保护的概念，为我国文化遗产保护提供了新的视角，同时也为文化遗产保护融入经济社会发展提供了新的思路。

在我国历史上，人类的迁徙、流动和跨地域交往从未停止，先后形成了丝绸之路、大运河、茶马古道、蜀道等多种功能的文化线路。大运河与丝绸之路已成为世界遗产。我们在《万里走单骑》的第二站景迈山古茶林中，也谈到过一些对茶马古道的认识。

“蜀道”是历史文化内涵极为丰厚的语汇。学者们普遍认为，“蜀道”是“秦蜀古道”的专有名称，是对历史上连接关中与成都平原、穿越秦岭，分布于川陕交界区域的一系列道路的统称，正所谓“栈道千里，通于蜀汉”。近年来，随着文化线路研究与保护的不断深入，对于蜀道文化线路的研究、认识和保护也逐渐深化。

由于历史的原因，蜀道文化线路保护一度没有得到应有的重视。例如1961年国务院公布的第一批全国重点文物保护单位“褒斜道石门及其摩崖石刻”，于20世纪70年代让位于修建褒河水库工程。当时，包括“石门十三品”在内的17方摩崖石刻被迫离开其原生环境迁至汉中市博物馆，大批其他蜀道文化线路上的珍贵文化遗产则被褒河水库淹没，留下了深刻的教训和长久的遗憾。

为此，蜀道文化线路沿线各地政府积极组织文化遗产资源调查、结合沿线不同地段文化遗产特点，开展保护与研究工作。在全国文物普查、全国重点文物保护单位遴选中开展大量艰苦细致的工作，使一批重要的蜀道遗迹被发现，使蜀道文化线路的构成内容不断丰富，对其价值的认识不断深化。

2011年，由全国政协张梅颖副主席亲自带队，全国政协文史和学习委员会与四川、陕西两省政协联合组织，蜀道研究相关领域专家学者和新闻工作者组成“蜀道文化线路保护与申遗”专题调研组，在四川、陕西两省进行了9天紧张忙碌的实地考察和交流研讨。我当时在国家文物局工作，也有幸参与其中。

在9天的调研工作中，我们实地领略了该区域蜀道的险峻、秀美、沧桑和博大。我们在松柏掩映的古道中前行，在布满履痕的石板上行走，充满激动与感动，由衷赞美先民们用脚丈量出的这部经典历史。

调研组沿蜀道陈仓道自西安经宝鸡至汉中，沿金牛道从广元经绵阳、德阳至成都，行程1500余公里，沿途进行实地考察。在广元市，专家们还与蜀道沿线城市代表开展“蜀道文化线路保护与申遗研讨会”，交流探讨蜀道文化线路的保护与申遗工作。

大家普遍认为，蜀道从商周时期初步开通至今已有3000多年，历史悠久，遗存众多，文物丰赡。几天来，我们流连忘返于江岸山麓的崎岖蜀道上，遥想数千年来的逶迤秦岭、滔滔嘉陵；数千年来的凿壁声声、栈道横空；数千年来的雄关漫漫、古柏翠翠；数千年来的空山行路、驿铺连道；感谢先民们赋予了蜀道如此丰富的文化内涵和突出价值，不仅成为中原与西南地区交流的纽带，更成为传承中华文明的重要载体、成为全人类共同的宝贵财富。在为蜀道文化线路举世无双的文化价值而深深折服的同时，我们也深深感到保护文化线路的责任重大。

通过调研我们认识到，蜀道文化线路是现今我国乃至世界保存最为完好的文化线路之一。蜀道文化线路体现出人类面对不利的自然环境，依靠自身的智慧和胆略，就地取材，突破障碍，变天堑为通途的杰出创造。蜀道文化线路所彰显的人类开拓进取精神，与周围奇伟险峻的山河景观相互映衬，成为人类与自然共生的完美见证，成为人文精神与自然环境完美融合的文化景观，具有突出的普遍价值。

蜀道文化线路所处地域，具有地理环境的多样性、气候条件的多样性、生物资源的多样性、时代特征的多样性、民族文化的多样性，因此，必然形成文化遗产价值认定的多样性和保护方式的多样性，需要通过跨地域、跨学科、跨部门、跨系统的专家学者和相关部门共同研究、通力合作。

蜀道文化线路保护已经进入人们视野，相关保护工作已经在各地陆续启动。相信随着研究与保护工作的深入，蜀道文化线路能够更多地走近大众视野。

7

2021年 02月 24日

2021年 02月 25日

万里走单骑

老单日记

第七站

苏州古典园林

遗产地档案

遗产名称	苏州古典园林
遗产位置	江苏省苏州市
列入世遗时间	1997年，2000年
遗产种类	文化遗产

『过生活』『做生活』『适意生活』浓缩了苏州人的生活美学。

咫尺造乾坤

时间：2021 年 2 月 24 日上午
地点：艺圃

继杭州西湖一行之后，“布鞋男团”的《万里走单骑》之路颇为艰辛：跋涉辗转后的这一站，我们来到了与杭州齐名的“人间天堂”苏州，通过古典园林感受苏州的生活美学。

苏州是一座具有 2500 余年历史的文化古城，地处长江下游的太湖之滨，自然条件和地理环境十分优越。自公元前 514 年春秋时期吴国在此建立都城以后，苏州一度是江南地区的政治、经济和文化中心。这里工商繁荣、人文荟萃，尤其在园艺、建筑、工艺美术和绘画方面，更是水平高超、名家辈出。繁华熙攘的苏州城，在曹雪芹笔下“最是红尘中一二等富贵风流之地”。这处繁华之地，却以典雅静谧的古典园林而闻名。苏州古典园林应用中国独特的造园手法，在城市住宅旁有限的空间里，叠山理水、栽植花木、配置园林建筑，形成充满诗情画意的文人写意山水园林，在都市内创造出人与自然和谐相处的居住环境——“城市山林”。

明代计成在中国历史上第一部全面系统总结阐述造园法则与技艺的著作《园冶》中，形容苏州古典园林为“虽由人作，宛自天开”。如果说青城山－都江堰的无坝引水、古迹与自然景观保存完好是道法自然的象征，那么苏州古典园林在繁华大城市里实现人与自然的和谐共处则体现了古人取法自然的智慧。

中国古典园林可分为皇家园林、私家园林和寺庙园林三大类型，其中私家园林即以苏州古典园林为代表。苏州古典园林的历史可追溯至春秋时期，而私家园林最早见于记载的是4世纪东晋的辟疆园。此后历代造园兴盛，名园日多。明清时期，苏州成为中国最繁华的地区，私家园林遍布古城内外。在16—18世纪全盛时期，苏州有园林二百余处，现在保存完好的尚有数十处。

苏州古典园林包含9个世界遗产地，是分两次申报的。1997年，拙政园、环秀山庄、留园、网师园作为苏州古典园林的代表，成为世界遗产。2000年，沧浪亭、狮子林、艺圃、耦园、退思园作为“苏州古典园林”的增补项目，列入《世界遗产名录》。

苏州古典园林在咫尺之内再造乾坤，仿佛就是古代文人雅士顺应自然、妙手而得的花艺之作。因此，我在艺圃插花，等待“布鞋男团”其他成员的到来。

艺圃原为明代文震孟（文徵明曾孙）的药圃，清初改为现名，又称敬亭山房。这里面积约3300平方米，只有半个足球场大小。这样的一方小天地，经过建园时的精心布置和后来的修缮，仍大致保持明末清初的旧貌。

艺圃的平面整体略呈南北狭长的矩形。北端为庭院，由主厅博雅堂和水榭组成；中央凿池，为全园中心，东南、西南各有水湾一处，上构低平石桥。池南叠假山，构桥亭，西南置小院一所。除北端为水榭驳岸外，其余池岸均屈曲自然，而池面则因近旁为低小建筑而显得开阔，这种手法和著名的网师园异曲同工。

插花和造园有异曲同工之妙，都是在有限的空间内，赋予景物个人趣味、精神内涵，不仅考验规划能力，还很考验审美能力。“布鞋男团”成员在艺圃的插花，不仅为了初步体会古人造园艺术，还暗藏着分组探寻的玄机。黄觉和阎鹤祥一组，分别选中了竹子和玉兰花，前者代表沧浪亭，后者代表耦园。我与小马则和神秘嘉宾一道，去往留园和狮子林。

从心不从法

时间：2021 年 2 月 24 日下午
地点：留园

留园原为明嘉靖时太仆寺卿徐时泰的东园；清嘉庆时刘恕改建，俗称刘园，因造型优美的湖石峰十二座而著称；光绪初年易主，改名留园；1950 年，作为苏州最早修复的园林得以修复。

1961 年 3 月 4 日，国务院公布了包括故宫、长城在内的第一批全国重点文物保护单位 180 处，其中就包括了作为第 124 号的留园。2021 年是第一批“国保”发布 60 周年。截至 2021 年 2 月，国务院已经公布了 8 批共 5058 处全国重点文物保护单位。留园作为“国保”的批次和编号在一定程度上说明了其地位和重要性。值得一提的是，留园与拙政园、颐和园、承德避暑山庄并称中国四大名园，这四处园林均已成为世界遗产。

和我们一起探访留园的有两位特殊的朋友。苏州市文物局副局长、苏州博物馆馆长陈瑞近老师是我们这一组的世遗向导；著名建筑设计师马清运教授则是我前面提到的“神秘嘉宾”。他有双重身份，既是节目组请来的建筑设计专家，更是小马的父亲，“布鞋男团”的亲友团。

留园占地面积为2万多平方米，约3个足球场大小。但因其错落有致的精妙布局，亦有无穷景致。留园大致可分为中、东、北、西4区，入口在留园路北侧，沿曲狭走廊和天井北行至绿荫轩，透过漏窗隐约可见中区园景。中区以外，东区的曲院回廊，北区的植物、盆景也各具特色。西区为全园最高处，上有小亭两座，可遥望虎丘。

留园中区旧称寒碧山庄。中部有一水面，以曲桥和小蓬莱岛划为东西两部分。池西北岸为太湖黄石假山。建筑依墙作周边式布置。池东的曲溪楼高二层，下层的空窗和洞门打破了厚墙的沉重感。

中区东侧的五峰仙馆为楠木结构，是苏州现存最大的厅堂。陈瑞近老师介绍，五峰仙馆因南院中的五座石峰而得名。馆中匾额“藏修息游”取自《礼记·乐记》中“故君子之于学也，藏焉，修焉，息焉，游焉”，是儒家关于学习修身的格言。

苏州园林的匾额、楹联往往涉及儒家、道家、佛教思想（特别是禅宗），以及文人雅俗等诸多中国传统文化思想的精华。很多匾额、楹联还集中体现了园林构

留园冠云峰（东区）

思和主题。构思园林时，往往先用简练的诗句构出各景区的主题，然后根据诗意做些草图，在建造时则仔细体味意境，推敲山水、亭树、花木的位置，使景物最大限度地表现出诗情画意。而在园林大体完成之后，还要进行最后的加工，给园林建筑起名题额、配对联写诗文，通过文字曲折地表达自己的思想感情。所以，苏州私家园林的匾额、楹联具有丰厚的象征意义，是园林欣赏的重要组成部分。

苏州古典园林的主人大都有着极高的文化修养，因此虽然园林的组成要素大体相同，但因讲究“从心不从法”的布局方式，主人的理想志趣往往投射于园林的设计理念中。比如有的建筑造型似船舫，船头朝向京城方向，表达了仕途失意的文人、官员期盼朝廷眷顾、重登庙堂的心情；有的地面用鹅卵石和碎瓷、石片、瓦片等各种材料筑成各式图样，讲究“图必有意、意必吉祥”，彰显主人的雄厚资财和审美情趣。同样讲究图样吉祥寓意的还有园林中的花窗。镂空的花窗既是装饰，又起到“隔而不绝”的障景作用。比如另一组去参观的沧浪亭，108 扇花窗没有一扇是重样的，足见主人的雅趣。

体会园主审美情趣的同时，大家探讨了一个耐人寻味的话题：私家园林向公众开放后，如何平衡“闹中取静”的独特韵味与“纷至沓来”的游人规模？

陈瑞近老师介绍，从观众体验角度出发，苏州园林采取了预约、限流，旺季夜晚向公众开放等措施；从文化遗产保护角度，苏州园林充分考虑承载力，重视遗产监测工作。苏州古典园林的监测报告被专家认为“对其他世界文化遗产地开展监测工作具有一定的示范作用”，联合国的专家也曾提出“苏州经验要与世界共享”。在我看来，建筑的性质改变了，服务的对象改变了，保护管理的理念

■ 留园花窗

自然也要随之变化。这和故宫博物院的保护与管理异曲同工。紫禁城过去是皇家宫殿，现在是面向大众的博物馆。如何在保护好文化遗产资源的前提下，更大程度地发挥其现实作用，这是一个永恒的课题。

近几年各地新建了很多博物馆建筑，我最喜欢的是我的导师吴良镛先生主持建造的江宁织造博物馆。这家博物馆是在江宁织造旧址上建立的，位于南京市中心，旁边就是江苏省图书馆。3 万多平方米的建筑隐没在园林中，营造出喧嚣城市中“太虚幻境”的建筑意境。吴良镛先生的初衷就是建一个微型的“城市盆景”，让人们更容易走近历史、走近织造文化。所以园林类遗产对公众开放后的保护与管理核心，还是要让它走近人们的生活，让文化遗产资源“活起来”。只有这样，才能真正讲好文化遗产里的中国故事。

“真趣”狮子林

时间：2021 年 2 月 24 日下午

地点：狮子林

苏州古典园林的组成要素大体相同，皆由理水、叠石、建筑和花木四大要素构成。

中国古典园林的营造讲究“巧而得体，精而合宜”，有的朋友认为这四大要素并非苏州古典园林所特有，但这四大要素在苏州古典园林中均体现出极具韵味的苏州特色。

水是园林中必不可少的元素，“无水不成园”的说法早已有之。苏州大小园林中或动或静的池、瀑、泉、涧不仅装饰了一方小天地，也是苏州城水网密集、纵横交错的体现。在中国文化中，“山”和“水”常常是成对出现的意象。在古典园林中，用堆山叠石来模仿自然界的山峦起伏，浓缩天地于方寸中，给人带来宽广的想象空间。苏州古典园林叠石就地取材，既有因常年水浪冲击而遍布孔洞的太湖石，也有周边低山苔藓丛生的黄石等。园林中的建筑极少绣闼雕甍，而往往以轻巧朴素见长，疏密相间、灵活布置于山水之间。江南气候温和、雨量充沛，生物多样性优势明显。因此苏州园林不乏苍劲古木、四时花卉，亦有经年不退的绿草苔藓点缀其中，既与山、水、建筑融为一体，又随时令变化和主人心境展示出不同景致。

狮子林就是“叠山”的代表。狮子林假山是中国园林大规模假山的仅存者，具有重要的历史价值和艺术价值。这座园林建于元末，是传统造园手法和佛教思想相互融合的产物，初名狮林寺，后改名

奇石掩映

为菩提正宗寺。因寺北园内竹林下多怪石，形似狮子，故又称狮子林。清末成为贝氏祠堂的花园。吴中贝氏是名门望族，建筑大师贝聿铭便是这一家族的传人。苏州博物馆就是贝聿铭先生的作品。贝氏家族又把西洋造园手法和家祠引入园中，使得这个园林的内涵日益丰富。陈瑞近先生是苏州博物馆现任馆长，马清运先生是著名的建筑设计师，与这两位同游狮子林，赏其造园艺术，也是一大幸事。

我向马清运先生请教西方观众对于中国古典园林的感受和认识，他认为主要还是“惊奇”二字。前面已经讲过，苏州园林讲究“从心不从法”，体现了园主的个人志趣，很难用某一种逻辑来理解造园的思路。我觉得这与中国画中的散点透视法异曲同工。西洋画一般采用“焦点透视”，展现的画面是在一个立足点上的视角。中国画的“散点透视”就像苏州园林“步移景异”的特点，在一个画面中展示多个视角，每个视角都有局部透视效果。或许是这种神奇效果让西方观众产生了审美上的“惊奇”。

中国造园的这种散点布局方式，更加自由灵活、不拘一格，为园林理论研究提供了重要范本。纽约大都会艺术博物馆内的“明轩”，就是以苏州网师园内“殿春簃”为蓝本移植建造的。那是在1979年，在纽约大都会博物馆和著名古建筑园林艺术学家陈从周教授、世界著名建筑学家贝聿铭先生等人推动下，经国务院特批，为此还专门恢复了我在《大运河漂来紫禁城》一书中提到的苏州陆墓御窑烧制砖瓦，才将明轩的建筑工程庭院构件打造完成，于1980年3月落户于纽约大都会博物馆。这是中国园林“出口”的第一例，成功地开创了“园林艺术”走向世界的先河。

其实从唐代开始，中国的造园技艺就已经传入邻近国家和地区，18世纪后半叶，中国的造园思想又影响了欧洲。欧洲的造园体系注重轴线对称，以几何图形分行列队，显示了人对大自然的改造和征服。中国的造园思想可以说既顺应了风景，又显示了人与自然的亲近融合。明代苏州两位著名造园大师计成和文震亨分别撰写的《园冶》和《长物志》两部著作，一经出版译本迅速传至日本、欧洲等地，影响至今不衰。近年来，国内外学者多次聚集苏州古典园林，围绕园林探讨人类共同关心的论题——人和自然的关系。正是由于苏州拥有灿若群星的古典园林，因而成为中国园林建造艺术理论研究不可缺少的重要基地。

在狮子林的真趣亭中，乾隆皇帝亲笔题写的“真趣”二字，似乎正是这种中国传统文化意趣的最佳注解。狮子林因假山而闻名遐迩，“趣”字自然也体现在假山中。我和马氏父子分别从三个入口进入狮子林的假山，相约不能走回头路，看谁能先从假山中走出来。结果我和马清运老师先后成功“出山”，分获第一、第二名。

在等待小马的过程中，我们聊起了与年轻人沟通的问题。在景迈山古茶林时我和小马针对应不应该申遗问题产生了碰撞，也引发了众多网友的讨论。我觉得这是一件好事。在和年轻人的沟通中，有时候我们采用直抒己见的方式适当碰撞，有时候也采用像叠石假山一样的“迂回”策略，这也是一种沟通的意趣。

苏州园林的意趣横生，使很多人认为其再难复制。童寯先生在《江南园林志》中说：“今天的建筑师不堪胜任园林这一诗意的建造，因为与情趣相比，建造技术要次要得多。”从这个角度上说，苏州园林现在很难再复制。

■ 天宁寺塔

看到大家正在热烈讨论还能不能再复制苏州园林，我不禁思绪纷飞。我想，这其实反映了我们正在寻找返回精神家园的道路，是重建文化自信的过程。在文化遗产的保护和实践中，我们的理念也一直在发生变化，在不断进步。比如北京有座建于辽代的天宁寺塔，是北京城区现存最古老的建筑。20 世纪六七十年代时，这里建设了第二热电厂，高高的烟囱遮盖住了天宁寺塔。人们就想，什么时候能把热电厂迁走，保护这座古塔。后来我们提倡保护工业遗产，人们开始转变思路，认为热电厂也是文化遗存，是不是也应该获得保护。一个是历史建筑，一个是当代工业遗存，在后人看来，或许都是文化沉淀，两者可以兼得。所以我想，从前的修缮方式也应该得到尊重，比如说留园地面修缮之前是用水泥，我们现在也没必要全部翻新铺石子路，因为它代表了一个时代的修缮思想，本身也是一种遗迹。当然，随着理念的进步，现在修缮时，我们更会慎重地考虑这些问题。

回到复制的话题。苏州古典园林体现的是一种诗意的生活态度，而在苏州，这种诗意的生活态度也不仅仅是体现在园林风格中，还体现在生活的方方面面。

著名作家邓友梅曾经说过，“世界上可以建造 100 个纽约，却不能复制一个苏州”。我们常说“上有天堂，下有苏杭”。苏州为什么是天堂一样的城市，这与这座城市的园林建筑有关，也与苏州人的生活美学有关。有人说，假如没有保护完好的至今仍坐落在原址的苏州古城，假如苏州城、苏州人、苏州作品不具有与众不同的人文特质，苏州就是一座寻常的都市。

为此，我们相约晚上去苏州老字号“老万年”体验苏作，体验苏州人的生活美学。

苏作话美，拙政问雅

时间：2021 年 2 月 24 日晚上
地点：老万年、拙政园

苏州的手作技艺享誉世界，以“精、细、雅、洁”著称。举个例子，“苏作”与故宫博物院关系密切，故宫内苏州织绣类藏品数量巨大，品种丰富。由于历史原因，很多织绣品失去了产地标识印记。根据目前整理结果，织绣材料库中带有苏州织造款识的就有 3291 件，织绣画中巨大的西方极乐世界图轴应为苏州织造局所出。此外，故宫博物院还收藏有现代苏绣大师金静芬、薛文华等人的绣画作品。

在苏州老字号，我们的向导是“老万年”传承人戚春兰老师。戚春兰老师先请我们品茶，从取茶到冲泡再到饮茶，每一个步骤都有讲究，又有诗句相配，这就是苏州人讲的“过生活”。很多人认为现代人整日疲于奔波，根本不能奢望生活美学。但就像蒋勋对于“生活美学”的理解：所有生活美学，只是在抵抗一个字——“忙”。“忙”就是心灵死亡，一个礼拜至少有一天，和自己的家人，好好吃个饭，这也是生活美学。

戚春兰老师讲述，当年爷爷让她做的第一个作品是手镯，取“守拙”的谐音，意思是让她坚守“做生活”的态度。我们也有幸体验了“做生活”——把一根“金线”的线头不断锉细，让它依次穿过 0.5 毫米、0.45 毫米、0.425 毫米、0.4 毫米、0.375 毫米的不同孔径，这就是细作中的“拉丝”。拉丝后制作的草编戒指，成为我们“做生活”的纪念。

■ 在“老万年”体验苏作

从“过生活”讲到“做生活”，戚春兰老师还提议我们去夜游拙政园，体验苏州人的“适意生活”。夜游姑苏使我们有机会在夜色中体验这座城市水陆相邻、河街并行的“双棋盘式格局”。这种格局在宋代时形成，也使苏州城中的“移步换景”得以传承至今。

拙政园是“四大名园”之一，也是苏州园林中规模最大、名气最大的一处。苏州园林共有 9 处世界遗产地，许多陈述都将拙政园放在首位，可见拙政园是苏州园林的必访之所。

拙政园建于明正德八年（1513 年）前后，建造者是王献臣，用晋代潘岳《闲居赋》中“灌园鬻蔬，供朝夕之膳；牧羊酤酪，俟伏腊之费。孝乎惟孝，友于兄弟，此亦拙者之为政也”句意为园名。修缮之后的拙政园 1954 年开始开放，现在已经是 5A 级景区。我们看到的拙政园大体采用的是清末拙政园的规模，分为东区（原“归

■ 夜游拙政园——昆曲表演

田园居”)、中区（原“拙政园”)、西区（原“补园”）三个部分。

拙政园有常规的夜游路线，可以观看昆曲表演，还开发了声光电的演出。相信通过节目镜头，能将其中的奇妙和意趣传递给观众。但我更希望大家能亲身体验夜游拙政园、夜游姑苏城的感受。我很赞同开展夜游活动，晚上不似白日喧嚣，有更多趣味。市民可以更自由、更安静地游览。故宫也曾举办过上元灯会，很受欢迎。

文徵明曾参与过拙政园的设计和建造，这已经被很多人熟知。“明四家”——沈周、文徵明、唐寅和仇英都是苏州人，但是苏州展出的“明四家”作品很少，这是苏州的一个遗憾。故宫博物院藏有600多件“明四家”作品。于是2013年故宫博物院在苏州举办了沈周特展，此后连续三年，又陆续举办了文徵明、唐寅和仇英的展览，让现在的家乡人可以对他们有更多的了解。

苏州不仅包括看得见的、物态的苏州园林，也包括无处不在的苏州园林的精髓和元素。在这座“看得见的苏州”里，人们枕水而居，怡然自得。而在“看不见的苏州”里，又处处镌刻着浓厚的园林印记。苏州的作品，从建筑业到制造业，从规划到设计，从工匠到技艺，精致细腻、赏心悦目，浸润着精益求精、追求卓越的园林风格。苏州人的性格和生活方式，也是令人羡慕的。相信许多人都读过苏州作家陆文夫的中篇小说《美食家》，这部曾获 1983—1984 年全国优秀中篇小说奖的作品集中体现了苏州人对美好生活的追求。正是因为苏州有如此的魅力，有如此强大的文化基因，这座千年古城在新时代依然保持着蓬勃的生气。

守望行动：每个人心里都有一座园林

时间：2021 年 2 月 25 日上午
地点：拙政园

虽然昨晚我们已经在拙政园“打过卡”，但白天的景色也有另一番意趣。因此，我们在另一位世遗向导薛东老师带领下重游拙政园。

薛东老师毕业于同济大学，他的祖父薛福鑫、父亲薛林根都从事园林修复方面的工作。薛氏三代是“香山帮传统建筑营建技艺”薪火相传的典范。如今苏州园林中的很多修复细节，都出自薛东老师的祖父和父亲之手。

薛东老师向我们解释了造园十八法中的“借景”。借景是中国园林设计创作的主要理法。要知道，一座园林的面积和空间毕竟是有限的，为了扩大景物的深度和广度，丰富游赏的内容，除了运用多样统一、迂回曲折等造园手法外，造园者还常常运用借景的手法，有意识地把园外的景物“借”到园内视景范围中来，收无限于有限之中。比如沧浪亭虽有“亭”之名，却没有像大多数亭子那样四面敞开，而是设置了一个屏风，使得主欣赏面聚焦于与屏风相对的水面，起到了“园外之景，为我所用”的“借景”效果。

拙政园则借景于园林外的北寺塔，使园内无论视野还是境界都更为开阔，假如在北寺塔那里新建了一栋摩天大楼的话，这个意境就完全没有了。

说到这里，就不得不提到这座始建于南朝梁的北寺塔的另外一

■ 拙政园梧竹幽居亭

个作用——控制城市高度，苏州地方政府多年前就开始限制老城区新建筑的高度。“城市天际线”是老城区保护的重要概念，苏州古城区建筑的高度记录，一直由北寺塔保持。一直到1976年，为发展旅游业，苏州饭店建设了苏州饭店东楼，高38.2米。即便如此，苏州的古城区的城市天际线保护得还是相当好的。

闲谈间，我们来到远香堂，这次的守望行动——造园大赛在这里开始。比赛中我们分为两组，借助微模型，运用理水、叠石、建筑、植物四种手法，造出了自己心中的园林。

我们这组的作品取名“清远宅”，与马清运老师的名字一字之差，取“闹中取静、宁静致远”之意。黄觉、阎鹤祥一组的作品中包含四时花木，为致敬拙政园而取名“小拙圃”。“造园”过程中，我结合这两天的所见所得，再次真切地体会到了园林之美。

园林是闹市中取静之地。苏州，也会是中国繁荣现代化中的一块文人之土。如何在一个繁华都市中，在咫尺天地里面营造出自己理想的家园？我们游逛园林，或许就是寻找自己心中园林造景的方法。

今天早上，我在拙政园里遇到了一位83岁的老大姐，跟她聊天使我很感动。她并不住在拙政园附近，但是每天都要来，至今可能已经来过1000次以上了。她喜欢苏州古典园林，可以说整个园林融入了她的生活，融入了她的生命中。她对于每一扇花窗都很熟悉，一点一点地给我讲解，跟我们的园林导游一样。一位八十多岁的老人，对于古典园林的细节、局部，能够有细致入微的观察，对于周边的环境也很熟悉，我觉得这就是今天苏州古典园林

■ 遇到逛苏州园林的老人

存在的意义。

苏州园林在1953年开始进行大规模的修缮，1954年就对公众开放了，从过去的私家园林变成了公共的文化空间。在1997年，苏州古典园林成功地进入了《世界遗产名录》，走向了世界。中外宾客通过苏州提供的影像资料和书籍，了解到这一方美好的天地，有多少人为之而感动。这就是我们今天保护世界文化遗产的一个重要的目的，我们要传承和弘扬中华民族优秀传统文化中凝练出的这些杰作。

以香山帮为代表的苏州工匠，在默默无闻地为园林做贡献的同时，也形成了一个中国传统的非物质文化遗产，一代一代的传承人在今天仍然活跃在文物保护事业中。所

■ 守望行动体验造园

以，我们不但要保护物质的遗产，还要保护非物质文化遗产。我们通过这样的考察学习，感受到一种精神遗产，一种坚守取法自然、人与自然和谐的理念。

苏州古典园林已经成为一个文化空间，为广大民众服务。许多园林里有很丰富的教育活动和文化活动，甚至在夜间也不停歇。拙政园一直到晚上10点还在开放，昨天晚上我们就在拙政园参加了夜游活动。这就是我们今天的追求，要把文化遗产真正融入人们现代生活，使更多的人接近它，走进它；来到园林，有所收获地离开；走了以后还想再来。这就是保护与传承的目的。

苏州历史文化名城有几千年的历史，在这期间苏州一直在保护传统的街道格局，平江路、山塘街这些历史街区都因为保护出色而成为中国历史文化名街。我们自申报世界遗产之时，就开始了苏州古典园林的监测，世界遗产监测数据每年上报国家文物局，上报联合国教科文组织世界遗产委员会，苏州因为保护出色而成为世界文化遗产监测中的典范。苏州古城里面九处世界遗产，有各自的保护范围和缓冲区，这就整个控制了苏州古城大面积的历史街区，使整个苏州能够形成一个平缓开阔的格局，我觉得这都是保护世界遗产而发挥的作用。

通过这样的考察学习，我们感受到了苏州古典园林的美，也感受到了人们对于它的热爱，更看到了苏州人为了保护古典园林所做出的努力。我们有义务把这些故事讲给更多的人听，这就是我们《万里走单骑》的初衷。

世遗课堂：世界园林与“苏州经验”

世界园林分类各异，从地域角度主要可以分为中国园林体系、西亚园林体系和欧洲园林体系。三大园林格局特色，构成了不同的景观艺术。

前面已经讲过，中国古典园林包括皇家园林、私家园林、寺庙园林三大类。这其中皇家园林的代表颐和园和承德避暑山庄均已成为世界遗产。苏州古典园林是私家园林的代表。寺庙园林在 4 世纪就已经出现，以佛寺、道观、坛庙、历史名人纪念性祠庙为代表，遍布名山大岳和文化古城。东晋太元年间（376—396 年），僧人慧远营造的庐山东林寺已是融入自然景观环境的禅林。

西亚园林体系建筑封闭、规划齐整，以巴比伦、波斯园林建筑为代表。欧洲园林体系气势恢宏、严谨对称，以英国、法国、意大利建筑为代表。欧洲园林体系在早期的发展演变中较多吸收了西亚园林的风格，18 世纪以后又借鉴了中国的造园艺术中天然野趣的布局和风格。1774 年，在凡尔赛园林里建成的小特里阿农花园，被称道为“最中国式”的欧洲园林。

欧洲各国园林也充分体现了本国历史文化和主要地形地貌特点。以意大利园林为例，它继承了古罗马花园的特点，采用规则式布局。园林一般附属于郊外别墅，与别墅一起由建筑师设计。园林一般分两部分：紧挨着主要建筑物的部分是花园，花园之外是林园。意大利境内多丘陵，花园别墅造在斜坡上。比如建造于 1564 年的朗特别墅，以水从岩洞发源到流泻入海的全过程为基本题材。花园最高处的树林中，从岩洞里流出的一股泉水，顺坡而下，形成喷泉、链形叠落渠、瀑布、河流等，构成中轴线。最后在底层平地形成水池，池中央有出色的雕像群。四周有绣花图案的植坛。主体建筑位于中层台地上，为一对小别墅，分居中线两侧，保持了中轴线的完整。

法国园林萌芽于罗马高卢时期，受到意大利园林风格的影响，又结合了法国地形平坦的条件，发挥了宏大而华丽的特点。在园林理水技巧上多用平静的水池、水渠，很少用瀑布、落水；在剪树植坛的边缘加上花卉镶边，以后逐步大量应用花卉，发展成为绣花式花坛。

以节目中提到的凡尔赛宫园林为例。花园在宫殿西侧，从南至北分为三部分。南北两部分都是绣花式花坛。南面花坛再向南是橘园和人工湖，景色开阔，是外向性的；北面花坛被密林包围着，景致幽雅，是内向性的。一条林荫路向北穿过密林，尽端是大水池和海神喷泉。中央部分有一对水池，从这里开始的中轴线长达数千米，向西穿过林园。林园分两个区域，较近的一区叫小林园，被道路划分成 12 块丛林，每块丛林中央分别设有水池、水剧场、岩洞、喷泉、亭子等，各具特色。远处的大林园全是高大的乔木。中轴线穿过小林园的一段称王家大道，中央有草地，两侧排着雕刻。王家大道东端的水池里立阿波罗母亲的雕像，西端的水池里立阿波罗雕像，阿波罗正驾车冲出水面。这两组雕像表明，王家大道的主题是歌颂太阳神阿波罗，其实也就是在歌颂号称“太阳王”的路易十四。进入大林园以后，中轴线变成一条水渠，另一条水渠与它十字相交，构成横轴线，它的南端是动物园，北端是特里阿农殿。

马清运先生在美国任教，我们自然也要谈一谈美国园林。在殖民统治时期，美国没有大规模的园林建造，园林的基本形式多采用欧洲历史上的园林风格。19 世纪后，园林的建造有所发展。随着美国大城市的发展，自 19 世纪中叶起，城市公园大量涌现。我在良渚古城遗址公园中讲到的纽约中央公园就是其中代表。由于第二次世界大战，欧洲著名的现代艺术家和建筑师纷纷来到美国，美国由此取代欧洲成为世界现代艺术和建筑活动的中心。

■ 袖珍公园的代表——纽约帕雷公园

此后，美国社会处在巨大的变化之中，风景园林行业也进入了繁荣时期。一方面，小尺度的私人园林、花园设计仍在继续；另一方面，公共领域的公园、植物园、居住社区、城市开放空间等园林作品逐渐繁盛。在美国大城市，如纽约还出现了一些见缝插针的小型城市绿地——袖珍公园，受到公众的欢迎。成为缓解公共绿地问题的一种方式。比如 R.L. 泽恩设计的纽约帕雷公园是第一个袖珍公园。这是解决无公共绿地分布的缓解方式。

前面讲到过，纽约大都会博物馆曾委托苏州园林设计所和苏州古典园林建筑公司，仿照苏州网师园殿春簃样式，设计、建造了“明轩”。这个项目的完成与苏州香山帮精湛的古建筑营造技艺传承密不可分。

香山帮是集木作、水作、砖雕、木雕、石雕等多种工艺技术于一身的苏州匠人群体。他们的营造技艺可以追溯到春秋时期。通过设计、修建北京紫禁城，香山帮营造技艺由南方传入北方，又经历了漫长的融合发展，形成了一种既适用于皇家建筑营造要求又兼具北方与南方传统工艺手法的新的营造技艺体系。在历代的修缮中，这套营造技艺体系不断完善、发展、传承，形成了流传至今的明清官式古建筑营造技艺。

1997年，苏州古典园林列入《世界遗产名录》。世界遗产中心在给苏州市的函件中要求“文化遗产保护范围扩展到整个苏州古城，此城市的文化价值是通过其几百个园林以及河道系统而体现出来的”。苏州人更强烈地意识到，古城的小桥流水、古宅深院、名胜古迹，都是古典园林不可或缺的基础；而香山帮的传统营造技艺更是传承文化的重要载体。

香山帮传统建筑营造技艺在2006年被列入中国第一批非物质文化遗产，成为最早被列入国家级非物质文化遗产的传统建筑营造技艺之一。这种营造技艺的传承，单靠个人或小团体组织是无法维系下去的。苏州的经验是，政府或直接投资，或联合有实力的企业，为传承人搭建通向市场的舞台。2006年，政府投资5亿元建设了“香山工坊”，用于传承发展香山帮传统建筑营造技艺。类似的还有常熟为保护苏作红木家具制作技艺而建造的苏式家具博物馆，吴江为保护蚕丝被制作技艺而建造的丝博园，东渚镇政府为保护缂丝、玉雕、刺绣等传统技艺而兴建的“百匠街”等。

2009年，集合了香山帮传统建筑营造技艺、徽派传统民居营造技艺、闽南传统民居营造技艺和北京四合院传统营造技艺等的“中国传统木结构营造技艺”入选联合国教科文组织非物质文化遗产。

2012年5月13日，联合国教科文组织伊莲纳·博科娃总干事来苏州访问，参观拙政园、苏州中心，并题词“祝贺亚太地区世界遗产培训与研究中心古建筑保护联盟设立，希望为亚太地区的世界遗产保护与持续发展做出新的贡献”，提出“苏州经验要与世界共享”。

通过不断完善遗产保护机制，形成的“苏州标准”“苏州经验”在国内外产生了广泛影响，并被大力推广。苏州市坚持遵循传统与推陈出新并举，以保护遗产真实性、完整性为目标，实施园林的精细化保护管理。坚持中国古建筑维修保护原则，建筑、假山、驳岸、铺地等养护维修最大限度地采用传统材料、沿用传统工艺。遵循传统形制，恢复园林陈设。苏州在全国率先建成世界遗产监测预警平台和遗产地年度监测报告模板，承担了全国首批中国世界文化遗产动态信息系统和监测预警系统实施试点项目，为全国各地提供了监测预警信息系统开发的模板。

在苏州古典园林列入世界遗产之后，保护古城风貌就愈显重要。苏州把世界遗产保护纳入城市总体规划中。2014年，中国向第38届世界遗产大会提交的“大运河”文化遗产项目获得通过，而苏州是唯一一座把整个古城打包申遗的城市，对大运河遗产价值的揭示起到了积极作用。了解苏州的人都知道，当下有两个苏州，古苏州和一东一西建在古城外的新苏州。苏州古城的城址至今未变，保存水陆平行、河街相邻“双棋盘”的城市格局，与宋代《平江图》反映的城市格局基本相符。而苏州古城两翼的工业园区和高新区，开发建设中也坚持移植、借鉴造园技艺和园林文化，运用现代手法诠释园林的古典意境，利用自然山水优势融入园林建设理念，将古典园林文化扩散放大，构造出“真山真水园中城”的整体区域景观。现在遗产保护意识已经深入到苏州人民心中，他们对自己的家乡充满自豪，我们相信苏州会建立遗产保护和城市发展的新标杆。

传承与保护的故事每天都在上演。我曾在北京市房山区工作。房山区的云居寺以木版经、石版经、纸经“三绝”为人们所熟知。云居寺的半山腰有唐代的塔，塔周身有一圈印有佛像的瓦，共 108 块。因为年久失修，瓦一揭开就碎，于是我们决定修缮换新瓦。在瓦揭开的当晚，塔周围施工用的材料池子发生垮塌，灰浆进入地下，人们才发现地下还有暗室，里面有 109 块瓦。这是唐代人修建时给后人修缮备用的，甚至还多出来一块。这都是传承的实例，正是一代代人的努力，才保证了遗产的永续发展。

2020 年是故宫建成 600 年，我们喊出了“要把壮美的紫禁城完整地交给下一个 600 年”的口号。故宫博物院购买了一批高品质的修缮原料作为储备，其中购买了 100 块用于太和殿尺寸的“金砖”供后世使用。

关于文化遗产传承与保护的“苏州经验”和“中国经验”还有很多。“布鞋男团”在依依不舍中告别了苏州城，期待着下一站的到来。

8

2021年 02月 27日

2021年 02月 28日

万里走单骑

老单日记

第八站

黄石矿冶工业遗产

遗产地档案

遗产名称	黄石矿冶工业遗产
遗产位置	湖北省黄石市
遗产种类	文化遗产
遗产地边界范围	遗产申报区范围：424.7 公顷 缓冲区面积：1286.6 公顷

我们有悠久的古代文化遗产，还应该有20世纪、21世纪的文化遗产，这样的遗产链条才是完整的。

百里黄金地，江南聚宝盆

时间：2021 年 2 月 27 日 上午
地点：黄石国家矿山公园

“小燕子 ，穿花衣，年年春天来这里。我问燕子你为啥来？燕子说：这里的春天最美丽。”

这首歌谣《小燕子》，在中国可谓人尽皆知。但歌词的后半段似乎不那么耳熟能详：

“小燕子，告诉你，今年春天更美丽。我们盖起了大工厂，装上了新机器，欢迎你长期住在这里。”

这里唱的“大工厂”，就是《万里走单骑》这一站要探访的黄石矿冶工业遗产。世界上已经有很多国家的工业遗产列入《世界遗产名录》，比如英国的索尔泰尔工业区、奥地利的塞默灵铁路等，但中国至今还没有一处工业遗产成功申报。“布鞋男团”选择正在申遗中的黄石矿冶工业遗产，希望用自己的行动为中国第一处世界工业遗产助力。

黄石矿冶工业遗产位于长江中游、湖北省东南部，为系列遗产，由铜绿山古铜矿遗址、汉冶萍煤铁厂矿旧址（含大冶铁矿天坑）和华新水泥厂旧址组成。从遗址名称可以看出，它们涵盖了从矿产开采、冶炼到制造、加工成型完整的生产环节，共同构成了一个矿冶遗址群。

矿冶生产是人类最早进行的认识自然、改造自然的活动之一。从某种意义上说，一部人类文明发展史，就是一部矿冶发展史。黄石是长江流域历史上最早开发的地区之一。早在商代，铜绿山就已经开始了开矿炼铜的活动，成为华夏青铜文化的发祥地之一，也成就了楚国 700 余年的繁荣。黄石因此有“青铜古都”之称。

到了近现代时期，“三千年炉火不灭”的黄石又加载了“钢铁摇篮”和“水泥故乡”等标签，其矿冶生产技术随着社会的发展而进步。

黄石的矿冶文化可以说是中国社会文明发展史的一个缩影。在黄石，我们既能够读到 3000 多年前的古中国的吉光片羽和丰厚遗存，也能看到当下正在腾飞的中国的浓墨重彩和灵光闪耀。

黄石矿冶工业遗产的独特价值和魅力，需要亲身探寻方能体验。我们在黄石国家矿山公园集结，这里也是大冶铁矿所在。

节目拍摄过半，“布鞋男团”早已深谙“绝知此事要躬行”。但这次的“躬行”有些特殊——在黄石国家矿山公园门口下了车，我们就接到了下矿井的任务。

接受了安全培训，配齐装备，“布鞋男团”在“矿三代”叶师傅的带领下，乘坐罐笼下到矿坑井底。

大冶铁矿约有 1800 年的开采历史，可以追溯到三国时期。当时这里是吴国属地，在吴黄武五年（226 年），大冶铁矿进行了第一次有明确史料记载的采矿活动。如今表面开采已经停止，地下开采还在继续。

“布鞋男团”乘坐罐笼，很快就深入到地下 120 米的位置。伴

■“布鞋男团”下矿井

随着罐笼持续平稳、缓慢的下降，叶师傅给我们讲了一些大冶铁矿的故事。

据考证，南宋绍兴四年（1134 年），抗金名将岳飞路经鄂州辖地大冶，也曾在此采矿，制造兵器。岳飞在鄂州驻军、作战、屯田近 10 年，炼制铸就了“大冶之剑”。

清光绪年间，洋务派代表人物、湖广总督张之洞为发展民族工业，命人在大冶等处勘察，于 1890 年得出结论：大冶铁矿储量丰富、品位极高，“每年开采一万吨，可供开采两千年”。张之洞于是致电李鸿章，决定开办大冶铁矿。大冶铁矿的矿石铁含量在 62% ～ 66%，且含有金、银、铜等成分，可以说是优质富矿。1893 年，大冶铁矿正式投入生产，当年产矿 3000 多吨。

总储量在 1.6 亿吨左右的大冶铁矿自近代大规模开采以来，共产矿约 1.4 亿吨（含 1938—1945 年七年间日军掠夺性开采的 500 多万吨）。叶师傅介绍，如今采矿活动已经深入到地下 270 米，辅助设施也已进入地下 680 米。大冶铁矿仍以每年 200 多万吨的产矿量为中国钢铁工业稳定贡献原料。

面对如此大的开采量，“布鞋男团”也为大冶铁矿未来的发展担忧。叶师傅介绍，大冶铁矿仍有很大的开采价值。同时，铁矿是不可再生能源，当地也在考虑工业旅游和石材资源利用等发展方向。

走上观景台，“布鞋男团”得以俯瞰亚洲最大的人工采坑——大冶铁矿大坑。1800 年以来，随着开采矿石数量的增加，大冶铁矿形成了落差 444 米，坑口面积 108 万平方米的矿坑。要知道，紫禁城的占地面积也不过是 72 万平方米，大冶铁矿天坑装下一个紫禁城还绰绰有余。“布鞋男团”刚刚从“天坑”爬出，身在局中未曾感受震撼，而今一旦身临其境，从观景台俯瞰天坑，瞬间的视觉冲击是极为强烈的——人类如同蚂蚁啃骨头似的蚕食、搬运上千年，居然也能形成如“天地为炉兮，造化为工；阴阳为炭兮，万物为铜”的效果，堪比大自然的鬼斧神工。与此同时，我们也形象地感受到了黄石矿产的丰厚，不愧有“百里黄金地，江南聚宝盆”的美誉。

提炼矿石过程中不可避免地会产出大量的废石。自近代大规模开采以来，大冶铁矿排弃的废石约 4 亿吨，形成了面积约 400 万平方米的废石场，导致废石堆积如山，乱石穿空，且寸草不生。好在经过近 30 年坚持不懈的复垦，黄石人发现刺槐等少数植物能在废石场生根发芽，茁壮生长，就将其作为绿化植物，予以大批量栽种。所以，黄石人又创造了一个“亚洲第一”——硬岩复垦基地面积亚洲最大，实现了“石上开花”的奇迹。

■ 大冶铁矿天坑

“汉冶采坑观光区”和“复垦生态观光区”在黄石国家矿山公园形成了“一园两区”的规划格局。然而，全世界范围内也有很多像黄石铁矿这样的工业遗产，那么黄石独有的遗产价值又是什么呢？

叶老师神神秘秘拿出了一个箱子。箱子中有 4 个凹槽，每个凹槽下都标有数字，分别是 1890、1908、1946、3200。他说，要想了解黄石矿冶工业遗产的突出价值，集齐与数字相关的 4 块宝石就能得到答案。

“1890”这个数字与大冶铁矿密切相关，我们已经很熟悉。1890 年湖广总督张之洞兴办钢铁企业，引进西方先进设备、技术和人才，建成中国第一家用机器开采的大型露天铁矿，成为汉阳铁厂的原料基地。大冶铁矿作为“钢铁粮仓”，是黄石矿冶工业遗产价值的重要体现。

我们将在叶老师引导下找到的一块铁矿石放入“1890”凹槽中，完成了“黄石寻宝石”之旅的第一关。

输出一个青铜时代

时间：2021 年 2 月 27 日上午
地点：铜绿山古铜矿遗址

既然“1890”凹槽代表 1890 年近代工业开端的铁矿石，大家自然猜测其他 3 个数字也是纪年。1908、1946 两个数字都说得过去，但 3200 似乎有点“穿越”。我提示说，黄石有 3200 年前的工业遗产——铜绿山古铜矿遗址。于是大家决定去铜绿山“寻宝”。

铜绿山古铜矿遗址是黄石矿冶工业遗产三千年的起点，被称为“中国第一矿”“千年铜绿山”。它以其规模之大、开采历史延续之长、技术水平之高，代表了亚洲古代手工业矿冶生产的最高水平。

这里包含了采矿、选矿、冶炼、制造、加工等矿冶工业要素。这些要素融合了时间和空间，共同形成了一个完整的矿冶生产序列，代表了古代传统青铜文明和现代工业文明肇始时期的最高水平，不仅影响了世界矿冶史，也奠定了黄石作为文化遗产的重要地位——它是东亚地区古代和现代工业文明萌芽时期重要发源地。

“布鞋男团”在铜绿山的世遗向导是湖北省文物考古研究所的

■ 铜绿山古铜矿遗址

陈树祥研究员。与陈老师一见面，大家就考证起“铜绿山”的发音。因为铜被氧化以后呈现绿色，所以铜锈也称“铜绿”，但陈老师依然保留着当地的发音习惯，称这里为“铜 lù 山”。据我所知，湖北还有个绿林山（今湖北大洪山），也是应读为 lù 林山。这个绿林山在古代历史上很有名，两汉之间的新莽时期（9—23 年），新市（今湖北京山县东北）人王匡、王凤在天凤四年（17 年）被饥民推举为首领，这支起义军以绿林山为基地，被称为绿林军。绿林军声势浩大，甚至后来的东汉开国皇帝刘秀都与他们联手过。绿林军在各种反莽力量的配合下，顺利攻取长安（今西安），新莽政权覆亡。后世把聚众抗官或劫富济贫的人称为“绿（lù）林好汉”，就是这么衍生出来的。

铜绿山古铜矿遗址的发现，也与铜矿开采活动相关。20 世纪 70 年代初，在铜绿山开采过程中，工人们意外地挖出了铜斧、铜锛等 13 件青铜工具，其中最大的一件铜斧重达 3.5 千克。此外，还有木锹、竹筐、绳索、桶、勺等器具。

大家意识到，这有可能是一项重要发现，于是将保存完好的一柄铜斧寄给中国历史博物馆，同时附信请求帮助确定采矿年代。中国历史博物馆收到消息以后，立即要求矿山方面保护现场，三天后专业的考古人员就来到现场。

经过长达数年的考古发掘，铜绿山的发掘成果震惊了世人。没有想到这里最早可追溯到 3000 多年前的商代晚期。考古过程发掘出西周至西汉末的采矿井、巷 360 多个，并陆续发现古代遗留下来的约 40 万吨矿渣。考古人员发现这些矿渣的含铜量一般都小于 0.7%，说明在春秋时期冶铜技术已经十分成熟。对比工业文明较为发达的欧洲，法国在 1825 年才达到这个水平。陈老师用乡音讲述这些黄石故事，语气中流露着自豪。

以这些矿渣计算，从商周、春秋、战国到西汉的 1000 多年中，这里大约产出了 10 万吨铜。因此这里一直都被叫作“状元矿”。10 万吨是什么概念呢？大家所熟悉的青铜器后母戊鼎，高 133 厘米，重 0.83 吨。10 万吨铜可以铸造出超过 10 万尊后母戊鼎。

大家熟悉的曾侯乙编钟是湖北省博物馆的“镇馆之宝”，在中国冶金史、中国音乐史上都有重要地位。现已检测到曾侯乙编钟的用料正是来自铜绿山。曾侯乙编钟重约 2.5 吨，铜绿山的产铜量足够铸造 4 万套同样的编钟。可以说，铜绿山输出了一个青铜时代。

2001 年，铜绿山古铜矿遗址被评为中国 20 世纪 100 项考古大发现之一。这里是迄今为止中国保存最完好、最完整，采掘时间最早，冶炼水平最高，规模最大，保存最完整的一处古铜矿遗址，在中国首屈一指，在世界亦属罕见。

开采铜矿是一个复杂的工程，要解决好井下的通风、照明、排水等一系列问题，更要保障采矿作业安全。防止井巷坍塌，在现代采矿生产中也是一项重要课题。铜绿山古铜矿遗址的井巷大多数开凿在矿体富集的接触破碎带内，围岩松软。这对古人而言，无疑也是一个技术难题。

考古中发现，古人在巷道内采用了支护技术。我们在铜绿山古铜矿遗址展馆的井巷复原区看到了不同时期的支护技术。战国以前主要采用榫卯结构木支护技术，圆形的榫卯结构很少见，陈老师介绍这是为了使构件有调节余地，能在不同场合下使用。战国至西汉时期竖井主要采用垛盘结构、平巷采用鸭嘴结构等符合力学原理的

■ 井巷及支护技术（考古发掘现场）

木支护技术。经支护后的井巷，能有效地承受顶压、侧压、底压。横纵交错的巷道中，没有一颗钉子的木质支架屹立千年不倒，彰显着古人的智慧。

此外，考古人员发现古人已经开始采用竖井和盲井结合的方法，借助竖井井口高差实现自然空气流通。阴天气压低时，还有加热空气、辅助流通的应变措施。

在排水、提升等问题上，古代铜绿山的作业方式也相当专业。古矿井中在商周时期已经逐渐形成较为完备的排水系统。例如采掘面和巷道中会有地下水渗出。古人用互相衔接的木水槽，将水引入专门设置的排水巷道。通过排水巷道，将水集中于井下集水井，然后用木桶提升出地表。到战国时期，铜绿山已经开始使用木制辘轳进行提升，这说明至少在两千多年前我们的祖先就开始在矿井中使用木制机械了。支护、通风、排水、提升，甚至采光照明，尽管在当时的社会背景下，这些技术已经十分先进，但古人采矿劳动还是十分艰辛的。

古代的采矿巷道都很狭窄低矮，春秋时期尤甚。“布鞋男团”参加的古矿井巷道体验项目，就是在复制的春秋时期的巷道内，辗转前行的实景模拟项目。

黄觉自告奋勇，代表“布鞋男团”参与体验。矿井狭窄低矮，只容一人跪着向前爬行，刚行进了十几二十米的距离，就已经累得人气喘吁吁，更不用说带着工具劳动了。大家都感慨说，如果先去体验了春秋时期采矿的艰辛，再去欣赏曾侯乙编钟等青铜时代文物，会对中华文明的理解更深一层，也会更多体验到历史的沉重感和厚重感。

到了战国至汉代，采矿作业条件比春秋时期已有了不少进步。矿道内最宽敞时可以达到 1.7 米高、1.9 米宽，矿工可以在里面俯身行走、站立劳动，也更方便输出大块矿石。对比我们上午乘坐的罐笼，“布鞋男团”感慨三千多年前矿工的艰辛，也切身体会到生产力水平的提高。

大冶铁矿和铜绿山铜矿体验不仅让“布鞋男团”感受到了黄石矿冶工业遗产的宝贵和唯一性，更感受到了这里的另一个核心价值——延续性。从青铜时代走向铁器文明，3000 多年的黄石矿冶开发史，是社会发展和文明延续的见证。后面的行程中，我们还会体验现代工业文明在黄石的延续。

我们要保护的，是这种具有传承精神的“活态”遗产，更是人们生生不息的奋斗精神。现在铜绿山正在建设新的遗址博物馆，铜绿山古铜矿遗址的价值会被更全面、更生动地展示给广大观众。

在铜绿山，我们收集到了对应“3200”凹槽的第二颗宝石——孔雀石。孔雀石是原生含铜矿物氧化后形成的富集铜矿物，也是大冶古代工匠寻找铜矿脉的标志物。收集宝石、探寻遗产价值的旅程还在继续，我们赶往下一站——华新水泥厂旧址。

水泥故乡

时间：2021 年 2 月 27 日下午

地点：湖北水泥遗址博物馆、华新水泥老工人家

十多年前我曾来黄石考察，意识到这里工业遗产的重要价值。于是在 2011 年 3 月的全国“两会”上，由我牵头，联合 40 位政协委员联名提交了《关于设立黄石国家工业遗产保护片区的提案》，建议以华新水泥厂旧址为依托，建立“中国水泥博物馆”，打造铜绿山考古遗址公园。十多年后，我们欣喜地看到湖北水泥遗址博物馆已经建成了，并且完整收藏了华新水泥厂建厂数十年来所有的工业零件模型与相关资料，在工业发展历史上具有相当丰富的研究价值。

清光绪三十三年（1907 年），清政府为增强国力，发展民族工业，决定建设南北大动脉——粤汉铁路。当时的湖广总督张之洞经过考察，发现黄石黄荆山上的岩石是制造水泥的上等原料。后经德国化学家化验，得出“大冶黄荆山的矿石乃是生产水泥的石灰石最佳原料”的结论。因此，张之洞上书朝廷，力陈开办水泥实业的利害。光绪皇帝朱批“依议，钦此”，批准他创办大冶湖北水泥厂。大冶湖北水泥厂就是华新水泥厂的前身。

华新水泥厂见证了中国民族工业从萌芽、发展，到走向现代的历史进程。这里比中国首家水泥厂——唐山启新水泥厂建设时间略晚，但两家水泥厂地理位置不同、生产能力相当，形成了一南一北的水泥生产格局。

1946 年，在大冶湖北水泥厂旧址兴建了华新水泥股份有限公司

■ 华新水泥厂 1~3 号湿法回转窑旧貌

大冶水泥厂。该厂是我国现存生产时间最长、保存最完整的水泥制造企业遗存。1949 年初第一台湿法水泥窑建设投产后，技术装备水平和生产规模能力曾被誉为“远东第一”。

在华新水泥厂，我们的世遗向导是吴伴元老先生，他今年已经 83 岁了，在水泥厂做了一辈子看火工。一窑水泥的质量如何，很大程度上由炉火决定，这一炉火也是吴伴元老先生一辈子的骄傲。

吴老先生带我们参观了华新水泥厂的 3 个水泥窑。其中 1 号和 2 号水泥窑设备于 1946 年从美国进口，水泥窑台时产量 25 吨，日产熟料 1800 吨。随着水泥需求量的增加和国内技术水平的提高，华新决定不依靠进口，自己建设 3 号窑，就是现在的华新窑。

华新窑窑型规格与 1 号、2 号窑基本相同，但墩座由原来的每窑 7 座精简为 6 座。设备由兰州石油化工厂制造，其性能通过国产化已多有改进。1977年，华新窑正式投产，一次试车成功，年生产水泥能力增加23万吨。在华新窑成功经验的基础上，全国随后推广建设了几十条水泥生产线。华新窑成为中国水泥工业发展的里程碑。

华新水泥厂的产品见证了新中国的建设发展。人民大会堂、武汉长江大桥、南京长江大桥、三峡水利工程、葛洲坝水利工程等国家重点工程，均选用华新水泥。2005年，华新水泥厂老厂区陆续停产。如今的华新水泥股份有限公司依然在为中国的建设发展贡献力量，名列中国制造业500强。

从吴伴元老先生的讲述中，我们能感受到他作为一名华新工人的骄傲。吴老先生全家四代人都在华新工作，华新水泥厂代表着黄石人的工业情怀。黄石有很多四代工人家庭。他们生于斯、长于斯，一辈子都与黄石同脉搏、共命运。我们相约去吴老先生家里吃晚餐，与老工友们相聚。

在吴老先生家里，围坐着许多华新的老工人，他们大多数都已经退休，但聚在一起聊天时，说得最多的还是以前在水泥厂的工作。一位工人师傅说，如果明天华新水泥厂旧址复工，他能立马回到原来的工作岗位。另一位老工人说，他到现在还经常梦到去上窑干活。听他们讲述过去，仿佛眼前的都还是年轻的工人，他们还生活在那个热火朝天的年代。

在一代代华新人的记忆中，深深镌刻着华新水泥厂的荣耀与过往。他们用双手创造的眼前的国宝华新旧址，是黄石矿冶工业遗产的重要部分，特别是在遗产的延续性和密集性方面再次证明黄石矿冶工业遗产的核心要素。这片土地早在数千年前，就以劈开的山石、燃烧的炉火熔炼出了华夏大地灿烂的青铜文明；也在举步维艰，百废待兴的动荡时代，开启了一个国家的钢铁时代。现在的它，仍然在为铸就大国重器贡献自己的力量。工业遗产对于黄石，不仅承载着黄石人的历史记忆和深厚情感，也是一种机遇，是未来的答案。

一顿充满情怀的便饭结束，吴伴元老先生把第三颗宝石——石灰石拿给我们。1946 年华新水泥厂的建设，是标记黄石遗产价值的另一块拼图。

守望行动：从功能城市到文化城市

时间：2021 年 2 月 28 日
地点：汉冶萍煤铁厂矿旧址 、黄石电台

守望行动之前，我们还要收集最后一块“宝石”。与 1908 这个数字相关的汉冶萍煤铁厂矿旧址是我们的寻宝地。

1889 年，张之洞主持修建卢汉铁路，下决心开发中国自己的铁矿和铁厂。1897 年，汉阳钢铁厂竣工投产。但当时铁路建设面临资金短缺、技术落后、列强侵犯等种种困难。

1908 年，为了满足近代中国对铁路建设的需求，汉冶萍煤铁厂矿建成。“汉冶萍”分别是指江西的萍乡煤矿、汉阳铁厂、大冶铁矿，它们共同组成了中国近代史上最早的企业——汉冶萍煤铁厂矿有限公司，目的是以大冶之铁、萍乡之煤炼汉阳之钢。这里也是亚洲最早的近代钢铁联合企业，远远早于日本的八幡制铁所和印度的塔塔尔钢铁公司，曾被誉为“东亚第一雄厂”。

作为一个对于中国现代工业化进程具有开端意义的工业联合体，汉冶萍煤铁厂矿是在中国由传统社会向近代社会过渡的新旧、东西文化碰撞的社会背景下，受到“洋务运动”主张的“师夷长技以制夷”“中体西用”的实用经世思潮深刻影响而产生的。张之洞当初创办汉冶萍的时候，也是看中了黄石的矿藏丰富。这里在民国初期也发展为中国最大的钢铁工业中心，也是当时中国唯一一个同时拥有钢铁、水泥、有色金属、煤炭、机械、电力的重工业基地。

时至今日，汉冶萍煤铁厂矿旧址所在的新冶钢铁厂仍然发挥着重要作用。显示了黄石遗产的延续性和活态传承。黄石生产的特殊钢用途极其广泛，“神舟”“天宫”“嫦娥”“歼十”系列等一众大国重器中都有使用。所以，最后一块“宝石”毫无疑问就是钢块了。孔雀石、铁矿石、石灰石、钢块，这四块“宝石”完整讲述了黄石工业遗址的故事。

以铜绿山古铜矿遗址、汉冶萍煤铁厂矿旧址、华新水泥厂旧址、大冶铁矿露天采场为代表的黄石矿冶工业遗产，不仅完整展示了“三千年炉火不灭”的矿冶文明，也充分展现了近现代工业化进程，可以说“上九天揽月，下五洋捉鳖”都离不开黄石。黄石矿冶工业遗产的完整性、系统性、代表性世界罕见，也淬炼出黄石人坚韧不拔的性格。

通过两天的行走，我们了解了黄石作为工业遗产的价值，它不仅在历史中承载了重要的使命，在今天仍是黄石发展的经济命脉。所以今天我们应当把黄石矿冶工业遗产进行活态传承。

文化遗产的传承与保护不可能依靠少数人的力量完成，每个人对传承和保护也有不同的看法。这一次的守望行动，我们来到黄石电台，通过电波和更多的市民进行交流，听听他们对于工业遗产保护，对于黄石未来的考虑。

很多热心市民打来电话，有的表达他们对黄石的热爱，有的感慨黄石今天的变化。有一位白先生的来电令我印象深刻。他讲述了黄石之前被称为“四龙”的故事。大冶铁矿浓浓的黑烟，被称为“黑龙”；华新水泥厂冒出的灰烟，被称为“灰龙”；发电厂冒出的蒸汽，被称为“白龙”；有色金属公司冒出来黄烟，被称为“黄龙”。如今通过环境整治，“四龙”飞舞的现象已经不存在了。这里建成了国家遗址公园，磁湖周边建成了长长的绿化带，黄石正在从一个功能城市走向文化城市。

这两天与当地人的交流，使我感受到黄石人民对于自己的城市充满了尊重与敬爱，每个人都知道这座城市在一天一天地变好。昨天来到黄石，我在江边走了走，感受到了黄石新的气象。

过去我曾来过黄石两次，这是第三次来。以前我只知道这里是一个有很多工业遗产的城市，但这次来我的突出感受是黄石不仅是名副其实的工业遗产城市，也是拥有申报世界遗产潜能的工业遗产城市。

黄石矿冶工业遗产的价值和系统性、唯一性都是非常完整和丰富的。一般来说工业遗产的年代相对年轻，但是黄石的采矿历史可以追溯到3200年以前，今天它仍在生产，是活态的遗产。黄石矿冶工业遗产跟那些离开我们社

■ 黄石电台守望行动

会生活的，仅仅作为观赏、研究对象的文化遗产不一样，它还在为我们社会生活造福。

现在，黄石这座城市已经变得更美。工业遗产在转型，在转型的过程中有的工厂还在继续生产，但是产品在提升，产业也在升级。有些已经停产的区域留下了大片的工业遗址，可以说，能够在一个密集的城市核心区域保留下来这些遗址，是非常难得的。这些遗址所代表的成就曾是我们的祖先、前辈引以为傲的事业，是一直在持续着的史诗般的壮举。开山取石、冶炼锻造、制作的产品走向世界，使得黄石成为亚洲之最、世界之最，这就是黄石人创造的壮举，是黄石人的骄傲。

今天这些工业遗产还在述说着往事，因为它们留下来了。任何一个城市，它的历史叠加得越深厚，也就越有魅力，越有文化底蕴。黄石就是一个历史文化叠加丰厚的有文化底蕴的城市。从3200年前的铜绿山古铜矿遗址，到1890年的大冶铁矿，1908年的钢铁联合企业汉冶萍煤铁厂矿，一直到几十年前的亚洲最大的华新水泥厂，这是一个连续的故事，也将成为一个工业遗产在社会生活中继续发挥作用的故事。这就是今天我们对于工业遗产的期待。

习近平总书记反复强调，让收藏在禁宫里的文物，陈列在广阔大地上的遗产，书写在古籍里的文字都活起来。这些工业遗产也应该活起来。它们活在哪儿呢？就是活在人们社会生活中。

比如我们东西长2400米，南北宽900米的大冶铁矿天坑保留了下来，将来一定会有发挥作用的场景。我一直在想，假如用多媒体技术让它亮起来，利用声光和全息影像讲风光，讲历史，再配合音乐，观众会有一种在其他地方感受不到的震撼。我想象不到一个2000多米长的大屏幕会讲出什么样的故事；四面八方的游客每天晚上慕名而来，观赏这个奇特景观，会是一种什么样的情形?

在我们的铜矿遗址，能够体验3000多年前人们采矿的生活，能够走进巷道近距离地体验古代的智慧。如果在晚间，遍地的声光电组成的铜草花，能够向人们传达什么样的体验？再比如我们的水泥厂，现在已经停产了，那些大型的设备如果能够被模拟出来，使人们可以参与互动，也是很有吸引力的。还有黄石的美食——如果人们在观赏文化景象的同时能够品尝美食，接触到非物质文化遗产，那么这个工业遗址也就变得有温度了。

工业遗产除去厂房设备等物质文化遗产，体现前辈敬业精神、工匠精神、创新精神以及锲而不舍精神的精神遗产也很重要。这也是工业遗产向后人所讲述的故事。

文物是会说话的，文化遗产也是会说话的，但是怎么说话？这在考验我们的智慧。现在黄石矿冶工业遗产中已经有三处是国务院公布的全国重点文物保护单位，如果它成为世界遗产的话，黄石矿冶工业遗产的故事将讲给全世界听，告诉人们工业遗产也是世界遗产大家庭的重要组成部分，是我们人类的创造。人类创造的链条不能断裂。我们有悠久的古代文化遗产，还应该有当代的20世纪、21世纪的文化遗产，这样遗产链条才是完整的。

多年来黄石矿冶工业遗产创造了巨大的精神物质财富，我们应该把黄石工业的记忆留下。比如工厂里的大烟囱，20年以后年轻人可能不知道什么叫烟囱了，这个记忆对后人来说将是新奇而震撼的。只有不断地叠加，一座城市的历史才能越来越深厚，城市的故事才能越来越生动，这样的城市才能真正从一个功能城市走向文化城市。黄石有这个潜能，黄石一定能成为世界遗产城市，成为一座令人瞩目、令人向往的文化城市。

世遗课堂：冲刺世遗，黄石的路还有多远？

对于为什么要保护工业遗产，或许还有很多人不理解。以华新水泥厂为例，水泥厂外表已经老旧，停止生产的工厂相当于失去了历史使命，还有保护的必要性吗？从景观角度，锈迹斑斑的工厂建筑，不像北京故宫、苏州园林等历史建筑那么吸引人，而且工业生产过程中还产生过污染，“四龙”的故事还出现在我们与市民的电波连线中，它的保护价值在哪儿？另一方面，华新水泥厂位于黄石中心地段，可谓寸土寸金。搞工业遗产保护可以创造多少 GDP 呢？华新水泥窑是 1946 年才建立的，如此年轻的建筑有保护的必要吗？

这些问题其实是很多人心中的疑惑。华新水泥厂有百年历史，是中国水泥工业的鼻祖，保障了祖国的重大工程建设。这些厂房和旧设备保存下来，可以让后代和中国乃至世界各地的人了解水泥工业的发展历史。另一方面，华新水泥厂旧址是这座城市特有的工业文化沉淀，见证着城市发展的脉络，维系着普通民众的情感。特别是黄石转型发展取得的成绩，有赖于华新水泥厂这样的近现代企业的点滴积累之功。这些积累成就了黄石“中国水泥故乡”的美名，华新水泥厂旧址保留的是黄石的根基。

其实对于工业遗产的保护，一直都存在争议，这反映了人们对工业遗产保护的认识不足。工业遗产是新兴遗产类型，其保护和研究工作由起源到发展不过几十年的时间。“工业考古学”的概念是20 世纪 50 年代才出现的，随着 1978 年国际工业遗产保护委员会在瑞典成立，工业遗产的保护开始走向全球化。2003 年，国际工业遗产保护联合会通过的《关于工业遗产的下塔吉尔宪章》提出，工业遗产是指工业文明的遗存，它们具有历史的、科技的、社会的、建筑的或科学的价值。2005 年 10 月在中国西安召开的国际古迹遗址理事会第 15 届大会暨科学研讨会上，将 2006 年国际文化遗产日的主题定为“工业遗产”，标明工业遗产作为专题独立。

与国内的江西、安徽、山西、内蒙古等地的矿冶工业遗产相比，黄石在延续时间和矿冶生产传统方面有明显的优势。黄石的矿产开采从西周一直延续到现代；生产方式从最原始的开采手段到最先进的机械生产，每个时期都留有大量遗迹；黄石生产的产品，在各个时代都是国家经济、军事需求的重要物质基础。

与国外的工业遗产地对比，无论是美国的亨伯斯通、圣劳拉硝石采石场，还是欧洲勒罗斯铜矿、德国的弗尔克林根钢铁厂，这些矿冶遗产都是集中于某一方面的核心价值，黄石则拥有完整的矿冶序列、系统化的冶炼技术、延续性的时间跨度。

黄石的几处旧址中，铜绿山古铜矿遗址于 1982 年被列为全国重点文物保护单位。2006 年 6 月，国务院又将“汉冶萍煤铁厂矿旧址”公布为全国重点文物保护单位。华新水泥厂旧址则在 2013 年被公布为全国重点文物保护单位。古代的铜矿，近现代的铁矿和当代的水泥厂，分三批列入重点文物单位，从侧面反映了文物保护界对于工业遗产的认识也是逐步提升的。

随着联合国教科文组织对世界遗产重要性的宣传，工业遗产保护工作也被推向了前所未有的全面发展的阶段，目前已经有很多国家或地区建立了工业遗产保护组织、协会、联盟等。在国际平台的全面推进下，工业遗产影响力日益增强，成为代表人类文明进程和物质发展的文化遗产不可或缺的一部分。

其实我们国内已经有很多工业遗产成功改造的事例。比如北京798艺术园区原为国营798厂等电子工业老厂区所在地，曾经一度要把它拆掉，但是很多艺术家和文化遗产保护人士认为应该保留下来。现在它已经成为很有名的文化艺术创意产业园区，园区内老火车的车厢已经成为餐厅和咖啡厅，很多国内外游客甚至外国政要都来这里参观。还有首钢工业遗址公园过去曾是一个大型的钢铁厂，现在已经变成遗址公园，大烟囱也成为它的特色象征。600年的北京看故宫，而100年的北京就看首钢，它向人们展示着北京近百年的工业历史。

黄石的申遗还有一些路要走，最关键的还是需要大家对“工业遗产”有更深层次的认识。其实早在1994年，黄石就被列入申报世界文化遗产预备名录。但是几年后，因为遗址底部矿床开采塌陷，铜绿山古铜矿遗址从申报世界文化遗产预备名录中清除，等到修复后，申遗工作又必须从头来过。这段经历让黄石痛定思痛，近年来黄石先后举办两届中国（黄石）工业遗产保护与利用高峰论坛，并发表新时期工业遗产保护宣言《黄石共识》，颁布了《黄石市工业遗产保护条例》，黄石市工业遗产保护中心也于2019年挂牌成立。黄石已然成为工业遗产保护的典范。

2009年黄石被列为全国资源枯竭城市，2012年黄石矿冶工业遗产入选中国世界文化遗产预备名单。2012年黄石被列为第一批国家公共文化服务体系示范区，2017 年黄石成为全国首批老工业城市和资源型城市产业转型升级示范区。创建黄石特色工业遗产博物馆群，开展工业遗产特色旅游的实践与探索，对于全面推进资源型城市转型、促进工业遗产保护与旅游业发展和全面建设工业文化博物馆服务体系具有重要的现实意义，在全国特别是在老工业城市和资源型城市转型中具有重要的示范作用。

黄石申遗以前，重工业的发展导致空气中有很多粉尘，被称为“光灰城市”。黄石以申遗为抓手，整合全市现有工业遗产资源，分类推进工业遗产保护修缮再利用，让“工业锈带”变成“工业秀带”，如今的黄石已经换了新颜，未来的黄石也会越来越美。

9

2021年 03月 06日

2021年 03月 07日

万里走单骑

老单日记

第九站

登封“天地之中”历史建筑群

遗产地档案

遗产名称	登封“天地之中”历史建筑群
遗产位置	河南省郑州市登封市
列入世遗时间	2010年
遗产种类	文化遗产
遗产地边界范围	遗产申报区范围：825公顷 缓冲区面积：3438.1公顷

正是由于无数基层文物保护者的守望，文化遗产才能成为今天大家共享的文化绿洲、精神家园。

何为“天地之中”

时间：2021 年 3 月 6 日上午
地点：登封市民文化中心

相传大禹治水时，把中华大地分为九州。九州之一的豫州，因位于天下之中，又称中州。那么，中州在哪呢？就在河南。河南是全国拥有世界遗产最多的省份之一，有龙门石窟、殷墟、登封“天地之中”历史建筑群。特别是长城、大运河、丝绸之路这三大文化带在河南都有汇集，这是非常壮阔的一个文化图景。以上罗列的这些，似乎只有登封“天地之中”历史建筑群最不为人熟知。

登封市是一座因山而立的古城，地处华夏腹地、中华民族摇篮的中心地域。登封“天地之中”历史建筑群就位于登封市。考古资料证明，距今 10 多万年以前，我们的祖先就在登封一带劳动、生息和繁衍后代。这里也是中国古建筑保存种类最多，修建时间跨度最长、历史文化内涵最丰富的地方县市。

2010 年 8 月 1 日，联合国教科文组织世界遗产委员会第 34 届大会在巴西首都巴西利亚召开，大会将河南登封“天地之中”历史建筑群列入《世界遗产名录》，使之成为中国的第 39 处世界遗产。

登封“天地之中”历史建筑群包括“8 处 11 项”遗产点。这些建筑物历经东汉、三国、西晋、北魏、隋、唐、五代、宋、金、元、明、清、民国至今已达 2000 多年，其中几项如汉三阙、中岳庙、周公测景台与观星台等，单独拿出来，其遗产价值都足以独立申遗。

距离申遗成功已经过去了 10 多年，仍然有很多人不知道“天地之中”在哪里，也不清楚它的遗产价值。“布鞋男团”这次的任务，就是让更多人了解“天地之中”作为一处完整世界遗产的价值和意义。我们的助力嘉宾是演员张国立老师。

在登封市民文化中心，我们遇到了这一站的世遗向导张双南教授。张教授是中国科学院高能物理研究所研究员、中国科学院粒子天体物理重点实验室主任、中国慧眼（空间望远镜）首席科学家。世界遗产的向导为什么是一位天体物理学家呢？

大家都知道，在对太空的探索方面，中国航天科技已经达到了国际先进水平，摆脱了关键技术受制于人的局面。但很多人厚今薄古，有一种认知错误，以为中国古代文化强，科学技术相对薄弱，尤其是在天文方面。

实际上中国人很早就开始了对宇宙形态的观察和探索，仰望星空的先人们也形成了朴素的宇宙观。“中国”最初的意义便是“位居天地中央之国”。在先民古老的宇宙观中，天地的中心就在文明早慧、国家早成、开放富庶的中原，而中原的核心则在登封市阳城一带。于是，先民在此观星量地，并神秘地感应到，这个天地相呼应的中心，就是王者与上天对话以达“君权神授”之地。

因此张双南教授一见到我们，就首先介绍自己是河南登封人。他的航天梦也是从这里开始。在张双南老师的引导下，我们首先来到周公测景台和观星台，感受古人的宇宙观和天文学成就。

天地之“中”在哪里

时间：2021 年 3 月 6 日上午
地点：周公测景台、观星台

在中国古代人们的认知中，“天”乃是最高的神，确立着世界的规范，世间万象皆取法于天，作为万物之灵的“人”更是如此。所以，人必须“敬天”，遵循和学习“天道”，才能令世界走在正确的轨道上。一定程度上说，在中国古代，“天文”就是“人文”，天文在古人生活中的地位比今天重要得多。古代的政治意识、社会活动规律等，都可从古人对天文、宇宙的认识中寻根溯源。

历史上告成（古阳城）被人们视为天下的中心。《周礼・地官》中说：“大司徒以土圭之法，测土深，正日景，以求地中……日至之景，尺有五寸，谓之地中。”东汉郑玄注释道：“土圭之长，尺有五寸，以夏至之日，立八尺之表，其景适与土圭等，谓之地中。今颍川阳城地为然。”相传西周文王四子、大政治家周公（姬旦）为营建洛邑（洛阳），确定地中准确位置。阳城即周公所确定的“地中”所在地。

古时因为生产力不发达，人们坚信天圆地方，认为地球南北长三万里。与八尺表测量出来的日影长对照，认定“影长一寸，地差千里”。周公利用圭表之法“测土深、正日景、求地中、验四时”，发现登封阳城夏至时表影长一尺五寸，恰在地球南北的中心点上，于是就认定这里为天地、宇宙的中心。

在今天看来，这当然是不科学的。但古人对于天地的认识是十分局限的，古代天文中的“盖天说”和“浑天说”其实都是假说，而这些假说也并非没有意义。要知道，我们对宇宙的认识也是不断变化发展的，这个变化发展是通过不断的观测、计算与思考而达到的。测景台与观星台恰好反映了这些观测活动的发展。

在今观星台南 20 米处，尚保存有唐开元十一年（723 年）由天文官南宫说刻立的纪念石表 1 座，表南面刻“周公测景台”5 字。表高 196.5 厘米，约为唐小尺 8 尺，表下石座上面北沿距表 36.6 ～ 37 厘米，切近唐小尺 1.5 尺，故知此表在规制上与《周礼》所载土圭测影说相近。

周公测景台向北十几米，矗立着一座高耸的建筑，即观星台。观星台建于元世祖至元十三年至十六年（1276—1279 年），距今已有 700 多年的历史，是中国现存最古老的天文台，也是世界上现存最早的观测天象建筑之一。

观星台系砖石混合建筑结构，由两个部分组成，一是盘旋踏道环绕的台体，一是自台北壁凹槽内向北平铺的石圭。

台体呈方形覆斗状，四壁用水磨砖砌成。台高 9.46 米，连台顶小室统高 12.62 米。顶边各长 8 米多，基边各长 16 米多，台四壁明显向中心内倾，其收分比例表现出中国早期建筑的特征。台顶小室是明嘉靖七年（1528 年）修葺时所建。台下北壁设有对称的两个踏道口，人们可以由此登临台顶。踏道以石条筑成，在环形踏道及台顶边沿筑有 1.05 米高的阶栏与女墙，皆以砖砌壁，以石封顶。为了导泄台顶和踏道上的雨水，踏道四隅各设水道一孔，水道出水口雕作石龙头状。台的北壁正中，有一个直通上下的凹槽，其东、西两壁有收分，南壁上下垂直，距石圭南端 36 厘米。

■ 观星台遗址

观星台为元代著名科学家郭守敬所建。郭守敬是一位智者，我在《大运河漂来紫禁城》一书中曾讲述过他作为大运河的工程师所做出的杰出贡献，此外他还有另外一项杰出贡献就是制订《授时历》。《授时历》以 365.2425 日为一岁，距近代观测值 365.2422 仅差 25.92 秒，精度与公历（1582 年颁布施行的《格里高利历》）相当，但比西方早采用了 300 多年。

郭守敬作为严谨的天文家，拒绝走经验主义的老路，不法古，重实践，留下了“历之本在于测验，而测验之器莫先仪表”的名言。在制订《授时历》之前，他为了保障数据的准确性和全面性，组织了全国性的大规模天文观测活动，这就是元代历史上的“四海测验”：观测范围从北纬 15° 的南海起，每隔 10° 都有观测点的设置，直至北纬 65° 的西伯利亚，全国各地共建立了 27 个观测点，通过不同纬度和区域所测得的日影数据来制定更为完善的历法。在这 27 处观测点中，最为核心、规模最大者，正是位于“地中”告成县的这座观星台，延续了周公以“天地之中”作为天文观测中心的传统。

山岳崇拜

时间：2021 年 3 月 6 日上午
地点：中岳庙

在中国的传统文化中，圣山祭祀由来已久。司马迁在《史记》中就明确记载了五岳三山：中岳嵩山、东岳泰山、西岳华山、南岳衡山和北岳恒山，以及黄山、庐山、雁荡山。五岳实乃中国人文地图中最重要的文化圣山。在五岳的祭祀和其他各种信仰崇拜活动中，时时体现着人们的精神理想和国家的统治秩序。

夏商周三代的政治文化中心都在嵩山。嵩山被称为中岳，当然不仅仅是因为它的位置在中间。从秦汉到明清，历史上共有 68 位皇帝亲自或遣使在嵩山完成祭祀。这其中最引人注目的，就是大周皇帝武则天冠盖古今的嵩山封禅大典。万岁登封元年（696 年），武则天来嵩山祭天地。因武则天在此“登岳封禅”，嵩阳县改名为登封县。阳城县也被改为告成县，寓含她“登嵩山，封中岳”已经“大功告成”的意思。古代皇帝的封禅大典通常都是在泰山，武则天则选择了嵩山，也显示出登封嵩山作为“天地之中”在山岳崇拜中的地位。1982 年，在这里发现了武则天的“除罪金简”。

“天地之中”的重要遗产要素之一中岳庙，就是古代山岳崇拜的实物见证。

中岳庙古称“太室祠”，始建于先秦，距今已有 2000 多年历史。河南嵩山由太室山与少室山两部分构成，“室”字实际是“家室”之“室”，即妻子之意。太室指的就是大禹正妻涂山氏（涂山娇）。

太室祠更名为中岳庙，是在汉末至北魏时期。此时正是山岳崇拜向圣山祭祀转变的过渡时期，祭祀的对象也从先民传说中的“太室山神”“少室山神”，甚至一些历史传说人物之神，变成了“国家规格”的“中岳神”。北魏以后历代对中岳庙均有扩建。明崇祯十七年 (1644 年)，中岳庙焚毁于大火，现存多为清代乾隆以后所建。

■ 太室阙

嵩山有很多道教宫观，中岳庙是其中最著名的，也是古代祠庙建筑空间处理的优秀范例。这里总面积近 11 万平方米，为中州祠宇之冠，既是五岳中现存规模最大、保存较完整的古建筑群，也是河南省规模最巨大、最完整的古代建筑群。因其建筑主要是按照北京故宫形制重修，所以被誉为“小故宫”。中轴建筑有七进十一层院落，中轴线东西侧有 6 座宫院。庙院北高南低，前后高低相差 37 米，全长

650 米，宽 166 米。

中岳庙前的太室阙始建于东汉安帝元初五年（118 年），是当时太室祠庙的神道石阙。太室阙是汉三阙之一，我们在进入中岳庙前，已经到汉三阙“补课”。关于汉三阙的遗产价值，我想在这一期返程时详细记录。

在太室阙，我们还上演了一场太室阙和故宫谁更有价值的争论。故宫历史 600 年，太室阙是保存了近 2000 年的遗存。但文化遗产很难横向比哪个重要，哪个不重要，保存年代更不是衡量其价值的唯一标准。

“天地之中”的遗产特色之一，就是儒释道文化都有遗存。中岳庙是道教建筑，此外嵩山还有儒家建筑书院，和中国佛教禅宗祖庭少林寺。

书院夜话，再谈“天地之中”

时间：2021 年 3 月 6 日晚上
地点：嵩阳书院

坐落于嵩山南麓峻极峰下的嵩阳书院，是与应天府书院、岳麓书院、白鹿洞书院齐名的“四大书院”之一。

嵩阳书院始建于北魏太和八年（484 年）。现存嵩阳书院保存了传统书院的建筑布局，南北长，东西宽，占地面积 9984 平方米，保

■ 嵩阳书院

存清代建筑 26 座。沿中轴线布置五进院落，由南向北依次为大门、先圣殿、讲堂、道统祠和藏书楼。

嵩阳书院建筑体量适中，青砖灰瓦，古朴雅致。这些建筑具有河南地方建筑风格，除道统祠为歇山顶以外，其他建筑均为硬山卷棚布瓦顶。另外，嵩阳书院还保留着东魏以后石刻 15 品、古树 14 株等文物遗存。

嵩阳书院，初名嵩阳寺，隋代更名为嵩阳观，五代后周时改名为太乙书院，宋朝时又由“太室书院”改为“嵩阳书院”，并设院长掌理院务，拨学田百亩以供开支。

嵩阳书院在成为书院之后，颇有成就，得益于其在教育方式上的锐意创新。书院有一项极具特色的制度——“会讲”，就是由书院主持人邀请学术上有声望的各路文化人士前来观摩、讲学。“会讲”制度给观点不同甚至互有冲突的文化人士提供了一个百家争鸣的平台。名儒司马光、范仲淹、程颐、程颢等人相继到此讲学。嵩阳书院也因此名声大振。

书院最盛时，生徒常达数百人。这里允许老师和学生之间平等交流、讨论。这在当时也属先进的“教育理念”，因此其学生多有政绩。

嵩阳书院是中国新儒学的发祥地之一。作为当时的学术中心，嵩阳书院为理学的发展提供了一个广阔的大舞台，尤其对二程学说的传播、宋代儒学新体系的形成和发展起了重要作用。程颐、程颢常在这里讲学，也吸收了与书院近在咫尺的少林寺和中岳庙的佛、道思想。二程在嵩阳书院的一系列讲学活动和成果，是对儒学的一次历史性的发展和完善，为后世所熟知的“洛学”也诞生于此。

经过第一天的行走，我们对登封“天地之中”历史建筑群有了一些认识，但几位年轻人还是无法深刻理解每一处建筑彼此之间的关联。其实在“天地之中”申遗的过程中，也遇到过同样的问题。

在 2006 年，这里曾以“嵩山古建筑群”的名义申报世界遗产，却遭到驳回。专家们提出一个问题：“它们之间有什么关系？”这一提问让我们深思，开始重新审视这里的遗产价值，最终提炼出“天地之中”这个蕴含了中国先民朴素宇宙观和审美观的概念。

因为这里是“天地之中”，登封及嵩山一带成为中国早期王朝建都之地、中国文明起源的中心和文化荟萃的中心。也正是因为这里是“天地之中”，中国古代礼制、天文、儒教、佛教、道教等文化流派纷纷来此朝拜圣山、祭祀山神，传经、讲道，并在此建立核心基地。登封“天地之中”这个集大成之地，不仅有三教的思想与理念的交流激荡，三教的建筑代表作品也在此汇聚并得到了真实保留。这就是历史建筑群之间的联系，也是遗产名登封“天地之中”历史建筑群的由来。

在“天地之中”这个宇宙观和审美观的影响下，这些建筑才应运而生。这 8 处 11 项建筑，分别代表着中国历史上不同时代的各类主导文化，是科学、教育和信仰体系的物质见证。

太室阙、少室阙、启母阙，是中国最古老的国家级祭祀建筑典范；太室阙和中岳庙，是中国古代祭祀建筑格局最全面的代表；周公测景台和观星台，是中国现存最古老的天文台；嵩阳书院是中国最早的传播儒家理学、祭祀儒家圣贤和举行考试的书院，是已经消失了的书院文化的载体；嵩岳寺塔、少林寺建筑群和会善寺，是不同时期佛教在中国发展的纪念碑，千余年来影响了广大范围内的宗教建筑形制。

少林参禅

时间：2021 年 3 月 7 日上午
地点：少林寺

少林寺位于河南登封城西的少室山。南北朝时期，东天竺僧人跋陀经西域诸国，达北魏国都平城，为北魏孝文帝讲佛经，颇得北魏孝文帝礼遇。孝文帝为他开设禅林，凿石为龛（即云冈石窟）。孝文帝迁都洛阳后，又在洛阳为跋陀建造佛院。因跋陀喜欢幽静之地，孝文帝于太和二十年（496年）敕就少室山为跋陀立寺，供给衣食。寺处少室山林中，故名少林。据佛教传说，北魏孝明帝孝昌三年（527年），禅宗初祖菩提达摩在华以四卷《楞伽经》教授学者，后渡江北上，于寺内面壁九年，传法慧可。此后少林禅法师承不绝，传播海内外。

中国禅宗的开创者、初祖达摩和二祖慧可传教于嵩山少林寺，在中国佛教史上影响深远。少林寺是中国第一个以修习禅宗为核心的寺院，因此有“禅宗祖庭”之称，是佛教在中国发扬光大的起点。少林寺作为佛教禅宗祖庭和少林武术的发源地，承载着中外文化交流、融合、创新和发展的使命。

“天下功夫出少林。”少林寺的武术举世闻名，我们也通过各种方式见过很多功夫场景，对“达摩面壁”的故事十分熟悉。因此我们来到少林寺的另外一个重要的文保单位——初祖庵。

初祖庵是为纪念达摩面壁而建的，又称“达摩面壁庵”，位于少林寺西北，始建于北宋徽宗宣和七年（1125年），占地面积约3400平方米。初祖庵建筑群历经修缮，始终保持着宋代的原貌，南北中轴线上分布着山门、大殿和千佛阁三座建筑，两侧则有面壁亭、圣公圣母亭等。

初祖庵大殿建于宋徽宗宣和七年（1125年），年代上仅仅晚于《营造法式》成书20余年。大家都知道《营造法式》在当时是官方建筑标准。初祖庵大殿是北宋木构建筑中，符合《营造法式》制度较多的独一无二的重要实物标本，具有无可替代的历史价值。尤其

■ 少林寺塔林

是在木构、石雕方面的技术做法甚至可称为孤例。

在以初祖庵、塔林、常住院为主体的少林寺建筑群中，塔林也是非常著名的。

塔林是少林寺历代僧人的墓地。少林寺塔林保存了自唐贞元七年（791 年）至清嘉庆八年（1803 年）各代砖石墓塔 241 座。有句俗语叫"救人一命胜造七级浮屠"，浮屠就是塔，在印度主要用于供奉、安置佛祖及僧人的遗骨（舍利）、经文、法物等，外形像一座圆冢，传到中国后形制发生了演变，成为中国样式的塔。塔的层级不同，也代表着不同的功绩，一般为 1 至 7 级，高度都在 15 米以下，大都有塔铭和塔额。少林寺塔林是中国现有古塔数量最多的墓塔林，是综合研究中国建筑发展史、雕刻艺术发展史和宗教发展史的珍贵实物资料宝库，被誉为"中国古塔艺术博物馆"。

塔林可谓是从唐代到清代塔的集中展示区，但它还不是历史最久远的，最久远的是被称为“神州第一塔”的嵩岳寺塔。

嵩岳寺塔塔身外呈米黄色，塔高 36.78 米，基座高 0.85 米，全塔用青砖和黄泥浆垒砌而成，外部敷以白灰皮装饰，它是中国现存最早的砖塔，同时也是唯一的一座十二边形塔。在解放军进驻郑州前，梁思成教授曾给陈赓将军写过一封信，信里罗列了一个长长的名单，标明郑州一带的重要文物古迹。这些古迹名字下面有的画一横杠，有的圈一个、两个圈，只有嵩岳寺塔和洛阳龙门石窟下面画了两道横杠加五个圆圈，以此来标明这两处文物的重要性。

嵩岳寺塔，同时也是中国古代密檐塔的开创者。所谓密檐塔，是相对“楼阁式塔”而言的。佛塔“中国化”后，早期的样式主要是楼阁式，这种式样基于中国传统的楼阁建筑。南北朝初期，中国砖塔的造型开始起了变化，楼阁底层的尺寸加大升高，而以上各层的高度缩小，檐与檐之间不设门窗，塔层高度也比楼层高度小得多，这样各层塔檐的距离就非常近，层层叠叠，因此叫作“密檐塔”。

嵩岳寺塔作为现在所能见到的最早一座密檐塔，验证着密檐塔的基本特征，由塔基、塔身、密檐和塔刹四部分构成。15 层的嵩岳寺塔，在宽阔的底层之上，各层檐间的高度向上逐层递减，檐宽逐层收缩，使得砖塔的外轮廓呈现流畅的抛物线造型。正是由嵩岳寺塔开始，密檐塔在中国逐步形成自己独特的风格，并在唐代、辽代成为中国佛塔的主要类型。

这座千年古塔，在装饰上也颇为考究。塔基部分走的是朴素路线，并无装饰；但塔身上部则充分展示着工匠们的技艺水准。转角处各砌半隐半露的倚柱，柱头饰以火焰、宝珠和覆莲形象；两柱之间则是由顶、身、座三部分构成的壁龛。嵩岳寺塔的装饰还彰显着不同文化的特征，下段塔门采用的火焰券形门洞和壶门内嵌砖雕狮子装饰等，这些都是中国建筑艺术与西域建筑交流融合的产物。

守望行动：向守护者致敬

时间：2021 年 3 月 7 日下午
地点：观星台

在两天的行程中，飞行嘉宾张国立老师体会到了节目的一个良苦用心的细节，那就是每一个遗产点的世遗向导都是当地人，都在用自己的实际行动保护家乡的遗产。比如观星台的世遗向导申颖涛是原观星台文物保护管理所所长，1982 年从豫剧团“转行”到观星台。在崭新的人生舞台上扎根，一干就是 34 年。汉三阙的世遗向导、登封市文物保护中心三科副科长陈卫星，从小就仰慕嵩山文化。少室阙至今未对外开放，但陈卫星数年如一日，在这里认真地检查、研究、保护……

人们对于祖先创造了什么，是非常关注的，公众考古学就是要多让公众知晓考古的过程和考古的意义，知道揭示出来的灿烂文化跟当地民众的祖先有什么关系，文物保护需要世代传承和公众参与，“世代传承”指的是每一代人都有保护的责任。

1985 年，河南省商水县一位名叫何刚的农民，把自家挖地基时发现的19件珍贵的元代文物悉数捐赠给了故宫博物院。后来，何刚在山东打工时出了事故，不幸去世。故宫博物院知道后，第一时间为他举办了追思会，向这位为中国文博事业做出贡献的捐赠者表达深切悼念。这是故宫第一次为普通农民以举办捐赠展览的方式举行追思会。

故宫博物院有三万四千多件文物来自民间捐赠。文化遗产保护事业不仅需要各级政府、文物部门及专业人员担起使命责任，更需要广大民众的积极参与，因为民众是文化遗产的创造者、使用者和守护者，是文化遗产的真正主人。只有每一位普通民众均能倾心地保护身边的文化遗产，文化遗产才能最安全和最有尊严。所以我们这次的守望行动就是希望致敬默默奉献的基层文物保护工作者，也致敬所有做出贡献的普通民众。

我们这次嵩山之行，除去正在修缮的建筑，其他包含在登封“天地之中”历史建筑群中的遗产点我们都去寻找了一遍。登封“天地之中”共有8处11项古建筑群，年代不同，看起来其中的历史文化信息也不同，但是这些最优秀的古代建筑一起形成了一个统一的概念——天地之中，这对国际文化遗产领域是一个很大的贡献。

这8处11项古建筑，既包括了教育、科技、宗教功能的建筑，又涵盖了寺庙、塔、书院等不同的建筑形式。它们从汉、北魏到唐、宋、元、明、清等朝代延绵2000多年，因统一在“天地之中”的概念里而成为一处世界遗产。这是从我们的祖先到历朝历代逐步形成的。它的本质，我认为是多元文化，和谐共处；是有容乃大，海纳百川。这也是登封“天地之中”历史建筑群的文化精神。

我曾多次到登封“天地之中”历史建筑群来，特别是在申办世界遗产的过程中，我多次前来考察。我一直都能感觉到登封广大民众对文化遗产的敬重和热爱，他们始终是和文化遗产在一起的。

这次来登封之前，我一直在想在后申遗时代，在登封“天地之中”历史建筑群已经成为世界遗产10多年以后，这些文化遗产保护得还好不好。用河南话说，还“中不中”啊？经过两天的行走，我得到了一个令我自己感动的答案。

我们接触到张双南教授，他告诉我们，古代中国不仅具有灿烂的文化艺术成就，科学技术包括天文方面也曾经领先于世界。比如郭守敬在这里建造了观星台，精确度堪比当今的技术。这就是我们的前辈、先贤们创造的科学奇迹。今天我们的航空事业蓬勃发展，“嫦娥五号”登上月球，带回了月球上的标本，这就是从古到今中国人持之以恒地探索宇宙奥秘，实现科学不断进步的民族精神。

这次，我们看到了很多在登封“天地之中”历史建筑群工作的基层文物保护工作者。正是由于无数基层文物保护工作者的守望，我们的文化遗产才能在申遗之后仍然保持健康，仍然神采奕奕，并且一步步地融入我们的生活之中，成为今天大家共享的文化绿洲、精神家园。

我当了十年的国家文物局局长，期间曾多次来过登封，当时接触的许多文物工作者今天已经退休了，但是他们的身体仍然非常好，精神非常健康。为什么会这样呢？因为我们文物工作者有追求，我们的一生就是为保护文化遗产而努力奋斗。陈爱兰、阎铁成老师参与了两项世界文化遗产的成功申报，尽管已经退休，仍是在岗心态：“文物人进了这个门，一辈子都是文物人，能够在这个岗位上把前人的工作往前推进，就是传承，也是我感觉到最骄傲和自豪的地方。”基层的文物工作者和科学家们不懈的奋斗，使登封“天地之中”历史建筑群能够得到科学的保护，得到合理的利用。

在这里我特别要说，虽然少林寺很了不起，但是我真心地希望人们到登封来，不是只到少林寺一个地方参观游览。这里的世界遗产包含8处11项，这里有优秀的历史建筑群。最早的密檐塔嵩岳寺塔如此美丽，如果到登封不去看一看，不是一大遗憾吗？所以我们特别希望在《万里走单骑》播出之后，有更多的人喜爱登封，喜爱登封“天地之中”历史建筑群。如果能做到这一点，那么登封“天地之中”历史建筑群就在我们的心中，就在我们的保护行动中。大家一起努力。

世遗课堂：游学汉三阙，回望天地中

在登封“天地之中”历史建筑群中，001号、002号和003号文物是建于汉代的三阙——太室阙、少室阙和启母阙。汉三阙都是1961年国务院公布的首批全国重点保护文物，体现了其建造时间、考古价值、文学价值。

阙是中国古代用于标志建筑群入口的建筑物，常建于城池、宫殿、宅第、祠庙和陵墓之前。阙大体是由最初的显示威严、供守望用的建筑，逐渐演变为显示门第、区别尊卑、崇尚礼仪的装饰性建筑。《诗经·郑风·子衿》一诗中有“挑兮达兮，在城阙兮”之句，反映出周代已有阙。春秋时期，宫殿的正门建阙。到了汉代，则宫殿、陵墓均建阙。东汉时许多贵族和官僚的宅第、祠、墓也建阙，以志官爵和功绩。汉三阙修建于东汉时期，是嵩山诸山神庙的神道阙，形似牌坊，但“中间阙然为道”，没有横梁，由左右孤立的两阙构成，作为宫殿、祠庙、陵墓前的象征性大门。

现存石阙多为墓阙，庙阙遗存不多。汉三阙是现存最早且唯一的神道石阙，遗产价值更是十分重要。

太室阙位于登封市区少林路东段太室山南麓中岳庙前约500余米的中轴线上。太室阙是中国现存最早的庙阙，是古代山岳祭祀年代最早的实物见证，代表着中国古代祭祀建筑的典范。

太室阙坐北朝南，分为东阙和西阙，东阙高3.92米，西阙高

3.96米。每阙均包括联成一体的母阙、子阙两部分，子阙较低，在母阙外侧，均由台基、阙身、阙顶三部分组成。阙的题额刻在西阙南面上部，阳刻篆书，仅存“中岳太室阳城”六字。铭记刻在西阙北面，为阴刻隶书，内容主要是赞颂中岳神君的灵应和阳城县长吕常等建阙的缘由。字体有篆有隶，反映了汉代篆隶字体过渡期的状态。阙身各面以减地平钑的技法雕刻亭阁建筑、铺首衔环、车马出行、杂技表演、鸡兔鸟鱼、吉祥羊头及青龙、白虎、朱雀、玄武等，艺术风格浑朴古拙，气势深沉，反映了古代劳动人民在艺术创作上的辉煌成就，提供了研究汉代社会生活的宝贵资料。

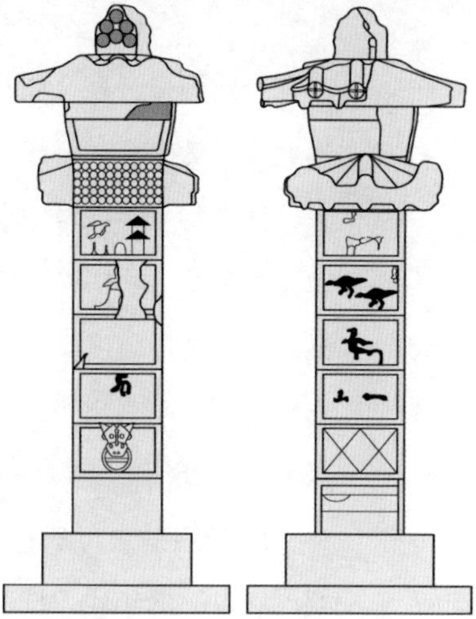

■ 太室阙－东阙东、西面示意图

太室阙旁，还有一处极其特别的文物——太室阙的保护房。1942年河南大饥荒期间，著名建筑学家刘敦桢先生为了保护太室阙古迹，筹款修建了5开间保护房，为硬山灰瓦顶、砖木结构。十多年前申遗时，保护房已经破败，而且它建造时间较短，所以有人提出将其拆除，恢复原状。保护还是拆除，一度引发国内文物界的争论。2007年，时任国家文物局巡视员的郭旃老师向世界遗产委员会专家征求意见，确定该保护房是“保护文物的文物”，应当予以保护。因此，这处保护房是全国现存的唯一一处民国年间的文物保护设施。

少室阙始建于东汉安帝延光二年（123年），是少室山少姨庙前的神道阙。少姨，相传是涂山氏之妹、大禹儿子夏启的姨母。庙中原有少姨神像，现今庙与神像皆不存。其铭文隶书宽博浑朴，有汪洋之致。汉代篆书刻石，为数不多。《表安》《袁敞》出土以前，《少室》《启母》颇得学界推重。晚清著名学者、书法家杨守敬所著《评碑评帖记》云：“汉篆之存于今者，多砖瓦之文，碑碣皆零星断石，惟此字数稍多，且雄劲古雅。”与太室阙相比，少室阙浮雕多为活动场景，现存车马出行、马戏、狩猎、斗鸡、蹴鞠、龙、虎、共命鸟等画像 60 余幅，为汉画石珍品。

启母阙是启母庙前的神道阙，启母庙已废毁无存，今仅存庙阙。启母阙的年代，据阙铭记载是颍川太守朱宠于汉安帝延光二年（123 年）雕凿的。阙的结构与太室阙相同，但残毁较重，现存高 3.55 米。阙身的画像保存较完整的有 60 余幅，主要内容有幻术、马技、骑马出行、杂技、驯象、郭巨埋儿、夏禹化熊等。雕刻较好的画面有幻术、斗鸡等。幻术画像刻一人头戴毡帽，袒露胸部，双手抱一长颈瓶，仰面向上喷火。另一幅一人手拿长颈瓶和斧表演，这可能是吐火、易头的幻术。幻术是中外文化交流的产物，《史记·大宛列传》中记载，汉武帝时有幻术演员，称为“眩者”。东汉安帝时大秦的魔术团曾从海道经缅甸到洛阳演出。

启母阙与我们大家都非常熟悉的一组神话传说密切相关，这就是大禹治水。相传大禹治水不能归家，涂山氏每日来到山头眺望，由于朝思暮想，精诚所至，竟然化而为石（也有传说，称涂山氏是因为看到丈夫大禹化熊的场景，过于震惊绝望而化为石头）。这就是嵩山“启母石”的由来。启母阙就在启母石南 190 米处。所以启母庙供奉的就是大禹妻子涂山氏。

相传大禹治水时，把中华大地分为九州。登封地区因为居于九州之中，故称中州；古华夏族建都于嵩山周围一带，在四方之中，故称中华；而后"中"的概念也从嵩山河洛地区发展到了全中国的整个疆域。

《万里走单骑》的这一站，我们在两千年前的观星台回顾中国科技史，感受当代航天成就；在中岳庙、嵩阳书院、少林寺感受中华儒释道文化；最后向"天地之中"普通的、基层的文化遗产守望者致敬。

"天地之中"的观念在我们民族的文化心理上得到了无限的深化和延伸，已经成为一种象征，使中华民族有了强大的凝聚力和向心力。

10

2021年 03月 10日

2021年 03月 11日

万里走单骑

老单日记

第十站

武当山古建筑群

遗产地档案

遗产名称	武当山古建筑群
遗产位置	湖北省丹江口市
列入世遗时间	1994年
遗产种类	文化遗产
遗产地边界范围	遗产申报区范围：67.1 公顷 缓冲区面积：440.8 公顷

希望更多人加入守护行列中，让武当山古建筑群以更加鲜活的姿态，和故宫一起携手步入下一个六百年。

以五行为引，循“太和”之灵

时间：2021年3月10日上午
地点：逍遥谷

600年前，两处皇家古建筑由同一个皇帝在一南一北两处营建；600年后，南水北调将两处人民的生活命脉再一次紧密相连。这一南一北两处古建筑分别是世界最大规模的古代宫殿建筑群故宫和世界最大规模的宗教建筑群武当山古建筑群。从这个意义上说，武当山和故宫是至亲。

《万里走单骑》步履所及的遗产地中，如果说青城山突出体现了“道法自然”之幽，那么武当山便着重刻画了“太和”之灵。如果说苏州古典园林是造园如作诗、地上起文章，于诗情画意、典雅玲珑中见神韵风致，那么武当山古建筑群便是集天下之力，承皇家御旨，撰写山水园林最高规制的传世鸿篇。千年烟云浩荡，宫观静默无言，留下了多少宝藏。

我们“布鞋男团”踏上武当山古建筑群之旅，走近它，细细寻找。我曾是“故宫看门人”，所以这一趟世遗之旅也是“回家”之旅。在这一站，霍尊和张歆艺作为世遗推广人，加入了我们的团队。

说起武当山，大家都会想到什么呢？武侠、太极、张三丰、朱棣造的皇家宫观……每个人的关键词都不尽相同，这也体现出武当山的多元价值。比如，霍尊就是太极文化的研究者，还专门唱过一首歌《太极禅》；而张歆艺爽朗直率，颇有女侠风范。

武当山，又名太和山，明代皇帝曾封为“大岳”“玄岳”，位于中国湖北省丹江口市境内，方圆 400 平方公里。主峰天柱峰，海拔高度为 1612 米，如擎天一柱，拔地冲霄，周围有七十二峰拱立，二十四涧环流，灵岩奇洞幽藏其间，白云绿树交相掩映，蔚为壮观。明代地理学家徐霞客游此盛赞其“山峦清秀，风景幽奇”，认为“玄岳出五岳上”。

从唐到宋，再至元、明、清，上至皇帝、大臣，下至匹夫、泥瓦工匠，都不约而同将某种抱负倾注此地，代代累积，共同构建出近千年中国艺术和建筑的巅峰——武当山古建筑群。

武当山古建筑群现存太和宫、南岩宫、紫霄宫 3 座宫殿，以及遇真宫的宫门宫墙等地面建筑残迹，玉虚宫、五龙宫 2 处遗址和元和观、复真观以及大量庵堂、神祠、岩庙等，共有古建筑 200 余栋，建筑面积 5 万平方米，占地 100 余万平方米。

就中国建筑史而言，武当山古建筑群是研究明代建筑的“活化石”。其建筑法式既不同于北宋《营造法式》，也与清代《工程做法》有所区别，形成了独特的匠作制度，可以填补两者之间的过渡和缺失，起到了承上启下的作用。

就建筑风貌而言，武当山古建筑群集中体现了中国元、明、清三代世俗和宗教建筑的建筑学和艺术成就。现存建筑规模之大，规制之高，构造之严谨，装饰之精美，神像、供器品类之多，在中国现存的道教建筑中都是绝无仅有的。在世界上也是独特、稀有的。所以联合国专家考斯拉曾极为认可地说：“武当山是世界上最美的地方之一。因为这里融汇了古代的智慧、历史的建筑和自然的美学。”

来到当年张三丰、徐霞客从这里登上武当山，并因其意境与庄子的《逍遥游》神似而得名的逍遥谷，我们通过抽取金木水火土五行签，分成两组。五行签分装在写着“天”和“人”的两个签筒里。几位年轻人不明白，为什么要以五行为分组依据呢？签筒上写的“天”和“人”又代表什么含义呢？

北魏郦道元的《水经注》说：“武当山，一曰太和山。”“太和”一词体现了中国人希望普遍和谐（天地自然和谐、人与自然和谐、人与人和谐、人自我身心内外和谐等），同时传统文化中也把阴阳会合、天地冲和的元气称作“太和”。也就是说，武当山在古人心目中是五行的化身。所以，武当山建筑集中体现了道教“天人合一”的理念。

按道教理念，从逍遥谷这里起，就是人界与仙界的分界线。向上走，即进入仙山武当山；向下走则复还人间。同时，这里还是人界与天界、地界的分界线。整组建筑从古均州城到天柱峰，全长约60公里。这其中，古均州城至玄岳门的30多公里为“人间”，玄岳门至武当山南岩的近20公里为“仙山”，南岩至天柱峰金顶的10多公里为“天国”，形成了3∶2∶1的比例。武当山是道教圣地，而这个比例也正好呼应道教“道生一,一生二,二生三”的说法。

五行和“天”“人”理念贯穿在整个武当山古建筑群的修建过程中，也是对它遗产价值的最好诠释。于是我们分成“天”“人”两组，分别去寻找武当山古建筑群“木、土、水”和“金、火”的宝物，揭开属于武当山的独特密码。

真武修仙

时间：2021 年 3 月 10 日上午
地点：紫霄宫

明初，封地在北方的燕王朱棣发动靖难之役，南下夺取了帝位，这就是明成祖。他为巩固皇权，通过宗教信仰宣扬“天人合一”，利用武当道教鼓吹“皇权神授”，声称真武大帝曾多次显灵佑护自己征战，为报神恩，因而决意大修武当山。他动员军民工匠 30 余万人，历时十一年，建成了拥有九宫八观、三十六庵堂、七十二岩庙、三十九桥、十二亭的庞大道教建筑群，建筑面积 5 万平方米。

武当山的整体规划是以道教经典《真武本传神咒妙经》中的故事为原型，按照政治需要，整合而成。真武大帝一开始在凡间修真，经过重重考验，最终得道升仙，继而显圣治世，这段历程也就在武当山具体显化为“人间”“仙山”“天国”三段了。直到现在我们仍能看到，武当山的各宫观按照序列，通过形制、色彩等的等级差异，演绎了真武大帝修真的全过程。尤其值得称道的是，其外部空间充分把建筑与环境相结合，利用自然雾霭使远山、近水充满自然神性与仙气，并赋予山林树木、飞禽鸟兽特殊的含义，从而呈现出无尽悠远的意境。

在中国道教神仙谱系中，真武大帝又称玄武、玄天上帝、真武真君、真武帝君、荡魔天尊，本为镇守北方天界的护卫之神。中国古代四方四神的信仰源远流长，青龙、白虎、朱雀、玄武（即龟蛇。五方配五色，北方为黑色，故曰玄；其神为龟蛇，身披鳞甲，故称武）可能是中国古代氏族部落的图腾崇拜物。到春秋战国时期，四神、四象所具有的“镇四方、辟不祥”的守护神职能更为人们所重视。晚唐五代时，关于玄武的传言渐兴。北宋真宗时，玄武在道教神系中的地位始渐突出。又因“玄”字犯宋室圣祖赵玄朗名讳，改称真武，号真武灵应真君。元大德七年（1303 年）改封为元圣仁威玄天上帝。明成祖朱棣则特尊真武神封号为北极镇天真武玄天上帝，在北京、武当山两地大建真武庙。此后，真武神入武当山修炼得道的传言，成为其神来历最常见的说法。

据古代山志中的记载，古人曾发现武当山的山势像一只巨大的神龟。在中国人自古流传的观念中，神龟是北方水神玄武的象征，所以古人自然产生联想，因此取“非玄武不足以当之”之意，称此山为武当山。

我和张歆艺、黄觉跟随世遗向导任鹏飞老师来到了紫霄宫。任老师是武当山旅游经济特区管理委员会文物宗教事务局总工程师。

紫霄宫坐落在武当山主峰天柱峰东北的展旗峰下，宫观分中、东、西三路。中路为中心，分布有龙虎殿、十方堂、紫霄殿、父母殿。紫霄殿为主殿，供奉真武大帝。东、西路则为配殿，还有禹迹桥、禹迹池、赐剑台等名胜。宫后山岙中有天然洞穴，名“太子岩”，相传是真武大帝隐修处。紫霄宫是武当山九宫、八观中保存最完整的宫殿，亦是道教最著名的道场之一，现为道教玄武派丛林。

紫霄殿保留了宋元明清不同朝代的建筑工艺，向后人展示出古代先辈们在建筑上的智慧与先进工程技术。

紫霄殿为重檐歇山式庑殿，丹墙翠瓦，脊饰有龙凤宝瓶、仙人、天马、海马、狮子等大小鸱吻共 61 个。按照建筑法式规定，像

■ 紫霄宫

这样的大木式作法，在明代代表着皇权的最高等级。紫霄殿有 36 根巨大的柱子排列顶立，前檐 18 根柳筋斗栱是明代大木建筑独特作法，充分利用了力学原理，使檐部装饰得更加壮观。这里有明代泥塑彩绘贴金神像，为武当山尚存最大泥塑像；还有保存完好的明末清初纸糊贴金真武神像，也对研究我国古代纸糊工艺具有极高价值；紫霄殿的屋顶脊兽则展示了清代工艺。

紫霄宫创建于宋，元代扩修，明代重修，历代进行了大小十余次维修，才得以保持原貌。1994 年，联合国世界遗产专家考察武当山古建筑群时深有感叹：“在这里，看到了按传统方法修缮古代建筑的例证。”

紫霄殿最近一次的维修是在 1991—1994 年，之后再没有修缮过。它体现了近代、清代、明永乐的修缮技艺，尤其是明代修缮工匠还留有刻字在瓦上。武当山古建修缮严格遵循“修旧如旧”的原则，使用和保留原有工艺、原有的材料和原有的形制。

任鹏飞老师告诉我们，在一次修缮中，他们想给破损的屋顶配一些琉璃瓦，却一时苦于找不到质地相似的瓦。这时，他们发现有的瓦片上写着潼关字样，于是就去陕西潼关寻找，最终找到了相同的原材料。由此可见，修缮人员为保持古建筑的原真性，付出了很多努力。正是一代代人的付出，才保证我们今天可以看到武当山的原貌，才实现了申遗成功。

武当山有三件“镇山之宝”——金龙、玉璧、山简。1982 年，紫霄宫赐剑台下修公路，由于山岩坍塌，惊现埋藏的金龙一条、玉璧一件、山简一枚。据专家考证，这套文物属于明代建文元年（1399 年）。一直以来，考古专家们都将建文年间的文物视为“稀世珍宝”。因为建文帝在位仅四年，而这些文物恰好填补了考古学界的空白。

率先提出把这三件文物作为“镇山之宝”的人，就是“故宫古建保护第一人”单士元先生。1982 年的那次坍塌，是武当山和单士元先生的特殊缘分。这段故事也就解开了“土”的密码，让我们收获到代表“土”元素的黄球。

北修故宫，南建武当

时间：2021 年 3 月 10 日下午
地点：太子坡

从紫霄宫出来，我们来到了太子坡。“十里桂花香、九曲黄河墙、一里四道门、一柱十二梁”这 20 个字是对太子坡最好的介绍。刚到太子坡门口，我们就理解了“十里桂花香”的含义，

太子坡即复真观，位于狮子峰前，现存建筑 20 栋，建筑面积 3505 平方米，占地 6 万平方米，建于明永乐十年（1412 年），清康熙二十二年（1683 年）重修。整体布局依山就势，既有庄严肃穆对称型四合院空间，又有江南园林注重幽静曲折多变的形式。

张歆艺觉得既然这里叫太子坡，便询问跟哪位太子有关。相传，真武大帝本为净乐国太子，十五岁时受师父点化，来到武当山修炼，最初就住在这个坡上，“太子坡”因而得名。后来太子修炼一段时间后想下山还俗，走到磨针井时又被化成老婆婆的师父借铁杵磨针点化，复回山中静心修炼，所以太子坡又叫“复真观”。

北京故宫与武当山古建筑是世界上独一无二的“孪生”文化遗产，它们是由同一个皇帝、命同一批建筑大师、按同一种建筑理念和法式、在中国一南一北两个不同的地方建造的代表中国古代最高建筑水准的文化遗存。可以分别称为“人间故宫”和“天上故宫”。

我们都知道故宫有很多间房屋，但武当山的房间数量比故宫还要多，而且都建在山上。我刚履新故宫博物院院长时，就与同事走遍故宫的 1200 座建筑、9371 间房，花了整整 5 个月。以此推算，

武当山历代古建守护者盘点、巡护和修缮各个宫观是十分艰辛的事情。

2020年是紫禁城600岁寿辰，故宫博物院举办了《丹宸永固——紫禁城建成六百年》展览。其中出土于湖北丹江口市习家店镇庞湾武当山琉璃官窑遗址的官式琉璃滴水、官式琉璃勾头、官式琉璃筒瓦三件文物，在紫禁城600年大展现场，与故宫博物院从南京博物院、凤阳博物馆借来的同类型文物并排陈列，诉说着故宫与武当山之间的神秘关系。

位于习家店镇的庞湾窑址是明朝专供武当山建材的皇家琉璃窑场。这是在第三次全国文物普查工作中发现的明代窑址，经湖北省文物局协调，2012年起由故宫博物院古陶瓷研究中心进行考古发掘。我也曾到这一考古现场助阵。其面积约2000平方米，有窑炉六座，已发掘三座，出土了琉璃构件和窑具等大量文物。这其中，“和记”铭文琉璃瓦件尺寸、胎质、釉色都与武当山五龙宫、玉虚宫现存的瓦件标本相符，对于研究武当山物质文化遗产和非物质文化遗产具有特别重要的意义。

故宫博物院曾经在纸质门票背面印着武当山的旅游形象照片，我们也曾多次携手举办文化传承活动。紫禁城与武当山有着亲缘、情缘、血缘关系，二者在历史沿革、建筑特色、建筑风格等方面有着千丝万缕的联系，从某种角度说，武当山和紫禁城是同一脉络的延伸。今后，应当更深入发掘它们的内涵和价值，从不同视角拓展紫禁城文化的深度和广度。

走进复真观的山门，就能看到在古道上依山势起伏建有71米长的红色夹墙，这就是九曲黄河墙。九曲黄河墙的墙体厚1.5米，

■ 复真观九曲黄河墙

高 2.5 米，浑圆平整，弧线流畅悦目；配以绿色琉璃瓦顶，犹如两条巨龙盘旋飞腾，无论从什么角度欣赏都给人以美感，体现出皇家建筑的气派和豪华。

九曲黄河墙和故宫的宫墙很相似，但也存在区别——故宫采用是红墙黄瓦，而在太子坡用的是红墙翠瓦。明清对不同等级的建筑，所用的琉璃瓦有严格的规定，因此黄瓦、翠瓦彰显着不同等级和不同用途。黄琉璃瓦用于帝王宫殿、陵庙，如北京故宫，明十三陵等；绿琉璃瓦用于王府；青琉璃瓦用于祭祀建筑，如天坛祈年殿屋顶铺纯青琉璃瓦；黑琉璃瓦、紫琉璃瓦等多用于帝王园林中的亭台楼榭。

其实建筑使用的颜色的不同，也体现了五行在建筑中的不同运用。例如黄色属土，土居中央，至为尊贵，常用于皇家。武当山主体建筑太和宫金殿、紫霄宫、净乐宫、五龙宫、玉虚宫等八大宫殿的中轴线上的庙房全部使用黄色琉璃瓦作屋面，显示了皇家庙宇的尊贵，这是一般地方和民间庙观所没有的。红色为火，象征兴旺发达之意，寓意教门昌盛，道业长存；黑色为水，水可制火，大有阴阳相互平衡，企求平安的良好愿望……在复真观，我们一路上经过了四道门，真切感受到颜色在武当山古建筑群中的出色应用。

复真观内，有一栋神奇的“一柱十二梁”式建筑——五云楼，是武当山现存最高的木构建筑。五云楼分 5 层，高 15.8 米，面阔 5 间 21 米，进深 8.15 米，建筑面积 544.47 平方米。五云楼整体为木质结构，没用一砖一石、一根铁钉，全部铆接，严丝合缝。

武当山古建筑群开始修建时，明成祖朱棣便有如下旨意：“今大岳太和山顶，砌造四周墙垣，其山本身分毫不要修动。其墙务在随山势，高则不论丈尺，但人过不去为止。务要坚固壮实，万万年与天地同其久远。”于是，工匠们便都是以“道法自然”思想为指导，因地制宜地设计建造建筑物。如武当山南岩的天一真庆宫就根据境界需要，恰如其分地建筑在悬崖半山腰上，石殿的体量是根据岩壁的大小来确定的，比例关系非常合适，材质用色也和岩壁相协调，这样就和周边的环境融为一体。太子坡所处的位置正是一个斜坡，为了贯彻永乐皇帝不开山取材的旨意，施工人员想出了“一柱十二梁”的解决办法，十二根梁枋穿凿在一根主体立柱上，交叉叠搁，计算周密，在不开挖山体的情况下，完全依山势变化，撑起 15.8 米高、几百平方米的建筑面积，成为中国古建筑史在力学上的一大创造。我们第二天要去的金顶更是古代建筑师“巧于因借，精在体宜”的表现，选择武当山的最高峰——海拔 1612 米、众山之“祖山”的天柱峰作为营建之地，突出了至高无上的神权，把整个武当山建筑群的艺术效果推向高潮。

武当山古建筑群处处彰显当时帝王和工匠是在有意遵循“道法自然，天人合一”的建设思想，努力使建筑亲近自然、尊重自然，把人文景观与自然景观和谐地融为一体。对于当代建筑师来说，武当山古建筑群的设计构思及其高超的艺术手法，是极其宝贵的财富，对于现代建筑创作，有很大的学习、借鉴作用，为我们提供了一个十分成功的实例。

此行我们收集到寓意“木”元素的绿球后，就前往下一站。

后申遗时代的保护

时间：2021 年 3 月 10 日下午
地点：遇真宫

遇真宫位于武当山北麓玄岳门内，是明成祖在武当山敕建的九宫之一，海拔 174.7 米，背依凤凰山，面对九龙山，左为望仙台，右为黑虎洞，山水环绕如城，旧名“黄土城”。

在遇真宫，我还遇到了老朋友、湖北省文物局副局长王风竹。王风竹是最懂遇真宫的人之一。

遇真宫是明成祖朱棣为张三丰修建的宫观。至高无上的皇帝为武当山的一名道士建造宫观，这在中国历史上是绝无仅有的。

张三丰是元明时期神龙见首不见尾的传奇式人物，当时人视之为神仙。据说他悟成太极拳后，曾“以单拳杀贼百余，遂以绝技名于世”。这是历代道家高人中唯一显示过武功的记载。张三丰修道时相中了武当山这个地方，他在游玩武当山后，对人说：“此山异日必大兴。”但当时的武当山还是荒山，张三丰就带着徒弟们在这里搭了几间草屋，开始修道。张三丰在武当山修炼时，根据喜鹊和蛇嬉斗的场景，创造了以静制动、以柔克刚的内家拳。现在内家拳已经成为非物质文化遗产，在国际享有盛名。

遇真宫是一座创造历史的建筑。在南水北调工程中，武当山附近大量土地被淹没，武当山天、地、人中的“人间”起点古均州城，就沉睡在了太极湖底下。为了保护遇真宫，国家花费近2亿元，将其原地抬升了15米。之前顶升的世界纪录是3米多，遇真宫顶升项目则是它的5倍。武当山这一片水域，南水北调的对口单位正是北京通州区，这是自1412年朱棣“北修故宫 南建武当”之后，时隔600年的武当山与故宫的再一次血脉相连。

南水北调是一个世纪工程，1952年毛泽东主席就提议用南方丰富的水源解决北方的缺水问题。南水北调设计了三套方案，第一套方案是沿京杭大运河向北方输水；第二个方案是开发一条从丹江口一直往北方输水的渠道；第三个方案是西线调水工程。输水的过程史无前例，这个水道正是我们中华民族文化核心区，也是文物密集区，湖北、河南、河北、北京一千多处文物古迹要保护，而且保护的方式也要因地制宜。有的要想办法绕过去，比如河北邯郸的墓葬群就是这样保护下来的。

遇真宫是水位抬升以后要淹掉的最重要的一个文物点。遇真宫原地抬升技术难度极高，当时形成三套保护方案：就地抬升、筑堤围堰、异地搬迁。最终，耗资最大、工程难度最大的就地抬升方案之所以能中标，就是因为此方案能最大限度地保持遇真宫的原貌。

三种保护方案在三峡考古中，都曾有过典型案例。我们在良渚曾经讨论过的水下博物馆，重庆涪陵的白鹤梁就是原址保护；全部拆除选址重建的张飞庙，是利用异地迁建方案进行保护；重庆忠县的石宝寨则是筑堤围堰保护的典型代表。这些文物保护的真实案例都是人类创造的奇迹，每一次文物保护工作都为我们今后积累了经验，为世界遗产传承做出了贡献。

遇真宫选择就地抬升的方案，是因为武当山的山门是明代原汁原味的砖石结构，一旦拆了，恢复原貌的可能性很小。这跟木质结构的建筑修复是不一样的。当时遇真宫山门是原址抬升，砖木结构的建筑通过三维激光扫描技术，做好记录和编号，然后再重新恢复起来。将7000多吨的建筑抬升五层楼的高度，这真的是世界奇迹。

遇真宫的抬升方案，成本很高，也经常有人问花这么多钱值不值得。要知道，历史文化遗产是无法计算价值的。这就像单士元先生所说的："文物一旦毁了，就像水泼了，是收不回来的。"所以，我们只有竭尽全力去保护它，并且要号召越来越多的人保护它。未来，有了更多人关注，科技更加进步，或许就不用再花费2亿，也能够保护更多的古建筑了。

此行我们收集到代表"水"元素的黑球，并受邀去世遗向导任鹏飞老师家做客。

任鹏飞老师一家三代人都是武当山古建筑群的守护者。他的父母作为小马、阎鹤祥和霍尊组的世遗向导，一起解开了武当山的"火"密码。他们这一组年轻人同我们一样，收获多多。在交流彼此收获的时候，一个故事让我印象深刻。

一位名叫杰克的美国人，因为十多年前在网络上看到一段武当山太极表演，就决定到中国学习武术，如今他已经在这里开办了一家武馆。

武当武术是中华武术中的一块瑰宝，是中国最古老、最有影响的武术流派之一，与少林武术相映成辉，饮誉海内外。武术界素有“北崇少林，南尊武当”之说。武当武术包括太极拳、形意拳、八卦掌、武当气功、武当剑等拳法和器械术。它在长期的发展过程中，形成了许多拳种、门派，如内家拳法、武当太乙五行拳、武当纯阳拳、武当丹派剑术、赵堡太极拳、陈式太极拳、杨式太极拳、武式太极拳、孙式太极拳、功家南派等。1996 年，武当山被列为“全国武术之乡”。武当太极在国际上具有很强的影响力，美国《时代》杂志曾将太极拳称为“全球一亿五千万人练习的完美运动”。目前，海内外习练武当武术者有上百万人，美国、加拿大、英国、法国、新加坡、日本等国家和地区的武术爱好者也纷纷前来武当山，拜师学艺。

遇真宫因 2012 年南水北调而原地抬升，目前遇真宫古建筑正在进行修缮，暂时未对外开放。所以张歆艺就特别想问，遇真宫什么时候能对外开放？在武当山，像遇真宫这样暂时无法对外开放的宫观数量多吗？

其实，这个问题在上一站的登封“天地之间”历史建筑群同样存在。古建筑如果条件允许，应该尽量向社会公众开放，因为文物本身来自社会和人们的创造，因此不能将文物锁起来，应该让文物重回人们的现实生活。只有在生活中感受文物的魅力，人们才会倾心去保护这些文化遗产，这些文化遗产才有尊严。

■ 太极表演

我在故宫工作期间，也致力于让更多沉睡的文物苏醒过来。故宫博物院从最初只开放不到30%区域、展示不到1%的藏品，到后来逐步开放到80%，走了很长一段路。文物古迹从维修保护到对公众开放，需要大量的人力物力，而这便是《万里走单骑》节目的意义，希望能借此呼吁更多人加入守护行列中，让武当山古建筑群以更加鲜活的姿态，和故宫一起携手步入下一个600年。

这次武当山世界遗产寻找之旅中，我们还去到五龙宫，它是武当山九大宫观之首。五龙宫历经唐、宋、元、明几代修缮，共建有宫观庙宇850间，规模一度庞大，但现仅存宫门、红墙、碑亭及泉池、古井等废墟。

2020年9月，武当山五龙宫遗址启动考古发掘，这是对武当山

■ 五龙宫遗址考古现场

古建筑群进行的首次大规模主动性发掘项目。我们到了挖掘现场，看到众多的考古工作者面朝黄土背朝天地紧张工作，让我很是感动。考古工作是不可逆的过程，所以需要研究精神、保护意识才能把科学的记录传给后人，而这都是对我们考古工作者的考验。

现在，武当山的国际影响力逐渐扩大，也有很多像杰克这样的外国人加入守护和传承中，所以武当山古建筑群的魅力会以更丰富的方式向全世界展示，吸引更多遗产守望者。它的明天一定会更加美好。

守望行动：太极表演

时间：2021年3月11日

地点：太和宫、紫金城金顶

最后一站，“布鞋男团”决定登顶太和宫。

太和宫位于武当山天柱峰山腰，始建于明永乐十四年（1416年）。武当山有“七十二峰朝大顶，二十四涧水长流”等自然奇观，而七十二峰的最高峰就是天柱峰。

太和宫以明朝皇家建筑法式，突出神权至高无上的思想，达到了“美如天宫”的意境。故宫有太和殿，武当山有太和宫。一南一北两处古建筑遥遥相望，但武当山建筑并不是北京故宫建筑的简单再版，而是中国古代皇家建筑法式与充满宗教想象和浪漫色彩的道教理念的完美天才创作。

我们沿石阶而上，来到了紫金城。

紫金城，又名皇城、红城，明成祖于永乐十七年（1419年）敕建，是环绕天柱峰顶端修建的宫殿建筑。这是明成祖朱棣按照自己居住的“紫禁城”，为真武大帝在人间修建的“玉京”。金顶就位于紫金城宫殿中。

金顶又名金殿，为四坡重檐式宫殿，由铜铸鎏金构件铆榫拼焊而成，总重约90吨，是中国古代最大的铜建筑物。金顶下为花岗岩石台基，四周绕以精美的汉白玉石栏杆。金殿通体以铜冶铸，表面鎏金。各构件以榫接或焊接，互相搭联成为整体。其结构形制、细部构件和装饰纹样都严格地模仿木构建筑，外观庄严凝重。殿身共有柱 12 根，重檐庑殿顶，总高 5.5 米，面积 24.36 平方米。金殿上下檐均设规整的斗栱和檐椽、飞椽，内部有藻井。在柱头、枋额和天花等部位上，镌刻的花纹图案均模仿木构建筑中的彩绘和雕饰，线条流畅。殿顶的正吻、垂兽、戗兽、小走兽以及勾头、滴水等雕饰部件的工艺水平，比木构建筑中的琉璃作更为精细生动。

在当年的建造过程中，无数沉重的构件由大运河经南京溯长江、汉江，一直护送到海拔 1612 米的天柱峰。殿中真武铜铸鎏金像重达万斤，时人惊呼“天下金几尽”！在 600 年前，工匠们用重达千斤的石条依岩势筑起一座金顶，可想而知是多么困难的一件事。

在海拔上千米的山顶，建筑物会遭受昼夜温差大、构件热胀冷缩的考验，但是在金殿上却没有看到构件拼装的痕迹。小马对此很好奇。

据专家分析，金殿采用了一种已失传的工艺方法。工匠们把水银加热熔化到一定温度，将金子捶打成金片，扔到加热的水银中，慢慢沉淀，再用木炭棒轻轻搅动水银。此时，金子在沉淀的过程中与水银发生化学反应，就形成了金泥。工匠们取金泥涂在金属构件卯榫组接部位。最后再架起炭火烘烤，使金泥中的水银分离，只留下纯金。这样，金子便把各部件的接口缝隙全部弥合住了。直到如今，历经岁月洗礼，金殿仍丝毫看不出任何铜铸的痕迹。由此可见，金殿建造工艺相当精湛，达到了明代铜铸艺术的最高境界。

任鹏飞老师告诉我们，金殿有一块金砖。在成功找到金砖后，我们也收获了最后代表“金”密码的白球。

金木水火土五行终于凑齐了。我们这两天一路搜集的五个密码，解开的武当山的神秘宝藏就是“守护”。金，是工匠们在建筑时就考虑了所有可能，以特殊工法构建的对武当山古建筑的守护；木，是工匠们不破坏山体，对武当山本身和武当山建筑的双向守护；水，是南水北调工程中，国家和文物工作者们对武当山古建筑不遗余力的守护；火，是世代居住在这里的民众，对武当山虔诚的守护；土，是文物工作者通过梳理、传播，从而达到的对武当山文物价值的守护。

受到杰克的触动，我们决定这一站的守望行动就用太极形式进行。在金殿后方空地，我们和任鹏飞一家、杰克一家共同完成了一场太极拳表演。

跟杰克学太极

这里是北纬30度。在地球上，北纬30度地域上诞生了世界四大文明古国，创造了无数的建筑奇迹。武当山古建筑群就是这些奇迹中的一组。1994年，武当山古建筑群毫无争议地列入了《世界遗产名录》。

我来自故宫，而故宫和武当山有着天然的血脉联系。故宫有紫禁城，武当山有紫金城；故宫有太和殿，武当山有太和宫。这两处建筑是按照同样的理念，同样的方式进行建造的，创造了人类建筑奇迹。

每次来到武当山，我都很受触动，但是这次我感受到在后申遗时代，武当山古建筑群光彩依旧。我们“布鞋男团”在这次世遗之旅中学习到了很多。600年前，明代的永乐皇帝“北修故宫，南建武当”，不准砍伐树木，不准过多地干预山体，按照这样的理念建造出今天我们看到的层层叠叠的古建筑群，这种理念就是我们世世代代传承的工匠精神。

30年前，文物保护界有“三驾马车”之称，单士元先生、郑孝燮先生、罗哲文先生三个人奔走在祖国大地上，哪里有文物要抢救，哪里有文物要保护，他们便出现在哪里，正是他们的积极呼吁引起了社会各界对文物保护的广泛关注。武当山古建筑群成为世界遗产，他们做出了重要贡献。

十多年前，南水北调工程即将开工。按照预测，武当山的山门和一片古建筑将被淹没。文物部门做了许多方案，比如筑大堤，可以保护山门，但会影响水库的库容量和持久的稳定安全；还有专家提出将这些古建筑移到另一块空地上保护，但这会改变原状，在武当山也很难找到跟原址相近的地点。经过反复研讨，最终采取了对自然干扰最少、难度最大的抬升工程，经过十年的努力，把七千多吨的古建筑群的本体抬升了15米，创造了人类保护文化遗产的奇迹。

昨天我们到任鹏飞老师家中，看到了他的父母祖孙三代为了呵护武当山古建筑群所做的努力。从1961年武当山古建筑群列入全国重点文物保护之日起，他们一家从来没有离开过武当山古建筑群。为了保护今天登上的金顶，任鹏飞老师的父亲数百次登顶，穿坏了数不清的草鞋。他们祖孙三代，用全部的精力守望着武当山古建筑，像对待生命一样来呵护着它们。今天早上我们去了五龙宫的考古工地，从去年9月开始，考古队员们在这里背靠武当山，面对古建筑群，披星戴月，风餐露宿，一锹一镐地发掘遗址，考察出大面积的古代遗址。他们制定保护展示规划以后，呈现给我们的将是一个非常令人期待的武当山古建筑群遗址。

所有这些，都让我们深受感动。我们知道很多人为了保护武当山古建筑群付出努力，然而他们都有一个相同的目的，就是让武当山古建筑群能有更健康的600年，有更健康的1000年，1万年，为此大家要共同努力。

世遗课堂：从“三驾马车”到“三代守望”

守望行动之后的返程路上，我的心情依然十分激动。“三驾马车”的故事、任家三代的故事，都激励着我们继续踏上寻找与守望之旅。我觉得有必要展开讲述他们的故事。

我和单士元先生都姓单，所以外界有许多人都以为我是他的儿子。在 20 多年前的一次会议上，单老因故不能出席，委托我在会上代他宣读发言稿。主持会议者就宣布由单士元先生的儿子宣读，引发知情者的一片笑声。

虽然我与单士元先生并不是父子，但他对我的影响非常大。30 年前，在北京市有关古建筑园林的会议和活动中，有时会出现三个姓“单”的参加者，即 80 岁左右的故宫博物院顾问单士元先生、60 岁左右的北京市绿化委员会主任单昭祥先生、40 岁左右的北京市文物局局长单霁翔。每当这时，单士元先生都会幽默地对我说：“我是‘单老’，单昭祥先生是‘老单’，那么你就是‘小单’了。”所以直到现在，如果有人当面叫我“单老”，我还是不接受的，因为单士元先生是我心目中永远的“单老”。

考古学界有一句话，叫“溥仪出宫，单士元进宫”。说的就是 1924 年 11 月溥仪被冯玉祥赶出紫禁城，一个月之后，18 岁的单士元跟着“清室善后委员会”进了故宫，身份是书记员，参与点查文物。单士元先生是北大毕业的，学的是古典文献专业，当年朱启钤先生主导成立我国第一个以研究建筑为主的学术机构——营造学社的时候，梁思成先生就推荐单士元先生加入。后来在故宫维修中，单士元先生起到了至关重要的作用。

1954年，经梁思成推荐，故宫博物院第三任院长吴仲超将单士元先生调入故宫古建筑研究部门任要职。单士元先生组建了专门的古建筑保护部门，全面普查故宫古建筑，在全国最早为文物建筑安上了防雷设施。他把一些技术精湛的老匠师招进宫中，同时带领一批青年工作者，组织完成了为迎接1959年国庆，故宫古建筑的第一次大修，并在20世纪60年代掀起了故宫古建筑修缮工程的高潮。为此，单士元被誉为“故宫古建筑保护第一人”。单士元先生还特别严格地考察《营造法式》和故宫的关系，建立了一套规范的管理制度。所以故宫今天壮美的古建筑群保留至今，单士元先生立了头功。

单士元先生对于故宫和中国的古建筑了如指掌，他给我留下最深刻印象的事情就是惯于“捡破烂儿”。他每天在故宫里面走，眼睛就盯着犄角旮旯儿，只要有一个瓦片儿，有一块半截儿的砖，他一定要捡起来，然后把它们搁在自己办公室，收集多了以后叫人拉走。他说这些不是破烂，都是宝贝，都是将来修文物的材料。这一点对我的影响特别大。后来，我也是每天在故宫里走。虽然现在这些宝贝捡不到了，但是我觉得这种精神值得我们永远学习。

文物保护界有“三驾马车”，分别是故宫的单士元先生、建设部的郑孝燮先生、国家文物局的罗哲文先生。他们三人在全国政协和其他部门组织的文物古迹保护、历史文化名城考察中，经常在一起，志同道合，不知疲倦，犹如套在一起的马车，人们也因此称之为“三驾马车”。“三驾马车”跋涉于全国各地，足迹遍及大江南北，呕心沥血，奔走呼吁，宣传《中华人民共和国文物保护法》，考察实施状况。

1993 年 5 月 11 日，为推动申遗工作，单士元先生与郑孝燮先生、罗哲文先生等六人到武当山考察。考察组成员们纷纷徒步登上金顶。而当时单士元先生已经 86 岁了，身体条件已经不允许他再登山，就留在紫霄宫。他借此机会，给大家讲了很多关于文物保护的理念，并提出武当山的“镇山之宝”之称；郑孝燮先生提出要注意整个空间环境和主体环境的保护，建议对天柱峰进行“特级护理”；罗哲文先生在 2005 年静乐宫修复工程竣工时亲自题写了对联。他们三位为武当山古建筑群的成功申遗出谋划策、指明方向，使大家更加坚定了申遗的决心，对武当山文物保护做出了重要的贡献。

三位先生还通过各种方式各种渠道，保护了很多文物，抢救了很多古建筑、古遗址。当年北京修西客站，原来的选址对莲花池遗址会产生影响，在他们大力呼吁下，最终西客站移了一百多米。天坛土山的搬走、德胜门的保留、元大都土城遗址的保护等，太多的文化遗产都是在他们的呼吁下得到了保护和改善。

除了“三驾马车”以外，武当山还有很多前仆后继、代代相承的普通守护者，比如前面提到过的任鹏飞老师一家三代人。如同苏州园林我们遇到的香山帮匠人一样，任鹏飞老师也是从小就生活在武当山，修缮古建筑对他来说是一件耳濡目染的事。

任鹏飞老师的爷爷刚到武当山时，这里的文物工作者不足十人。为了要守护全山的古建筑，他们得住在山上。山上物资缺乏，山下不通公路，一应生活用品、米油粮菜都是他们自己从山下挑上来的。1961 年时正是国家遭受自然灾害的年代，经济困难，文物保护的经费更加不足，武当山古建筑自然坍塌、年久失修的特别多。修缮工作全靠文物工作者一点一点地做，物资也全靠文物工作者肩挑手抬。但就是在这么艰苦的环境里，任家三代一直在坚守。

三代人，每一代都面对着不同的武当山守护问题。第一代的任务是坚守、守护国宝。从 1961 年金殿被认定为首批国家重点文物保护单位开始，爷爷和另外两三个文物保护者一直守在金顶上；第二代的任务是摸清家底、延续遗产；第三代的任务则是在 1994 年申报世遗后，阐释遗产价值，发挥文物功效。爷爷没完成的目标由父亲承接，甚至由任鹏飞老师这一代来完成。任家三代人是千千万万遗产守护者的缩影，也是不同时代的遗产守护者的对话。

文化遗产工作离不开单士元先生、郑孝燮先生、罗哲文先生这样的“三驾马车”，更离不开任家三代这样的传承者与守望者。

11

2021年 03月 21日

2021年 03月 22日

万里走单骑

老单日记

第十一站

皖南古村落——西递、宏村

遗产地档案

遗产名称	皖南古村落——西递、宏村
遗产位置	安徽省黄山市黟县
列入世遗时间	2000 年
遗产种类	文化遗产
遗产地边界范围	遗产申报区范围：52 公顷 缓冲区面积：730 公顷

当文化遗产资源成为促进社会发展的积极力量，就能惠及更多民众，也会促使更多民众倾心地投入到保护文化遗产的行列中。

诗画中的故里

时间：2021 年 3 月 21 日上午
地点：宏村·村口世遗纪念碑前

在福建土楼和景迈山古茶林，我们曾讨论过与传统村落相关的话题。世遗之旅的这一站，“布鞋男团”来到了中国第一个以古村落名目申遗成功的地方，即“皖南古村落——西递、宏村”。

古村落一般是指民国以前所建，保留了较大规模、具有历史沿革的古村，其村落选址、建筑环境、建筑风貌未有大的变动，有独特民俗民风，虽经历久远年代但至今仍为人们服务的村落，是“生活化”“日常化”的活态遗产。2012 年住建部开展传统村落调查，决定将过去习惯称谓的“古村落”改为“传统村落”。

西递和宏村位于安徽省黄山市黟县，属古徽州区域。早在西周时期，皖南山区就已有人类居住，秦统一中国时就已设置黟县、歙县，是中国最早设建制的县，距今已有 2200 余年历史。徽州外有崇山峻岭，内有沃土良田，这片山限壤隔之地自古以来就拥有成为世外桃源的标配。于是自汉代以来，大量士族和百姓为躲避中原的战火和灾难，纷纷迁徙至此。西递和宏村的繁荣昌盛正得益于人口迁移红利。

人口增多导致粮食不足，徽州先民们便利用高山的松木、低山的茶，山间的油桐、油茶、漆树、竹林、桑桠，甚至山中的矿产、石料，作为经济来源，逐渐发展出明清五大商帮之一的徽商一脉，积累了大量财富。同时，中原带来的生产技艺更是令徽州先民如虎添翼，第一批列入国家非物质文化遗产的徽墨、以“尖、齐、圆、健”著称于世的徽笔都产生于此。明清时期是徽州发展的黄金时期，财富迅速积累，徽州先民们开始大量修建住宅、祠堂、牌坊，逐渐形成名垂建筑史、艺术史的徽派建筑。

这里还诞生了八大菜系中的徽菜。沿江地区流传的“无徽不成镇，无徽不成商”之谚，也从文化角度证明了徽州文化的影响力。在乡村类文化景观中，各地民居建筑所代表的地域文化尤为突出，是反映不同区域文化景观差异的显著标志，而西递、宏村的徽派民居正是这样的存在。

作为安徽南部民居中最具代表性的两座传统村落，西递和宏村在很大程度上仍然保持着20世纪的乡村面貌，其历史街道的格局、乡土建筑的特色、供水系统的完善程度都是独特的文化遗存。从两个徽派传统村落的整体风貌来看，则是充满了诗情画意的田园风光，是徽州先民留给我们的诗和画。所谓诗，尊儒重教，耕读传家时至今日；所谓画，秀丽动人，白墙黛瓦美丽千年。

西递和宏村在2000年以“皖南古村落”的名义成为世界遗产，“布鞋男团”这次的传统村落之旅，不仅要体验和学习其独特的遗产价值，更想要了解申遗成功后的20多年，这里发生了哪些变化。我们邀请了杨澜老师作为飞行嘉宾，大家在宏村村口的世遗纪念碑前集合。为了让大家更直观地感受到宏村的特点，我牵了一头水牛入场。这个举动果然引发了大家的好奇心。

西递、宏村的村落选址布局和建筑形态，都体现出对大自然的向往与尊重，典雅的明清民居建筑群与大自然紧密相融，创造出富有情趣的生活居住环境，充分展现了中国传统民居的精髓。宏村是

■ 宏村全景

中国独一无二的“牛形村落”。整个村落从高处看，宛若一头斜卧山前溪边的青牛，村落水系设计别出心裁。

节目组要求我们通过选取牛身上部位进行分组，我和杨澜老师选择了牛肚，其他三人选择了牛角和牛背。于是我们分成两组，去对应的区域寻找线索，揭开“牛形村”的密码。

据说线索就在“徽娘”手中——徽娘是徽州地区的专有人物名称，即徽州女子。徽商是明清时期主要的商业资本集团之一，男子在外经商，家庭责任就由女子承担，这个称谓突显女子的家庭贡献。

粉墙黛瓦马头墙

时间：2021 年 3 月 21 日上午
地点：宏村·南湖、月沼

宏村始建于南宋，原为汪姓氏族聚居之地，绵延至今已有近 900 年。它背倚黄山余脉羊栈岭、雷岗山等，地势较高，经常云蒸霞蔚，有时如浓墨重彩，有时似泼墨写意，真好似一幅徐徐展开的山水长卷，因此被誉为“中国画里的乡村”。

宏村先人规划、建造的“牛形”村落和人工水系，是当今“建筑史上一大奇观”：巍峨苍翠的雷岗山为“牛首”，参天古木是“牛角”，由东而西错落有致的民居群宛如庞大的“牛躯”。引清泉为“牛肠”，经村流入被称为“牛胃”的月沼后，经过滤，流向村外被称作“牛肚”的南湖。人们还在绕村的河溪上先后架起了四座桥梁，作为“牛腿”。这种别出心裁的科学的村落水系设计，不仅为村民解决了消防用水，而且调节了气温，为居民生产、生活用水提供了方便，创造了一种“浣汲未妨溪路远，家家门巷有清泉”（清代胡成俊《宏村口占》）的良好环境，是实用与美学相结合的水利工程典范，深刻体现出人类利用、改造自然的卓越智慧。

全村现保存完好的明清古民居有 140 余幢，古朴典雅，意趣横生。承志堂富丽堂皇，精雕细刻，可谓皖南古民居之最；南湖书院的亭台楼阁与湖光山色交相辉映，深具传统徽派建筑风格；敬修堂、东贤堂、三立堂、叙仁堂，或气度恢宏，或朴实端庄，再加上村中的参天古木、民居墙头的青藤老树，庭中的百年牡丹，真可谓是步步入景，处处堪画，同时也反映了悠久历史所留下的广博深邃的文化底蕴。

作为“中国画里的乡村”，宏村是 200 多所学校的写生基地，据说吴冠中先生也曾来这里寻找灵感。南湖是宏村最美景色之一，也是画者们的首选。我们在南湖遇到了从全国各地来此写生的学生们。

陶醉于南湖景色的同时，我们寻找此处的线索。写生队伍中一个人的画上什么都没有，引起我们的注意。她正是我们要寻找的徽娘，从她那里我们收获了南湖的信物——一块木雕，上面刻着：择田百亩，凿深数丈，周围四里，砌石立岸，名曰南湖。这是在讲南湖建成的历史。

宏村始建于 1131 年，最初只有汪氏 13 间房，其后二百余年几经发展，在 1401—1620 年迎来了第一次建设高潮。随着人口繁衍和建筑密集，月沼蓄水已不足以支撑用水。1607 年汪氏大小族长 16

■ 学生在南湖写生

人集资购田百亩，凿深、掘通村南水系，建成了南湖。

我们在南湖边得到的那块木雕，文字中“里”字是凸显的，于是我们猜测“里”应该是南湖线索的重点。大家商议后，前往“牛胃”——月沼寻找下一条线索。

徽派建筑是宏村重要的元素，高墙封闭，马头翘角，线条错落有致，粉墙黛瓦。如果从建筑史上考察，就会发现徽派建筑其实是外来移民与原住居民文化交融的产物。古徽州地区多山地丘陵，适宜耕种和居住的盆地有限，而随着北方迁移人口的不断增加，山间盆地显得越发拥挤。地狭人稠，人们亟待寻找一种新的居住方式。于是，中原“四合院”的平房形式和当地“干栏式”楼居建筑形式相融合，逐步演变成新型的内天井四合院楼居建筑形式，这便是大名鼎鼎的徽派建筑。

这种新型建筑形式的形成，进一步丰富了徽州地区建筑文化，也形成了徽州民居典型建筑格式——“天井”的雏形。

徽州古民居大多设有天井。作为徽派建筑的重要特征，天井在设计功能上的意义是既通畅又封闭，既解决通风采光问题，又适应古代徽州险恶的山区环境，而其文化上的意义则更为丰富。首先，在徽州的地域文化观念中，天井与“财禄”息息相关，天井能聚集屋面雨水，名曰“四水归明堂”，水为财之源，聚水即聚财，讲究的是财不外流的吉利。其次，作为一种内向型建筑方式，以天井为聚合一户人家的基本单元，反映了徽州人聚族而居、不染他姓的宗族观念。同时，天井即“观天之井”，是徽州先民敬畏上天、顺应自然、祈求与自然和谐并存的人生态度的体现，也是中国传统哲学中“天人合一”思想的具体体现。

我们来到了月沼。经过和游客、村民、导游的交流，我们发现此处的线索指向墙上悬挂的十个灯笼。每一个灯笼下挂着牌子，分别写着十个字：花、开、则、落、盈、则、亏、第、二、家。摘下灯笼排顺序，我们发现拼字中少个“月”字，并多出了“第二家”三个字。

于是大家猜测，是不是以挂灯笼的墙为中心，左数或右数的第二家。经过寻找之后，我们成功地找到了月沼的徽娘，获得了另一块信物木雕。

这位徽娘叫余何清，也是我们第一天的世遗向导。

“牛形村”的规划理念

时间：2021年3月21日上午

地点：宏村·月沼、承志堂、乐叙堂

宏村独有的这种“牛肚”“牛胃”等“牛形”建筑设计，深蕴其中的规划理念是什么?

徽派建筑历来讲究“天人合一”，古代规划思想对徽派民居建筑形态有着巨大的影响。在选址上，当地的人们认为，村落的选址布局及其形成的地形轮廓所包含的寓意和内涵，是宗族文化的标志，关系着宗族的荣辱兴衰，因此宗族建筑必须统一规划，讲究群体布局和水口营造。徽派古民居建筑在选址布局上，通过周密地观察自然和利用自然，以求通过天时、地利、人和达到人居建筑与自然环境的和谐融合，达到“天人合一”的境界。

徽州古民居建筑一般依水势而建，总体呈现出背山面水、山环水绕之势。民居建筑在色泽、体量、架构、形式、空间上，都与自然环境保持格调一致，建筑与环境相互渗透，人居与自然融为一体。一般而言，选址布局决定了民居村落的轮廓，一些典型的徽派民居村落在布局上强调整体轮廓的规范化和系统性，形成了如“船形村”“牛形村”和“棋盘村”等许多风水村落。

宏村先民在村中建“月沼”，在村南建“南湖”，形成东、西、北三面环山，一面抱水，“藏风聚气，负阴抱阳”的空间形态。由前街、上水圳街、下水圳街、茶行弄等形成网格状的街巷格局，并由大、小水圳，住宅水园和月沼、南湖构成牛形水系。这一空间格局

■ 月沼

至今保留完整。

世遗向导带我们游览宏村，先来到了承志堂。

承志堂是宏村景区内的一座清代木结构古建筑，是清代盐商汪定贵的宅第，砖雕、木雕、石雕众多，艺术价值很高，素来享有盛誉。

进入承志堂，我们发现徽派建筑内外景象差别很大。从外观上看，徽派古民居建筑粉墙黛瓦，“马头”高昂，古朴淡雅，色彩素净自然。内部却构造精细、装饰华美，梁栋棂板无不描金绘彩，砖雕、石雕以及木雕之美令人叹为观止。厅堂横梁用材粗壮，气势宏伟，非同凡响。从大门门楼到花门栏杆，从窗棂隔扇到神位龛座，从斗拱飞檐到门罩屋瓴，从梁架节点到基础勾栏，无不精雕细刻。这些雕刻具有强烈的空间装饰效果，成就了徽派民居建筑独特的艺术魅力。

承志堂最大的看点在于其雕栏画壁，承志堂内部的“三雕”堪称绝世精品。总体上看，承志堂的“三雕”以栩栩如生的人物场景图为主，寓意深远，工艺精湛，惟妙惟肖。以木雕为例，不仅人物众多繁杂，表面还涂上了金粉。比较有代表性的是“唐肃宗宴客图”“百子闹元宵”“郭子仪上寿图”等。“唐肃宗宴客图”简直就是木雕艺术精品中的精品，表现的是唐肃宗宴请文武百官时候的场景，画中人物调琴、弈棋、读书、绘画，以及烧水、掏耳朵等活动尽收其中，层次分明，线条清晰，而且构图宏富，场面壮观。连来自故宫博物院的专家也不免为之击节赞叹，称在集中了中国古代建筑精华的故宫也看不到这样的木雕瑰宝，所以，宏村承志堂也被专家们誉为“民间故宫”。

■ 承志堂

在月沼，我们与小马他们一组汇合。通过两组寻找到的信物，我们提炼出一个人名——胡重娘。宏村的密码为什么是胡重娘？我们带着这个疑问，来到了已有600年历史的乐叙堂找寻答案。

乐叙堂俗称“众家厅”，实为汪氏宗祠。乐叙堂取“秩叙敦伦，永履和乐”之意。换言之就是乐叙天伦。所谓“举宗大事，莫最于祠”，作为祭祖、宴饮、正俗之地，祠堂是全体族人出资出力修建，徽州祠堂建筑庄严肃穆、规模空前。古代女子一生只能有两次进入祠堂的机会——结婚和去世。但现在祠堂中却挂着一幅女子画像，这便是胡重娘。她是宏村的水利规划师，所以被称为“巾帼丈夫”。

胡重娘是从西递村嫁过来的媳妇，因丈夫常年在外经商，她主持家中一切事务。为了让丈夫安心经商，她亲自主持设计了宏村的水利系统，利用父亲传授的设计理念和自然水向，将整个村落改造成满足精神和物质双重需求的布局。每一处设计既有美感和美好寓意，又有实际的用途。宏村水利系统由保存完整的水圳和家庭水园、村内外公共水塘——月沼和南湖组成，已有400余年的历史，至今仍在发挥其实用价值，环境风貌没有受到破坏。这是一种对先人的怀念和村落自有的价值肯定。

胡重娘让村民们在村子上首的浥溪河上拦河，横筑河坝，再通过水渠把水引进小巷。水渠又名水圳，九曲十弯，好似牛肠，绕过千家万户后，引到月沼里面来。从外面引入的河水和地下涌出的清泉汇入，由月沼再向外流出，类似牛的反刍功能，称为牛胃。到了明朝万历末年，汪奎元等人又人工开挖了南湖，由月沼向外流出的水圳汇入村南的南湖。南湖蓄水量巨大，犹如牛的肚子，因此称为牛肚。从宏村水系的动态上看，入水口、水圳、月沼、南湖刚好类似一个牛的消化通道。

胡重娘发现宏村的“牛形”，顺势利导，规划水利系统。这是宏村区别于其他村庄的典型特征，也是古人智慧的体现。

桃花源里人家

时间：2021 年 3 月 21 日下午
地点：西递·敬爱堂、作退一步想工作室

西递，坐落于黄山南麓，古名为西川，又称西溪。因村中有三条平行山溪，自北而南，在村口交汇，然后“不之东而之西”，与传统的中国大陆几乎所有的江河自西往东流淌相反，东水西递，故以此特色而得名。同当代众多徽州传统村落一样，西递是一个以血缘为纽带、用商业经济力量支撑起来的同族聚居的村落。它始建于公元 1047 年，至今已有近千年的历史，村落的整体布局、建筑用材、装饰等方面完好地保存了明清时期的真实风貌。

我们和世遗向导张艳老师来到西递观景台，在这里我们可以看到整个西递的形状。自古有“桃花源里人家”美誉的西递村，四面环山，两条溪流穿村而过，整个村落仿“船形”建造，一条纵向街道和两条沿溪的道路为主要骨架，构成东西向为主、南北向延伸的村落街巷系统，街巷两旁民居建筑错落有致，村落轮廓与自然环境和谐统一，是徽派古民居建筑中的一颗明珠。全村现有 14—19 世纪的祠堂 3 座、牌楼 1 座、古民居 124 幢。传统巷道和乡土建筑布局协调。村落空间变化灵活，建筑色调朴素淡雅，木雕、石雕、砖雕丰富多彩。

我们走进西递村，去感受居民的生活样态。

西递村整体布局呈“船形”，胡氏祠堂敬爱堂就是西递的中心，类似船舵把握方向。敬爱堂始建于明万历年间，原为西递胡氏住宅。

■ 油菜花田与西递村远景

清代乾隆年间重建，并扩为宗祠。现为西递民俗展览馆。堂中居住着一位老人胡奶奶，已在这里守护了 31 年。

据西递村史记载，在唐宋年间，西递仍为“星罗棋布”的居民点址，经西递胡氏家族的振兴变成“小桥流水人家”。《西递明经胡氏壬派宗谱》载：“始祖讳昌翼，字宏远，号眉轩，本唐昭宗子。”唐代天祐元年（904 年），唐昭宗迫于梁王朱全忠的威逼，仓皇辞庙，驾车东行，皇后何氏在行程中生下一个男婴，时有新安婺源人胡三公宦游于陕，遂秘密将太子抱回歙州婺源考水，将皇子改姓胡，取名昌翼，字宏远。胡昌翼即明经胡氏始祖。其后，胡氏子孙繁茂，就以天干为序，分为甲、乙、丙、丁、戊、己、庚、辛、壬、癸等派。

北宋皇祐年间（1049—1054 年），胡氏壬派的胡士良前往金陵，途经西递，见其地“山多拱秀，水势西流”，且“东阜前蹲，罗峰遥拱，有天马涌泉之胜，犀牛望月之奇；产青石而如金，对霭峰之似笔，土地肥沃，泉水甘甜”，遂自江西婺源考水迁入境。从此，胡氏壬派一脉在西递耕读并举，代代熟读经史，繁衍生息。

当年申报世界文化遗产时，西递人是持怀疑态度的。在他们的印象中，世界遗产应该是像故宫、兵马俑这样的帝王建筑。可没想到联合国教科文组织真的派专家来西递考察。2000 年 2 月 11 日，联合国教科文组织委派该组织成员、国际古迹遗址理事会专家、日本千叶大学教授大河直躬先生前往黟县，对西递、宏村传统村落进行考察验收。大河直躬一行来到西递村后半山腰观看西递村落全景，大河直躬观景后，情不自禁用笔在纸上写下遒劲的“桃源境”三个中文字。考察过程中，当大河直躬先生走进履福堂，顿感亲切，不禁生出长年在外奔波的旅人回到自己久别故乡般的兴奋，遂又乘兴挥毫。现在履福堂的大厅上，还悬挂着大河直躬的墨宝“访履福堂，似我家乡”。

世遗向导张艳老师之前和我们相约，在大路街 1 号见面。来到这里，我们看到挂在门口的两个牌子：“西递警务室”“作退一步想工作室”。进入里面，身穿警服的张艳老师迎接我们，原来她的真实身份是一名警察。“作退一步想”是由清代道光年间开封知府胡文照提出的。他因秉公治理贪污腐败而致仕途蹭蹬，遂毅然辞官回乡，并建造阁楼，刻上“作退一步想”和“山市”两幅题额，可以说是仕途坎坷之后所悟出的人生智慧。

徽州可以说是中国楹联的集大成者，几乎每个古民居，每个店堂，每个药铺，每个宗祠……都有颇具特色的楹联，既是装饰，又

■ 作退一步想工作室

体现文化，熠熠生辉，美不胜收。楹联意深字少，有着比格言、警语、词诗更深邃的哲理，有的还可概括一个比小说更丰富的故事情节。徽州楹联是古徽州文化的重要组成部分，已成为安徽省首批省级非物质文化遗产。

中国古代哲学思想以及崇尚自然的理念在徽州楹联中得到集中反映，明清时期理学兴盛则进一步丰富了徽州楹联匾额的内容，使之不仅具有中国传统楹联匾额特性，也具有鲜明的地域性和广泛的实用性。徽州楹联匾额不仅在读书人中间流传，而且在平民中间吟诵，且在徽州特色方言的映衬下，更显得富有文化韵味。

如今，胡文照故居中的一间偏室被打造成了村内的调解室，调解村民、游客的纠纷。通过各退一步，实现“和行天下”，这就是调解室创立的初衷。

这里还保留着100多年历史的打更制度。我和小马在晚上还担任了打更人，为传统村落的平安“打更”。

夜聊中，大家说起这里旅游业发展很好，话题的焦点又来到商业化是否对遗产保护有益的问题。我们决定第二天守望行动之前，先去南屏村看一看。那里没有繁荣的旅游业，而且正是油菜花开的季节。

守望行动：让文化遗产良性循环

时间：2021年3月22日
地点：南屏、宏村·南湖书院、宏村研学基地

南屏村是一座有着千年历史、规模宏大的传统村落，且村中至今保留着相当规模的宗祠、支祠和家祠，被游客誉为“中国古祠堂建筑博物馆”。不同于西递、宏村被评为世界文化遗产之后带来的经济发展，这里仍保留着最初的原貌。2019年12月，南屏村入选中国美丽休闲乡村名单。

南屏村口有一泓清泉，名醴泉。在这里我们遇到了正在洗衣、洗菜的村民，他们在这里边干活边聊着家常，村民之间关系亲密。正如坎儿井一样，醴泉给村民提供了一处聚会场所。

热情的村民邀请我们去家里喝茶。走进村庄，这里没有熙熙攘攘的游客，街巷间很是安静。南屏虽然离西递、宏村很近，但申报世界遗产时并没有被列入，20 年之后它们之间存在很大差异。

南屏村目前面临年轻人多数离开村庄的空心化问题，所以我们邀请了当地村民，在南湖书院开展了一场关于旅游是不是传统村落保护的“灵丹妙药”的辩论赛。

“布鞋男团”其他成员和众多村民都选择了正方，而我和少量村民则选择了反方。发展旅游可以促进居民收入，同时旅游发展获得的收入可以反哺遗产保护，西递、宏村正是由于旅游发展，促进了传统村落保护。但同时旅游过热会导致环境污染、古迹破坏、旅游体验差等一系列问题。之前故宫太和殿的门洞、乾清门的门洞、隆宗门的门洞、景运门的门洞被设置为售卖商品和餐饮的场所，现今已全部被清理出去，这些措施就是在去商业化，也就是去过度旅游化。

对于是否应该发展旅游，当地村民也很矛盾。相比西递、宏村，南屏缺乏旅游收入，导致年轻人外流，教育资源落后。但这样也使他们依然保持着原有的生活方式。很多游客也反映，在南屏的旅游体验更佳。

中国许多农村都面临空心化问题，有一句话说“三亿人都在出走”。徽州古建筑都是砖木结构，闲置会对房屋造成很大伤害。我们要发展，但旅游并不是发展的唯一路径。西递、宏村在世界遗产保护和管理方面很多措施都是典范性的，但还有很大提升空间，尤其不能把所有的精力着眼于商业发展，而应该更多地传承文化。

旅游之上是文化。徽州地区有丰富的文化资源，徽派民居、楹联文化、木雕技艺等都是宝贵的文化财富。我们要学习祖先的创业精神振兴传统村落。徽州文化加上旅游发展的机遇，才是我们真正可持续发展的资源和动力。习近平总书记提出乡村振兴战略，要想实现乡村振兴，需要国家的重视，也需要科学合理的战略规划。乡村是传承中华优秀传统文化的重要载体，要统筹保护、利用和发展的关系，努力保持村庄的完整性、真实性和延续性，同时乡村振兴也需要我们每一个人共同努力，共同守望未来。

我们这一站的守望行动，是邀请村民一起露天观看电影《我和我的家乡》。

一场电影不能解决实际问题，但是我们想通过这样的行动，唤起人们的共同意识。村民应该有丰富的文化生活，应该有振兴家乡的凝聚力。现在很多乡村出现空心化问题，村里以老人和孩子居多，这不利于村庄的可持续发展。我们要给年轻人更多的关注和发展机会，这会给遗产保护带来不同的面貌。我们自己的家乡、村庄要靠每个人共同营造，这样才能实现更美好的家乡的意义。

大家都很久没看露天电影了。其实，一个村庄的人聚在一起看看电影，参加文化活动，这是文化生活的常态。西递、宏村在 2000 年 11 月的联合国教科文组织世界遗产大会上，成功列入《世界遗产名录》，这是人类进入新的千年以后，第一批列入世界遗产的项目。全中国有这么多的村落，唯独这两个村庄成为世界遗产，变成了全世界范围的“网红”。

两天来，我们非常欣慰地看到了中国最典型的皖南古村落得到了健康的保护，“粉墙黛瓦马头墙”这样的景观仍然神采奕奕地得以呈现，传统村落古朴典雅的气息和我十多年前来的时候一样，而且在维修保护方面做得更好了。我们也了解到，这些传统村落的建筑维修保护过程中，还是使用传统的工艺和技术，用传统的材料，这样古建筑的韵味得以保留。我们祖先一代一代传下的古民居仍然是世界民居领域的典范，这让我们非常兴奋。

第二个让我非常欣慰的就是周围这些山水，山更绿水更清，生态环境得到了维护，“天人合一”的理念深入到每一个村民的心中，大家用实际行动保护环境，保护居住的空间。同时，村庄的管理也越来越好，街巷干净整洁，村子里所有村民自觉遵守村民公约，呈现出一个和谐美好的村庄生态环境。

乡亲们腰板儿挺得更直了，脸上的笑容更多了，人人都充满了自信。一个文明的村镇发展给我们留下深刻的印象。这里是一个有文化底蕴、有文化传承的传统村落，同时也是一个生机勃勃的、面向未来的现代化的村庄。

全世界各地来参观旅游的客人们，走进村庄后兴奋之情溢于言表，他们对村庄的山水田园、成片的油菜花都非常有兴趣，走进这些街巷，流连忘返。这里还有很多有特色的小吃，有非常多的土特产品，有各种各样的茶叶，所有这些都给旅游带来了乐趣。不管是精神上还是物质上，到这里来的游客都满载而归，不虚此行。由此我联想到世界遗产保护究竟怎样才是好的保护状态，我想至少要有三条标准：

第一，首先要保证遗产有尊严。比如我们这里的传统村落、徽派建筑、传统民居，在我们共同的呵护下，它们有尊严地保存到了现在。只有我们的村庄有尊严，才能让外人感受到悠久的中华传统文化，感觉到我们村庄祖先的智慧。

第二，我们通过发展文化旅游，促进了村庄的发展，并且带动了周边的村镇，带动了全县甚至省里的经济发展。有人告诉我说，宏村与西递已经辐射了四十多个村庄，大家向着一个全域旅游的方向发展。在这种基础上，文化创意产品也不断涌现，40 实现了文化远播，也促进了经济社会发展。

第三，世界文化遗产的保护应该惠及广大民众。申报世界遗产以后这里一天一天地好了起来，不只是旅游方面，还包括教育卫生各项事业的发展。我想我们的村民对此有实实在在的感受，我们感受到了保护文化遗产对我们现实生活的帮助，这样我们才能更好地反哺文化遗产。

最后我还想说，当文化遗产资源成为促进社会发展的积极力量以后，就能惠及更多民众，也会促使更多民众倾心地投入到保护文化遗产的行列中，这样才能使文化遗产更有尊严。而更有尊严的文化遗产，更能成为促进社会发展的力量，这是一个良性循环，我们正在向良性循环的轨道上前进，所以我祝愿，经过更多人更积极的努力，皖南古村落能够真正成为世界文化遗产保护的典范，对此我深怀信心，皖南的父老乡亲也肯定深怀信心。

世遗课堂：申遗成功与传统村落的经济发展

西递、宏村申遗成功以后，带动了全县40多个村庄的经济发展。除此之外，还带动了研学项目、体育产业、影视产业等方面的发展。在这里，曾成功举办首届中国黄山（黟县）青年写生艺术季，年接待学生40余万人；建成西递、宏村、南屏、秀里、守拙园五大研学游基地，西递景区获评全国研学游基地；通过连续举办国际山地自行车公开赛、国际山地自行车节的方式，吸引了更多运动员和游客，推动旅游业与体育赛事整合发展，先后培育打造了秀里影视村、守拙园等影视拍摄创作基地。

西递非物质文化遗产制作工艺也得到了很好的传承。西递现有徽州三雕、徽派传统民居建筑营造技艺等国家级非物质文化遗产2项，徽州楹联匾额、徽州祠祭、徽州彩绘壁画等省级非物质文化遗产5项，其中徽州楹联匾额、徽州三雕为特色非物质文化遗产。西递遗产小镇围绕世界文化遗产，充分发挥“千年徽州古镇”魅力，一直以来重点打造“千古黟技、匠人圣地——百匠堂”，确保西递遗产小镇空间拓展、内涵丰富、品质提升、效益增强。

2016年5月18日，国内首个百匠堂在世界文化遗产西递落地。百匠堂让游客通过亲身体验、观赏和研习传统工匠技艺，将工匠精神传承下去，将徽文化发扬光大。

在西递，我们发现了一家很有特色的客栈。这家客栈由一对年轻夫妇开设，传承皖南的徽娘精神是他们的本心。两位年轻人因为爱情定居西递，买下了已经残败的房屋。老板是一位版画家，他花费整整一年的时间进行古建筑修缮，现在的客栈重现了徽派建筑的精美雕花工艺和传统文化，同时富有创意，比如把破旧木床上的雕花活化利用，组装在椅子上，重现古老构件的魅力。

把古民居打造成客栈，是“活化”遗产的重要方式。多年来，黟县一直将保护和传承作为重中之重工作来抓，先后编制传统村落保护整治利用规划、出台《西递宏村世界文化遗产保护管理办法》、制订古建筑修缮九项程序、建立三维数字化保护电子档案，创新异地迁建、古民居流转等保护模式等，最大限度保留恢复传统村落肌理，累计投入20多亿元资金用于古民居的保护利用。为加强古民居保护管理，西递在坚持“保护为主、抢救第一”的基础上，不断健全完善工作机制，总结归纳出“引、立、保、管、修、治、控”七字诀工作法。

西递、宏村在进行维修和整治时，对文物保护单位严格遵循“不改变原状”的保护原则进行修缮，对传统建筑严格要求使用原结构、原材料、原工艺。私有房屋的修理全部纳入政府统一规定管理，由政府提供一定的帮助和资金补贴。对设计施工单位严格把关，对施工人员采取必要的古建筑知识培训和修缮技术指导。保护建筑的同时，组织村民进行舞龙，唱黄梅戏、民间小调等文娱活动，传承古徽州丰富的文化习俗。

西递、宏村申遗，最初其实是出于偶然，当地人在此之前并没有世界遗产概念。在一次请专家做保护规划的过程中，专家指出同为传统村落的江苏周庄、同里都在申报世界文化遗产，但如果说按照世界文化遗产的标准来看，宏村、西递其实更为符合标准。当时黟县的经济状况不太好，但当地还是挤出一些资金来对两个传统村落进行整治，而正因为资金缺乏，不能大拆大建，只能小修小补，小打小敲，所以整体上是“修旧如旧”地对两个传统村落进行整治，最后取得了很好的效果。传统村落体现的就是历史的原风貌，所以要一直保持下去。

西递、宏村根据自身特点，走出了一条以政府为主导，以村民为主体，以旅游产业为支撑的活化利用保护发展之路，有效保护了世界文化遗产，传承了徽州历史文化，做到了保护与活化利用良性循环。这两天我们在西递、宏村看到络绎不绝的游客，据不完全统计，2000—2019 年全村村民共享旅游分红的总额为 6535.8 万元。持续的旅游收入能反哺文化遗产保护，当地居民从中也看到了古民居、传统村落的价值，他们保护文化遗产的自觉性大大增强，实现了从“要我保护”到“我要保护”的转变。

12

2021年 03月 25日

2021年 03月 26日

万里走单骑

老单日记

第十二站

土司遗址——老司城

遗产地档案

遗产名称	土司遗址——老司城
遗产位置	湖南省永顺县
列入世遗时间	2015年
遗产种类	文化遗产
遗产地边界范围	遗产申报区范围：534.24公顷 缓冲区面积：1023.93公顷

只有不断地
向祖先汲取
智慧和力量，
我们才会像
凤凰一样飞
向世界各地。

湘西故梦，王朝残影

时间：2021 年 3 月 25 日上午
地点：万马归朝看台

湘西自古神秘，很多人早就从各种典籍、游记、小说、影视剧中对这里有所了解而产生好奇，却往往因受山重水复的空间险阻，难以一探究竟。好在当今社会科技昌明，交通发达，来湘西探秘已不复如往昔般难于上青天。

来到这里的人，一旦拨开云雾缭绕的面纱，穿过层峦叠嶂的阻碍，就会感到这方天地间那股独特而澎湃的生命力。这种生命力弥漫于湘西的峰峦间、水云间、人世间，化为翠鸟般的高歌，化为沈从文笔下的《边城》，化为摆手舞，化为西兰卡普，化为哭嫁，化为一壶浊酒……以其极富感染力的热情，席卷着每一位来客。

其实很少有人知道，这股强烈且旺盛的生命力，与一种特殊的政治制度——土司制度密不可分。中国西南群山密布，多民族聚居。因其特殊的地理环境与多民族文化氛围，在中央政权管辖的实践中，逐渐形成了中央委任、世袭管理的土司制度。土司城寨及官署建筑遗存是土司制度的实物见证。2015 年，由湖南省文物局牵头，湖南、湖北、贵州三地联合以“土司遗址”申报为世界文化遗产，获得成功。

对于关心世界遗产的朋友们来说，多个遗产点“联合申遗”并不陌生，比如苏州古典园林、明清皇家陵寝、中国南方喀斯特、大运河等，尤其是 2014 年的“丝绸之路：长安—天山廊道的路网”更是中国与中亚的哈萨克斯坦、吉尔吉斯斯坦跨国联合申遗项目。

这样的“联合申遗”成果，往往称为“系列遗产”。2005年，联合国教科文组织《实施世界遗产公约的操作指南》中首次出现“系列遗产”的表述。2011年，联合国教科文组织对“系列遗产”的界定更加明确：应该在整体上具有突出普遍价值，各组成部分应对整体价值具有贡献，它们之间应反映文化、社会和功能方面长期以来的联系，各组成部分要具有代表性但特征不可以完全重复。

在中国，与土司相关的遗存数量不少，市级以上各级文物保护单位就有100多处。应该选择哪些进行世界遗产申报呢？文物保护单位以价值特征代表性为主要原则，以具有综合代表性的“土司城寨和官署建筑群”为系列遗产申报的基本组成部分，最终确定了湖南永顺老司城遗址、湖北唐崖土司城遗址、贵州播州海龙屯遗址三处。

湖南永顺老司城遗址被人称为土家族的露天博物馆、土司王朝的活态标本；张忠培先生曾用“小故宫”形容唐崖土司遗址，其群山拱卫的城池有着如故宫一般的建制与精美；海龙屯遗址则是等级最高的土司军事城堡。三处遗址拥有完整的格局、丰富的遗存；不同职级、功能组合，反映了土司制度的管理体系和特征；山地环境、聚落格局、建筑特点反映了土司制度推行地区独特的地理、文化、社会背景。三处土司城址的物质遗存与土司族谱及元、明、清史书等历史文献相互印证，能够真实、可信地体现13—20世纪中国土司制度历史及土司统治地区的管理模式、社会形态和文化特征，能够真实、可信地传达土司遗产所具有的见证土司制度管理智慧、展现人类价值观交流的价值特征。

■ 老司城遗址全景

三处土司遗址中，湖南永顺老司城遗址以年代最早、时间最长、序列最完整等特点位列翘楚，是最具代表性的土司制度遗址，也是三处遗址中最早准备申遗和第一个接受国际古迹遗址理事会专家考察的。所以这次我们选择来到老司城遗址。

“布鞋男团”在老司城遗址的“万马归朝”看台集合，同时邀请了复旦大学历史系教授钱文忠老师、歌手周深作为世遗传承人，加入我们的队伍。

看台之所以得名“万马归朝”，是因从看台眺望周边，云雾缭绕中四面峻岭、八方林峰如万马奔腾，朝向并环绕着老司城，如同叩见朝拜。这体现了老司城作为司治所在，选址于土司辖境中心、群山环抱之地的特征。

土司系列遗产分布的中国西南地区因特殊的地理环境，自古以来就形成了世界罕见的多民族高密度聚居地，现存民族仍有近 30 个，依然传承着各自典型的民族习俗与文化传统。所以在这一站，我准备了三组拼图，分别代表三处遗产地。老司城和唐崖曾经的属民以土家族为主，所以拼图上是土家族非物质文化遗产西兰卡普；海龙屯属民以仡佬族、苗族为主，所以拼图上是仡佬族五彩贯珠、苗族非物质文化遗产蜡染的花纹。完成湖北唐崖、贵州海龙屯两处土司遗址的拼图后，我们将一起寻找老司城遗址的碎片。

探访土司王朝

时间：2021 年 3 月 25 日上午
地点：灵溪河、祖师殿建筑群

湖南省是一个文物大省，有着许多改变历史的考古发现。我担任国家文物局局长以后，第一次出差就是去湖南。当时在里耶的一口井里发现了 3 万多枚秦代的简牍，后来我们提议，在那里建了一座简牍博物馆。

老司城遗址位于湖南省湘西土家族苗族自治州永顺县城以东 19.5 公里的灵溪镇司城村灵溪河畔。“布鞋男团”的这次世遗之旅，就以从灵溪河上乘船去往老司城为开始。

灵溪河自西北曲折流向东南，环城而过，注入被誉为“土家族的母亲河”的酉水，既保障了土司及当地居民生活，又可作为土司政权与外部交通连接的重要通道。

老司城遗址背靠太平山，面临灵溪河，正对螺丝湾群山，其周边山系可作为城址的天然屏障。太平山两侧的福石山、禄德山、寿德山合称三星山，共同寓意太平盛世、三星照耀。

灵溪河属沅水水系。沅水源出贵州云雾山鸡冠岭，流经黔东、湘西而入洞庭湖。沅水对流域内地区的生产、生活乃至社会文明均有重要影响，可以说沅水之于湘西，如同黄河之于中原、长江之于良渚。

游于灵溪河上，欣赏湘西绝美风光，正是因地制宜给大家“补课”土司制度的好时机。

自秦汉时期以来，中央政权对少数民族聚居地区的行政建置和管理制度各不相同。因为地方偏远，中央政权不可能屡次派遣大军长途跋涉，靡费粮草人力前往征伐，所以往往表现为在中央监管下，委派各地方民族首领自主管理其辖境，《明史·土司》概括为“其道在于羁縻”，因此可统称为“羁縻政策”。其具体的建置，可以追溯到秦代的“道”、两汉的“属国”“边郡”、东晋南朝时期的“左郡”“左县”以及唐宋时期的“羁縻府州”等。随着时代发展，中央政权的管理也呈现出制度化和规范化的特征。

在13世纪的元代，土司制度逐渐形成。元代疆域空间广大，中央政权为便于有效管辖，在各民族地区设置了宣慰、宣抚等司，此外还有路、府、州、县等。除了从中央派来任职的官员外，各族的土著首领数量也比前朝增加很多，被称为“土官”。

元代虽出现了土官，但没有单纯为土官设置的官职。明代对于民族地区的管理，在元代土官管理的基础上继续发展，形成了完整的制度体系。明代中后期出现了“土司”一词，既指土官衙门，又泛指各级土官。也正是因为“土司”一词的使用具有普遍性，现代学者把这种民族管理制度命名为“土司制度”。

明代土司制度完备，在云南、贵州、广西、四川、湖广（今湖南、湖北）五省共设文、武职土司各800余家，分布广泛、数量众多，土司制度成为明代地方行政制度的重要组成部分。明代对流官（中央政权在少数民族集居地区所置地方官，有一定任期，相对于世袭的土官而言）、土官的职衔做出了区分，土司职衔的确立是土司制度成熟的标志，土司制度从此作为一项严格的制度正式列入正史的《职官志》与《地理志》中，而且从《明史》起，始设有《土司》。

清代建立之初，统治者仍沿用元明时期的土司制度。清代统治稳固后，着手解决明末以来土司地区的问题，于雍正时期实施大规模的“改土归流”政策，改设与中原地区相同的府、厅、州、县等行政建置。雍正以后土司制度仍在沿用，这一封建王朝设立的制度于 20 世纪初伴随中国封建时代的结束而终止，但直至民国时期，尚有少量土司残存。

与此前的民族管理政策相比，土司制度更为制度化、规范化，对民族地区的管理更为严格，是中国民族管理政策发展成熟阶段的产物。这种以地方民族首领自主管理其辖境的制度最大限度地保护了少数民族的文化多样性，秉承了中国古代“齐政修教、因俗而治”的多民族治理文化智慧，有效保障了国家的长期统一，促进了少数民族地区的社会经济发展。

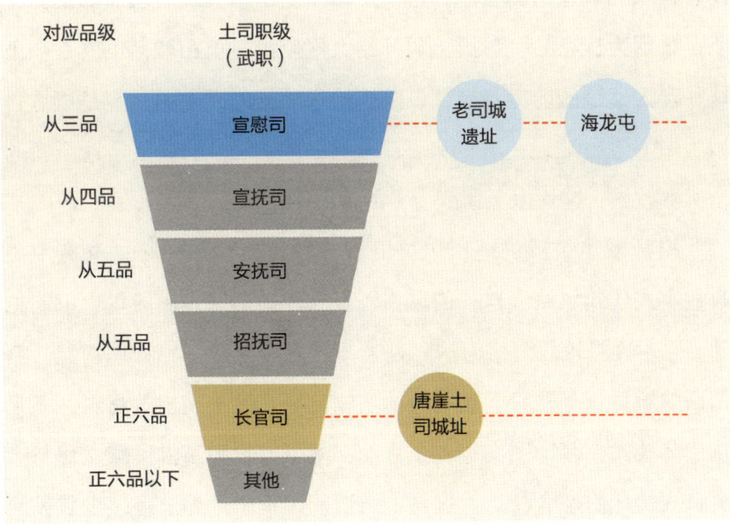

三处申报点涉及的土司职级示意图

船行至灵溪河左岸山麓，与永顺老司城的中心城址还有大概1.5公里的距离，我们下船来到祖师殿建筑群。

这是一处道教建筑群，是永顺土司数百年来重要的宗教活动场所。整个建筑群坐东北朝西南，现存地面建筑主要为明代建筑，包括祖师殿、皇经台和玉皇阁等三座汉式传统木构建筑，占地面积582平方米。

祖师殿是建筑群的主体建筑，为五开间双檐歇山顶木结构建筑，面阔16.9米，进深12.7米。该殿为抬梁式构架，檐下斗拱为单杪四铺作。殿内共34根木柱，柱础为圆石础。殿内有一口铁钟，钟高1.5米，口径1米。这口铁钟是明代湖广永顺宣慰使彭世麒，也就是“彭土司”于嘉靖十年（1531年）铸造的。

据史料记载，南宋绍兴五年（1135年），彭氏第十一世首领彭福石宠将治所迁至老司城。明洪武六年（1373年），明王朝授予彭氏首领永顺宣慰司的官职，这是土司制度中中央政府任命的最高官职，级别为从三品。彭氏土司开始大规模扩建土司城，也就是今天这些宏大遗迹的前世身影。世袭统治永顺的彭氏土司，都是以老司城为中心进行建设。直到雍正二年（1724年），永顺土司迁至新的治所颗砂城，这片以土家族为主的多民族聚居区开始荒废。

祖师殿建筑群的建筑风格既有少数民族建筑特征，又有中央政权官式建筑风格。这样的风格，至今在周边许多民居里也都能见到。“齐政修教，因俗而治”是土司制度特有的一种管理智慧。祖师殿建筑群正是这种管理智慧的实物见证。无论从建筑材料，还是从工艺技术、装饰图案等各个方面，都可以看到西南民族文化与中央官式文化的融合特点。这是土司遗址区别于世界上很多少数民族

■ 祖师殿

聚落遗址的关键点。

祖师殿的“子孙永享”牌坊和“溪州铜柱”也都是西南少数民族聚落与当时的中央政权加强价值观交流的见证。

“子孙永享”牌坊是明代朝廷为表彰彭翼南抗倭有功而敕令修建的。“土王抗倭”的故事，比戚继光还早三年。明代中后期，江浙一带倭寇蜂起，永顺土司奉命抗倭，为中央王朝屡建战功。同时永顺土司积极履行朝贡、纳赋的义务，特别是明代国都由南京迁往北京兴建宫殿而需大量楠木，永顺宣慰司在正德年间和嘉靖年间多次向朝廷献木，减轻了中央政权迫切需要大木的压力。所以今天我们还可以看到，故宫很多建筑使用的楠木与老司城建筑为同一种。

溪州铜柱的历史在《资治通鉴》中即有记载，五代十国时期的后晋天福四年（939 年），溪州刺史彭士愁发动溪州之战，与占据湖南及周边地区的楚王马希范交战半年，最终彭士愁“束子携印请降”，双方盟誓为约，树立铜柱。自此之后，无论是五代十国终结还是宋、元、明、清改朝换代，中原大地迭历兵火，彭氏家族却始终偏安此地，波澜不惊，直至清代雍正年间“改土归流”，当地士民也得以安享八百多年的安定生活。“溪州铜柱”作为这段历史的见证，与故宫、长城、西安碑林都是首批列入全国重点文物保护单位，彰显了重大历史价值。这不仅展现了土司制度的管理智慧，也赋予老司城遗址独有的遗产价值。

城内三千户，城外八百家

时间：2021 年 3 月 25 日上午
地点：老司城遗址

老司城遗址是永顺土司的行政和生活中心，具有生活、行政、军事、文化、经济等综合功能。遗产申报区范围为 534.24 公顷，中心城址约 19 公顷，历经数百年沧桑，仍然保存着整体格局。

前文讲到，老司城从雍正二年（1724 年）起逐渐荒废。1995 年、1996 年、1998 年，湖南省文物考古研究所会同湘西自治州文物工作队、永顺县文物局，先后三次对老司城及外围相关遗址进行了考古调查与发掘。沉睡了二百余年的老司城轮廓逐渐清晰起来。

老司城考古现场

“布鞋男团”这一站的世遗向导是龙京沙老师，他是老司城的考古发掘的参与者和申遗的见证者。衙署区的土王祠是土司遗址的核心建筑，也曾是考古队的驻地。那里条件艰苦，蚊虫颇多。某天晚上，龙京沙老师正在土王祠中休息，一滴虫液滴到他的眼睛里，眼睛当时就睁不开了。第二天，他的脑袋肿得像皮球那么大，只好马上送医院治疗，后又转院，差点失明。但出院后，龙京沙老师又义无反顾地投入考古工作中。

这只是考古工作者遇到的万千事例中的一个。就是在如此艰苦的工作环境下，老司城的面纱被一点点揭开了，启动了“考古第一铲”。如今，老司城遗址出土的文物大部分存放在博物馆。为了保护遗址，考古挖掘告一段落后对部分遗迹进行加固，部分使用原挖掘土科学回填。

张忠培先生曾三次来到老司城遗址，参与考古挖掘工作。那时候他已经七十多岁。张忠培先生在城址考古方面制定了一套流程和“套路”：第一步先找城墙，按照遗迹把城墙的墙基走向搞清楚；第二步顺着城墙找城门；第三步顺着城门找道路；第四步顺着道路找城市格局；第五步顺着格局找城市功能区如宫殿、居民区等；最后第六步完成对城址整个布局和规模的发现成果。他的这种方法非常高效，也非常准确，在不断地挖掘中也可以大致确定遗址的文物价值。当时张忠培先生是中国考古学会的理事长，他建议土司遗址尤其是老司城遗址要带头申报世界遗产。在张先生的推动下，我在国家文物局工作的最后一年土司遗址列入了申遗预备名单。

考古工作确实艰辛异常，其中的很多真实故事都十分惊险。老司城遗址的发掘领队柴焕波曾是1995年发掘这个遗址的考古工作者。2010年9月，柴领队收到线索，说有一条土司的秘道，人可进去三四十米。在老乡的指引下，一队三人找到土司时代的地下排水道，依次爬入。大家看到，这是用自然岩块砌成的一米多高的券顶。正在感叹之际，柴领队感到同行队员身子一震，原来在他右手不到二尺的地方，一个蛇头高高昂起，顿时失神。好在队员镇定果决，立刻挥刀，蛇头应声而落。大家上前一看，原来是一条剧毒的烙铁头蛇。三人赶紧爬出洞穴，想到刚才爬入时，手就按在盘蛇旁边，十分后怕。

这些困难并没有影响到考古工作者探寻的决心。此后4年间，考古发掘工作和遗址的价值认定等都取得了重大进展。考古发掘面积达4800平方米，勘探面积达2万平方米，出土各类文物5万余件，弄清了宫殿区、衙署区、街道区、宗教区、墓葬区、苑墅区等城址各个功能区的分布情况。还出版了考古报告《永顺老司城》，为遗产地价值研究提供了翔实资料。

老司城遗址目前考古已发现的遗存类型较为丰富，包括城墙、城门、堡坎、道路、排水沟渠、建筑基址、墓葬、古建筑、码头、石刻等多种类型，出土遗物主要有瓷器、金银器、釉陶器、砖瓦、建筑构件、铜器、骨骼等，其中以青花瓷器残件、建筑构件和动物骨骼为大宗。

我们拾级而上，有着“五溪之巨镇，万里之边城”之称的老司城轮廓逐渐浮现。虽只剩下断壁残垣，但依稀可见当年的辉煌。

老司城设计精密，规模庞大，规制严格，分为宫殿区、衙署区、街道区、宗教区、墓葬区、苑墅区、教育区等功能区。各功能区域布局规整分明，迥异于一般的少数民族聚落。土司时期，老司城还分为内罗城、外罗城。城里有东西南北 4 个城门，有左街、中街、右街、上街、河街、五铜街、渔渡街、紫金街等纵横交错的八街九巷，人户稠密，市店兴隆。至今人们仍可以由这些鹅卵石街道勾勒出当年的城垣格局，印证史书“城内三千户，城外八百家”的记载。

在首领生活区和衙署区，考古队发现了利用地形坡度建造的完备的排水沟渠系统，纵横交错。这套看似粗放实则精细的山城防洪排水系统保障了位于山前河畔的老司城的排水通畅，数百年间未遭任何洪灾。我们看到，城墙下部每隔几米都会有一个宽大的涵洞。这些涵洞不仅可以在多雨时节帮助排水泄洪，战时还能藏人，用于逃生或者伏击，具有军事防御的功能。相对于现代人来说，古人的平均身高较矮，所以士兵在这些甬道中通行毫无障碍。

老司城遗址的城墙大多数完整，体现着老司城的军事防御功

■ 老司城遗址的城墙

能。城墙最高处达 6 米，墙体一般厚 0.45 ～ 1 米，之所以能千年不倒，是因为使用了凝聚土家人群体智慧的建筑工艺——多以岩块、大卵石垒砌，并以油灰勾缝胶结，墙体单面或双面以油灰抹面，以碎石伴土填充做墙芯。据史料记载，土司王对建筑的质量要求极高，城墙建筑质量好坏和工匠生命有直接联系。

老司城遗址依山而建，建筑沿自然台地由低到高，层层叠叠布局，与山水相依，与自然融合，体现了人与自然的高度和谐。在城址修建智慧下，这些相对封闭的小区域逐渐形成语言、建筑、信仰、服饰、习俗等各具特色的少数民族文化。我们看到如此多元的文化面貌，体会到人们与自然和谐相处，追求美好生活的智慧。

老司城文化的“活字典”

时间：2021年3月25日下午

地点：向盛福家

若问谁最了解老司城的历史，向盛福老人当之无愧。他被称为老司城文化的“活字典”。

向盛福老人是土生土长的老司城人，他亲身经历了老司城的发展变化，目睹了观音庙、文昌阁、吴著冲土地庙等一批历史古迹与岁月抗争后的无奈消失。所以在退休后他决意把自己知道的关于老司城、关于土家族的历史都写成书，留给子孙后代，留给整个土家族。

向盛福老人是老司城文化遗产保护中当地村民参与的典型代表，为老司城文化遗产保护做了许多努力。首先，他通过自学以及向村里老人请教，编写了《土司王朝》《溪州土司制度盛衰轶事》《老司城民间故事集》等著作，填补了老司城人文研究的空白，并在自己家中开设若云书店，收藏老司城相关著作，为老司城文化的传承提供丰富的文献资料。在这个过程中，向盛福老人需要花大量时间查阅古籍、田野调查、查族谱等，而且他不会用电脑，这些资料全部用手稿写成，就连稿纸都是去乡里、县里的宣传部要来的。十几年来，向盛福老人几乎跑遍了湘西的几个县。

由于他对老司城民间文化的了解甚深，在申遗前后主动承担起老司城讲解的责任，为各级政府部门、专家考察老司城提供协助，还协助拍摄了《走遍中国》《揭秘土司王朝》《老司城探幽》等多部

■ 向盛福夫妇

专题纪录片。最后，为了不让老司城众多的传说等文化遗产失传，他还在自己家中培养徒弟，先后为老司城培训了讲解员50多名；并于2016年被聘为湖南第一师范学院的非遗讲师，将老司城文化传向高校。

当年老司城遗址申遗时，向盛福老人是第一个接受联合国外国专家提问的，为申遗成功做出了巨大贡献。现在向盛福老人的儿子在老司城博物馆担任保安并兼职讲解员。"老司城的一砖一瓦、一草一木都是我的命根子，我活着的一天就要努力把老司城文化传承下去"。老人的话语让人动容，肃然起敬。如今，他已经把儿子培养成了保护老司城遗址的接班人。正是有了这样一代一代的传承，我们的遗产才能永焕光彩。

在老司城遗址保护工作中，普通人的身影随处可见。大约有上万人次的农民工参与了老司城遗址的考古发掘。随着参加发掘次数及时间的增多，他们从给专家打下手，逐渐能够独立进行野外探寻，成为考古发掘的"土技工"。

2010年4月，老司城启动新一轮考古发掘工作，但面临着尚有22栋房屋覆盖在文物遗址上方的问题。为保护遗址的完整性，当年7月，识大体、顾大局的22户人家全部完成搬迁。老司城申遗成功，有这22户百姓的一份功劳。

老司城遗址申遗成功了，不论是清洁工人、管理处保安，还是民俗文化表演艺术团演员，仍然继续在平凡的岗位上默默奉献。得益于村民的参与和配合，遗址保护性发掘、文物遗迹保护、村落空间重新规划、非物质文化遗产保护传承等都能顺利进行。近几年，该地获得了“全国民族团结进步教育基地”“湖南省美丽乡村”等多项殊荣。村民或直接或间接地为老司城遗址保护做出了贡献。

在文化保护和传承方面，老司城村的传统文化是老司城文化遗产的重要组成部分，村民特有的生产生活方式，包括他们的建筑、饮食、习俗等都是老司城遗产所在地特有的文化表现形式，有利于该地区文化资源的维护和传播。如今老司城遗址仍有原住民居住生活，形成了“静止文物，活的文化”的独特文化体，文化所铸造的灵魂在这里鲜活脉动。

舍巴节，在土家语中是摆手节的意思。每年正月初一到十五，老司城乃至全中国的土家人都要过舍巴节。他们用跳摆手舞的形式祭祀祖先，祈祷风调雨顺、五谷丰登。这种习俗一直沿袭至今，已被列入国家级非物质文化遗产保护名录。在老司城遗址周边乃至更为辽阔的地域内，土家人世代传承的诸多艺术民俗除了舍巴节外，还有土家毛古斯舞、打溜子、哭嫁歌等，都已经成为国家级非物质文化遗产。

2015 年 7 月 4 日，湖南永顺老司城遗址申遗成功。人们在老司城遗址的摆手堂前组织了一次庆祝活动，永顺县城上万名群众通过烟花、摆手舞、毛古斯、万人巡游等方式表达欢乐与喜悦。申遗成功是广大民众共同努力的结果，申遗的成果也应该让每一位民众受益。

■ 毛古斯舞

守望行动：世界遗产我爱你

时间：2021 年 3 月 26 日
地点：司城小学、老司城遗址

老司城的土司历来重视教育，在城址规划中单独划定了教育区。与“子孙永享”牌坊位于同一轴线上的，就有若云书院遗址。

若云书院遗址是儒家文化书院建筑遗存，位于老司城遗址中央文教区的东北部，是湘西地区最早的书院之一，由土司彭元锦（万历十五年即1587年袭职）所建。遗址大体东西长、南北窄，总面积约2675平方米。老司城遗址中文教区与土司墓葬区在城内相对，寓意祖先对子孙后代读书的期望。

申遗之前，这里的教学条件很差，并且村里的路很泥泞，老师一两个月都回不了一次家。于是我们决定带上书、文具等礼物去看望司城小学的孩子们，每个人给他们上一节课。

前面讲过，老司城遗址考古发现的遗存类型十分丰富，其中比较特别的是动物骨骼，约有4万多件动物骨骼。其中，1万余件已经辨认出来，计有5纲、11目、17科、33种。其中以哺乳动物类为主，另外还有软体动物类、爬行动物类、鱼类、鸟禽类等。我国的动物考古学仍处于学科基础建设的阶段。2012年，湖南省文物考古研究所副研究员莫林恒在湖南动物考古学实践的开创者袁家荣的推荐下，肩负起老司城遗址动物遗存的整理和研究工作。他与当地考古工作者进行了长达1年多的整理工作，就是在遗址旁边的司城村小学完成的。

现在司城小学已经配备了良好的教学设施。孩子们在操场上表演了摆手舞，让我很感动。很小的年纪就会跳自己民族的舞蹈，有他们在，传统文化就不会消失，并发扬得更好。一个传统民族地区重视学生的教育，同时能够把他们的传统文化延续下来，这就是我们世界遗产传承的精神。

这次的守望行动的形式是一次“班会”，我们和司城小学的孩子们一起去到老司城遗址区，感怀先人的创造，共同喊出“世界遗产我爱你”。

司城小学

今天我们体验了作为一名老师的辛苦，也感受到孩子们的求知欲。阎鹤祥老师给孩子们上了地理课，想让他们知道，我们只是世界的一部分。我特别想跟这里的孩子们说，你们所在的这个地方，是一片既神秘又神圣的土地。说它神秘是指十年前，这里还鲜为人知。人们不知道这里曾经拥有什么样的文化，这里曾有过的文化有多么伟大，又是怎样传承下来的。十年前，著名考古学家、中国考古学会理事长张忠培教授数次来这里考察，领导中国考古界专家和当地的历史学者、考古人员进行了考古调查与发掘。考古行动揭开了这片土地神秘的面纱。

仅仅几年后的2015年，这里变成了世界闻名的地方，因为它成功列入联合国教科文组织的《世界遗产名录》。全世界有二百多个国家，列入《世界遗产名录》的只有一千多项。从列入世遗名录开始，老司城遗址就走向了世界。在这里生活的孩子们应该知道，这片土地上有很多宝贵的财富，这些财富比金银财宝还要宝贵。我们充满智慧的祖先把老司城留给我们，我们就要一代一代地传承下去。只有不断地向祖先汲取智慧和力量，我们才会像凤凰一样飞向世界各地。

中国有56个民族，每个民族都有悠久的历史和灿烂的文化，土司遗址代表的是土家族的历史与文化。从这里我们也了解到，土家族是一个有未来、有希望的民族。在老司城所在的区域内，不但青山碧水得到了很好的保护，祖先生活的遗址也得到了保护；不但物质文化遗产得到了保护，非物质文化遗产也得到了保护，其中的多项成为了国家级非物质文化遗产，这是很值得骄傲的。老司城已经成为湘西的金名片，越来越多的人来到这里体会人与自然和谐相处的智慧，体会土家族千百年来创造的独特文化，这就是我们所拥有的财富。

我想对孩子们说，你们是幸运的，因为你们拥有这份世界遗产。很多城市的孩子享受不到青山绿水的环境，只有假期旅游才能短暂地体会。可能城市孩子现在享有的某些东西，你们暂时还未拥有，但是我相信未来一定会拥有。但你们所拥有的自然环境、特色民俗文化，城市里的孩子是永远无法拥有的。

孩子们，你们要跟向盛福爷爷学习。他几十年如一日，写文章，出专著。正是因为他的著作，许多人了解了老司城，了解了家族的文化。我希望你们能够像他一样，努力地建设家乡，使家乡更美好。

“布鞋男团”心中的世界遗产

时间：2021 年 3 月 26 日晚上
地点：老司城遗址

《万里走单骑》第一季 12 期节目录完了，“布鞋男团”成员坐在一起回望第一季的旅程。

我们四个人来自不同的专业，小马是歌手，黄觉是演员，阎鹤祥从事相声表演艺术，而我从事文化遗产保护多年。经过 3 万多公里的行走，我们体会到了节目的创新之处：要从不同人的视角解读世界遗产，探索文化传承。

“布鞋男团”行走 12 处遗产地，不是站在游客视角，也不是站在专业视角，而是一种独特的观察者和体验者视角。这样的视角让大家在感受世界遗产深厚底蕴与独特价值的同时，也看到世界遗产的发展和保护处处充满矛盾。

其中一个具有代表性的矛盾是小马最关心的：维持原生态还是发展新生态？这个问题可以延伸出很多具体问题。比如传统村落中的古建筑是应该融入现代化生活，还是保留沧桑感？村民站在街巷上卖特别好吃的豆腐，这样的行为我们应该禁止它，还是鼓励它、引导规范它？按照民俗传统，很多非物质文化遗产手艺、活动只有逢年过节才“应景”，但为了保护和传承，是不是要鼓励和组织村民在寻常日子对游客进行演绎性表达？这些问题每一个都有争论，引发学者写文章。

我觉得还是要倾听当地民众，即利益相关者的诉求，然后找好世界遗产保护的最终目的与初心之间的平衡。一路走来，几乎每个遗产地都存在这个问题。在景迈山古茶林，为了是不是要通过申遗让这片遗产地获得保护和发展，我与小马曾有过观点的碰撞；到了皖南古村落，通过发展了旅游的西递、宏村与原生态的南屏村对比，我们更深刻感受到申报世界遗产对人们生活的改变。

矛盾总是存在，但文化遗产工作总体在向好的方向发展。随着保护和发展理念的进步，旅游过度开发的现象也一定会消失。从世界遗产视角来看，如果矛盾激化到联合国教科文组织世界遗产委员不能容忍的地步，遗产地就会被挂红牌或者警告。国际古迹遗址理事会一直监测遗产保护状况，如果保护不善，甚至可能被摘牌。中国56处世界遗产还没有一个被摘牌，这表明对于世界遗产保护，中国政府做出了非常重要的贡献。

大规模修缮古建筑也有其特定的程序。比如为迎接2008年北京奥运会，我们曾对故宫、十三陵、天坛进行大规模修缮。于是世界遗产委员会向中国提出要求，让我们解释大规模修缮古建筑的原因，也要求中国国家文物局组织一个东亚地区木结构古建筑修缮理念会议，以此统一思想。一方面因为大规模的古建筑修缮工程需要完善的计划和规范的工作程序作为保障。另一方面也因为东亚地区木结构古建筑修缮不同于其他砖石结构建筑修缮，要有专门的修缮理念和方法。

通过老司城非物质文化遗产的体验，黄觉则对物质文化遗产和非物质文化遗产整体性保护工作充满期待。很多朋友对“世界遗产”和“非遗”的概念有些混淆。“非遗”指非物质文化遗产，它对应的是物质文化遗产。而世界遗产分为文化遗产、自然遗产和文化与自然双重遗产。文化遗产里面又分为物质文化遗产和非物质文化遗产。

物质文化遗产主要分两大类，可移动遗产和不可移动遗产。可移动遗产比如博物馆的馆藏文物、出土文物是可以移动的，它已经离开了原本保存的土地；不可移动遗产就是古建筑、古遗址，古墓葬等。非物质文化遗产包括传统的习俗、传统的技艺等，还可以再进行细分，比如传统的文化戏曲与舞蹈艺术还有分支形式。我想强调的就是物质文化遗产和非物质文化遗产是不可分割的，每一处遗产地的物质文化遗产和非物质文化遗产都充满关联，它们共同组成文化遗产整体。比如我们看的非物质文化遗产摆手舞，它是跟土司遗址一脉相承的，所以物质文化遗产、非物质文化遗产不可分割。

早在 1972 年就诞生了《保护世界文化和自然遗产公约》，但是它的 10 项标准里面没有针对非物质文化遗产保护的标准。进入 21 世纪以后，在联合国教科文组织的推动下，《保护非物质文化遗产公约》也诞生了。非物质文化遗产相对起步较晚，这套体系还正在建立、完善过程中，但未来一定会更好。

阎鹤祥感慨“世界遗产”这个概念从 20 世纪 70 年代到现在，其实只有几十年的历史。但随着名录的扩展，这个概念在未来会有几百年甚至上千年的发展。后之视今，亦犹今之视昔。大胆设想一下，再过 1000 年，如果这个节目还能被回看，会不会像武当山和西

■《万里走单骑》第一季工作人员合影

湖的名人题刻一样，成为世界遗产的一部分？这是一个值得玩味的问题。

世界遗产的价值何在？在申报世界遗产的过程中是不是充分挖掘、阐释了这些价值？申报的过程做了哪些艰苦卓绝的努力？申报成功以后，给这些遗产地当地老百姓的生活和当地经济社会发展带来了哪些变化？对于正在申报中的遗产地，当地民众是不是发自内心拥护我们的申报工作？已经申报成功的遗产地，大家对未来还有些什么愿景？

这些问题如果在节目第一期录制前问到“布鞋男团”的伙伴们，或许他们会对节目望而却步。而在今天，如果抛出这些问题，我们每一个人都会兴致盎然地说出自己的见闻和感受。

或许离开老司城的那一刻，大家已经开始期待下一季的行走。

尾声
讲好文化遗产里的中国故事

人们一跟我聊天，就说“你是故宫的”。甚至有人说我的父亲“也是故宫的”，好像我就生长在故宫。其实我是58岁才到故宫工作的。我到故宫之前做了近20年的城市规划工作和近20年的文化遗产保护工作。参加《万里走单骑》节目的录制，我是回归了本行。

《万里走单骑》节目酝酿的时间不是太长。最初拟定的节目名字是“千里走单骑”。后来发现这个名字已经被注册了，所以改成了《万里走单骑》。节目第一季拍摄完成后，“布鞋男团”的足迹遍布了9个省份、绵延3万多公里，可见这个名字改得很恰当。

“行走”是节目的特色之一，也是这本书的关键词之一。尽管会增加项目的难度和成本，但我们还是坚持走出演播室和摄影棚，用脚步去丈量世界遗产。12处遗产地的选择也是几经考量。为充分呈现中华大地上的遗产价值和文化多样性，我们尽可能兼顾到民族、地域、遗产类型等不同因素。拍摄过程中我并未独行，而是与几位嘉宾组成“布鞋男团”，从不同年龄、不同专业的视角去感受每一处遗产地传递出的文化力量。

穿布鞋是我多年以来的习惯，穿着布鞋行走在遗产地，是一种与土地交流的方式，因此“交流”也是这本书的关键词之一。某种程度上，交流使文明得以延续和发展。在遗产地的行走中，我们与不同的人相遇、交流，这其中包括飞行嘉宾、遗产地的守护者，也包括当地民众、外地游客。我期待这些交流是自然而真诚的，为此一直呼吁大家叫我“老单”，毕竟亲切的称呼是拉近彼此距离的最好方式。本书的副书名“老单日记”也是由此而来。

“实践”是本书的第三个关键词。在良渚古城遗址公园，有一个模拟良渚人搭建房屋的体验项目。我听到围观群众中，一位爷爷对小孙子说：“我小时候也是这么搭房子的。”这令我们切身感受到了传承的力量。我们在良渚磨玉、在土楼夯土、在普洱炒茶、在苏州“造园”，目的也是通过实践来体验文化的传承。

文化遗产里的中国故事也是在不断的行走、交流和实践中产生，并一代代传承下去的。我讲故事可能不专业，不擅长演绎；我写故事可能不专业，不擅长修辞。不装也不演，以一个原本的、真实的状态去面对读者、面对观众，讲好文化遗产里的中国故事，这是我参加节目和写这本书的初心。

节目第一期播出以后，我就接到一个在美国的朋友发来的信息。他说和朋友们一起看了这个节目。大家漂泊在外，这样的节目让他们有了自豪感和文化归属感。这位朋友还说，会一直关注我们的节目，并推荐给周围的人，让其他国家的人也了解中华大地上的世界遗产、了解历史悠久的中华文化。这使我们接下来的行走、交流和实践更有动力。

随着节目的播出，文化遗产里的中国故事被更广泛传播。很多热心观众给出了好评和建议，很多从事文化遗产工作的朋友也很欣慰于我们的领域被更多人了解。第一季还没播完，节目组便收到了浙江卫视对第二季的邀约；甚至有遗产地主动来联系我们，询问第二季是否可以“来我们这里走一走”。我们的工作仿佛成为一场守望行动，大家纷纷自发参与其中。这也使我“聊发少年狂”，期待从“万里”走到“千万里”，从5000年前的良渚古城遗址走到几十万年前的周口店遗址。

节目的创作和传播得到了方方面面的支持，这其中既包括主管部门、相关机构、遗产地各级政府，也包括专家学者、当地民众、所有工作人员，还包括出品方、播出平台和媒体朋友，“布鞋男团”的成员和飞行嘉宾们与我们共同经历了12处遗产地的难忘之旅。为了使世界遗产的中国故事更形象地呈现给读者，一些遗产地还为本书提供了图片支持，在此不能一一感谢。

最应该感谢的，是那些在遗产地默默守护和传承的人们。无论是土楼的夯土人、西湖的养荷人，还是每天去苏州园林遛弯的退休大姐、在国家遗址公园绽放笑容的婴儿。正是因为有了这些基层工作者与普通民众的守护，我们的文化遗产，我们的中华文明，才一代又一代传承下去。

这本书献给他们。